U0785340

中华人民共和国行业标准

公路沥青路面施工技术规范

Technical Specifications for Construction of Highway Asphalt Pavements

JTG F40—2004

主编单位:交通部公路科学研究所
批准部门:中华人民共和国交通部
实施日期:2005 年 01 月 01 日

人民交通出版社

图书在版编目（CIP）数据

公路沥青路面施工技术规范/交通部颁布.—北京：人民交通出版社，2004.11

ISBN 978-7-114-05328-3

Ⅰ.公… Ⅱ.交… Ⅲ.沥青路面-施工技术-规范 Ⅳ.U416.217.04-65

中国版本图书馆CIP数据核字（2004）第109724号

中华人民共和国行业标准

公路沥青路面施工技术规范

JTG F40—2004

交通部公路科学研究院 主编

人民交通出版社出版发行

（100011 北京市朝阳区安定门外外馆斜街3号）

各地新华书店经销

北京市密东印刷有限公司印刷

开本：880×1230 1/16 印张：12.25 字数：209千

2004年11月 第1版

2025年11月 第41次印刷

定价：50.00元

ISBN 978-7-114-05328-3

关于发布《公路沥青路面施工技术规范》(JTG F40—2004)的公告

第24号

现发布《公路沥青路面施工技术规范》(JTG F40—2004),自2005年1月1日起施行,原《公路沥青路面施工技术规范》(JTJ 032—94)与《公路改性沥青路面施工技术规范》(JTJ 036—98)同时废止。

《公路沥青路面施工技术规范》(JTG F40—2004)由交通部公路科学研究所主编,标准的管理权和解释权归交通部,日常的具体解释和管理工作由交通部公路科学研究所负责。

请各有关单位在实践中注意积累资料,总结经验,及时将发现的问题和修改意见函告交通部公路科学研究所(北京海淀区西土城路8号,邮政编码:100088),以便修订时参考。

特此公告。

中华人民共和国交通部

二〇〇四年九月四日

前　　言

原中华人民共和国行业标准《公路沥青路面施工技术规范》(JTJ 032—94)(以下简称原《规范》)于1994年6月7日发布,1994年12月1日实施,它在保证沥青路面的建设质量方面起到了重要的作用。但是我国公路建设的发展速度很快,1994年规范发布时,我国高速公路还刚刚起步,1993年仅建成通车里程1130km。到2003年底,高速公路的通车里程已经接近3万公里,其中绝大多数是沥青路面。在交通快速发展的新形势下,国内外公路建设发生了许多新的变化:国际上随着美国SHRP研究成果Superpave™及欧洲CEN沥青及沥青混合料研究成果的发表,世界各国对沥青路面的研究都更深入,得出了许多十分重要的新成果,不少国家对相关规范进行了适当的修改,并且新的筑路机械、新的施工工艺都不同程度地影响到我国;而在国内,通过国家科技攻关等一系列科学研究及长期的施工实践,对沥青路面的各方面都有了新的认识。原《规范》已跟不上公路建设的需要,为了适应新的要求,再次对它进行修订,制订了《公路沥青路面施工技术规范》(JTG F40—2004)(以下简称本《规范》)。

为了对与规范相关的主要技术问题进行研究,交通部先后组织开设了一系列研究专题,包括"沥青混合料矿料级配及配合比设计方法的修订"、"沥青路面透水测定方法及指标要求"、"重载交通沥青路面材料试验标准(GTM对比)"、"高速公路沥青路面抗滑技术标准"、"沥青混合料水稳定性评价指标"、"道路用乳化沥青技术要求的修订"等。许多省、市、自治区也开设了相关的研究专题,均取得了许多有重要价值的成果,为规范的修订提供了技术依据。同时,本《规范》与相关规范的修订也进行了充分的协调。

因此,本《规范》是在原《规范》的基础上,合并了《公路改性沥青路面施工技术规范》及《公路沥青玛蹄脂碎石路面技术指南》的相关内容,并针对主要技术问题开展了科学研究与试验验证工作,充分吸收了各专题的研究成果,经广泛征求意见后制订的。

本次修订的主要内容有:

(1)在"八五"国家科技攻关成果的基础上,提出了新的道路沥青标准和沥青路面的气候分区;提出了按照当地气候条件及交通情况(公路等级)选择沥青标号的方法。

(2)在总则中强调了几个与早期病害有关的措施,如防治层间污染、保证合理施工工期等。

(3)在材料部分全面修订了道路石油沥青、乳化沥青技术要求,局部修订了集料技术要求。

(4)针对改性沥青和SMA方面的一些特殊要求进行了补充完善。

(5)明确了三层矿料级配范围的意义,提出了规范矿料级配范围和调整矿料级配范围的原则。

(6)完善了沥青混合料配合比设计方法,调整了马歇尔试验配合比设计方法及设计指标、标准,修订了确定最佳沥青用量的方法,统一了空隙率等体积指标的计算方法。

(7)修订并补充了沥青混合料配合比设计检验方法和技术要求,增加了渗水性检验指标。

(8)调整了不同粒径混合料的适宜压实层厚度,不同层位的沥青混合料种类、规格;明确施工期间需要对设计结构、使用材料进行审查和监督,予以确认。

(9)在施工工艺部分,主要修订了对拌和厂的要求,提出了过程控制、总量检验的方法,增加了提高路面平整度的措施,强调了摊铺宽度限制和加强轮胎压路机压实等内容,同时强调了在冬季施工及雨季施工需要注意的问题。

(10)修改了透层、粘层、封层的内容,将封层部分移入表面处治一章中,并增补了有关稀浆封层、微表处等新型结构的内容。

(11)提出了对钢桥面铺装的基本要求。

(12)修订了施工质量检验指标、频度、方法,增补了密水性(渗水系数)要求,强调压实度检验主要是工艺控制。

本次修订时重点对高速公路、一级公路路面提出了更高的要求。许多条款对不同等级的公路提出了不同的要求。

各单位和个人对本《规范》有何意见或建议,可与规范编制单位联系,以便下次修订时参考。

主 编 单 位:交通部公路科学研究所

主要起草人:沈金安、李福普、陈 景

目　　录

1 总则

1.0.1 为贯彻“精心施工、质量第一”的方针，保证沥青路面的施工质量，特制定本规范。

1.0.2 本规范适用于各等级新建和改建公路的沥青路面工程。

1.0.3 沥青路面施工必须符合国家环境和生态保护的规定。

1.0.4 沥青路面施工必须有施工组织设计，并保证合理的施工工期。沥青路面不得在气温低于10℃（高速公路和一级公路）或5℃（其他等级公路），以及雨天、路面潮湿的情况下施工。

1.0.5 沥青面层宜连续施工，避免与可能污染沥青层的其他工序交叉干扰，以杜绝施工和运输污染。

1.0.6 沥青路面建设应满足公路交通条件及工程所在地的气候条件的需要，气候分区按附录A的分区执行。

1.0.7 沥青路面施工应有良好的劳动保护，确保安全。沥青拌和厂应具备防火设施，配制和使用液体石油沥青的全过程严禁烟火。使用煤沥青时应采取措施防止工作人员吸入煤沥青或避免皮肤直接接触煤沥青造成身体伤害。

1.0.8 沥青路面试验检测的实验室应通过认证，取得相应的资质，试验人员持证上岗，仪器设备必须检定合格。

1.0.9 沥青路面工程应积极采用经试验和实践证明有效的新技术、新材料、新工艺。

1.0.10 沥青路面施工除应符合本规范外，尚应符合国家颁布的现行有关标准、规范的规定。特殊地质条件和地区的沥青路面工程，可根据实际情况，制订补充规定。各省、市、自治区或工程建设单位可根据具体情况，制订相应的技术指南，但技术要求不宜低于本规范的规定。

2 术语、符号、代号

2.1 术语

2.1.1 沥青结合料 Asphalt binder, Asphalt cement

在沥青混合料中起胶结作用的沥青类材料(含添加的外掺剂、改性剂等)的总称。

2.1.2 乳化沥青 Emulsified bitumen(英), Asphalt emulsion, Emulsified asphalt(美)

石油沥青与水在乳化剂、稳定剂等的作用下经乳化加工制得的均匀沥青产品,也称沥青乳液。

2.1.3 液体沥青 Liquid bitumen(英), Cutback asphalt(美)

用汽油、煤油、柴油等溶剂将石油沥青稀释而成的沥青产品,也称轻制沥青或稀释沥青。

2.1.4 改性沥青 Modified bitumen(英), Modified asphalt cement(美)

掺加橡胶、树脂、高分子聚合物、天然沥青、磨细的橡胶粉,或者其他材料等外掺剂(改性剂)制成的沥青结合料,从而使沥青或沥青混合料的性能得以改善。

2.1.5 改性乳化沥青 Modified emulsified bitumen (英), Modified asphalt emulsion(美)

在制作乳化沥青的过程中同时加入聚合物胶乳,或将聚合物胶乳与乳化沥青成品混合,或对聚合物改性沥青进行乳化加工得到的乳化沥青产品。

2.1.6 天然沥青 Natural bitumen (英), Natural asphalt(美)

石油在自然界长期受地壳挤压、变化,并与空气、水接触逐渐变化而形成的,以天然状态存在的石油沥青,其中常混有一定比例的矿物质。按形成的环境可以分为湖沥青、岩沥青、海底沥青、油页岩等。

2.1.7 透层 Prime coat

为使沥青面层与非沥青材料基层结合良好,在基层上喷洒液体石油沥青、乳化沥青、煤沥青而形成的透入基层表面一定深度的薄层。

2.1.8 粘层 Tack coat

为加强路面沥青层与沥青层之间、沥青层与水泥混凝土路面之间的粘结而洒布的沥青材料薄层。

2.1.9 封层 Seal coat

为封闭表面空隙、防止水分侵入而在沥青面层或基层上铺筑的有一定厚度的沥青混合料薄层。铺筑在沥青面层表面的称为上封层，铺筑在沥青面层下面、基层表面的称为下封层。

2.1.10 稀浆封层 Slurry seal

用适当级配的石屑或砂、填料(水泥、石灰、粉煤灰、石粉等)与乳化沥青、外掺剂和水，按一定比例拌和而成的流动状态的沥青混合料，将其均匀地摊铺在路面上形成的沥青封层。

2.1.11 微表处 Micro－surfacing

采用适当级配的石屑或砂、填料(水泥、石灰、粉煤灰、石粉等)与聚合物改性乳化沥青、外掺剂和水按一定比例拌和而成的流动状态的沥青混合料，将其均匀地摊铺在路面上形成的沥青封层。

2.1.12 沥青混合料 Bituminous mixtures(英)，Asphalt mixtures(美)

由矿料与沥青结合料拌和而成的混合料的总称。按材料组成及结构分为连续级配、间断级配混合料。按矿料级配组成及空隙率大小分为密级配、半开级配、开级配混合料。按公称最大粒径的大小可分为特粗式(公称最大粒径大于31.5mm)、粗粒式(公称最大粒径等于或大于26.5mm)、中粒式(公称最大粒径16mm或19mm)、细粒式(公称最大粒径9.5mm或13.2mm)、砂粒式(公称最大粒径小于9.5mm)沥青混合料。按制造工艺分为热拌沥青混合料、冷拌沥青混合料、再生沥青混合料等。

2.1.13 密级配沥青混合料 Dense-graded bituminous mixtures(英)，Dense-graded asphalt mixtures(美)

按密实级配原理设计组成的各种粒径颗粒的矿料与沥青结合料拌和而成，设计空隙率较小(对不同交通及气候情况、层位可作适当调整)的密实式沥青混凝土混合料(以AC表示)和密实式沥青稳定碎石混合料(以ATB表示)。按关键性筛孔通过率的不同又可分为细型、粗型密级配沥青混合料等。粗集料嵌挤作用较好的也称嵌挤密实型沥青混合料。

2.1.14 开级配沥青混合料 Open－graded bituminous paving mixtures(英)，Open-graded asphalt mixtures(美)

矿料级配主要由粗集料嵌挤组成，细集料及填料较少，设计空隙率为18%的混合料。

2.1.15 半开级配沥青碎石混合料 Half(Semi) – open – graded bituminous paving mixtures(英)

由适当比例的粗集料、细集料及少量填料(或不加填料)与沥青结合料拌和而成,经马歇尔标准击实成型试件的剩余空隙率在6%~12%的半开式沥青碎石混合料(以AM表示)。

2.1.16 间断级配沥青混合料 Gap – graded bituminous paving mixtures(英),Gap – graded asphalt mixtures(美)

矿料级配组成中缺少1个或几个粒径档次(或用量很少)而形成的沥青混合料。

2.1.17 沥青稳定碎石混合料(简称沥青碎石) Bituminous stabilization aggregate paving mixtures(英), Asphalt – treated permeable base(美)

由矿料和沥青组成具有一定级配要求的混合料,按空隙率、集料最大粒径、添加矿粉数量的多少,分为密级配沥青稳定碎石(ATB)、开级配沥青碎石(OGFC表面层及ATPB基层)、半开级配沥青碎石(AM)。

2.1.18 沥青玛蹄脂碎石混合料 Stone mastic asphalt (英),Stone matrix asphalt (美)

由沥青结合料与少量的纤维稳定剂、细集料以及较多量的填料(矿粉)组成的沥青玛蹄脂填充于间断级配的粗集料骨架的间隙,组成一体的沥青混合料,简称SMA。

2.2 符号及代号

本规范各种符号、代号以及意义详见表2.2。

表2.2 符号及代号

编号	符号或代号	意义
2.2.1	A	道路石油沥青
2.2.2	T	道路煤沥青
2.2.3	PC	喷洒型阳离子乳化沥青
2.2.4	BC	拌和型阳离子乳化沥青
2.2.5	PA	喷洒型阴离子乳化沥青
2.2.6	BA	拌和型阴离子乳化沥青
2.2.7	AL(R)	快凝液体石油沥青
2.2.8	AL(M)	中凝液体石油沥青
2.2.9	AL(S)	慢凝液体石油沥青
2.2.10	HMA	热拌沥青混合料,Hot Mix Asphalt之略语
2.2.11	AC	密级配沥青混凝土混合料,分为粗型和细型两类
2.2.12	SMA	沥青玛蹄脂碎石混合料,Stone Matrix Asphalt(或Stone Mastic Asphalt)之略语

续上表

编　号	符号或代号	意　义
2.2.13	OGFC	大孔隙开级配排水式沥青磨耗层，如欧洲的 PFC（Porous Friction Course），PEM（Porous European Mixes），美国、日本的 OGFC（Open – graded Friction Courses）等之略语
2.2.14	ATB	密级配沥青稳定碎石混合料
2.2.15	ATPB	铺筑在沥青层底部的排水式沥青稳定碎石混合料
2.2.16	AM	半开级配沥青碎石混合料
2.2.17	ES	乳化沥青稀释封层沥青混合料
2.2.18	OAC	沥青混合料的最佳沥青用量，Optimum Asphalt Content 之略语
2.2.19	MS	马歇尔稳定度
2.2.20	FL	马歇尔试验的流值
2.2.21	γ_{se}	沥青混合料中合成矿料的有效相对密度
2.2.22	γ_{sb}	沥青混合料中矿料的合成毛体积相对密度
2.2.23	γ_{sa}	沥青混合料中矿料的合成表观相对密度
2.2.24	P_a	沥青混合料的油石比
2.2.25	P_b	沥青混合料中的沥青含量
2.2.26	P_{be}	沥青混合料中的有效沥青用量
2.2.27	C	集料的沥青吸收系数
2.2.28	γ_b	沥青的相对密度
2.2.29	γ_t	沥青混合料的最大理论相对密度
2.2.30	FB	沥青混合料的粉胶比（0.075mm 通过率与有效沥青含量的比值）
2.2.31	VV	压实沥青混合料的空隙率，即矿料及沥青以外的空隙（不包括矿料自身内部的孔隙）的体积占试件总体积的百分率，Volume of Air Voids 之略语
2.2.32	VMA	压实沥青混合料的矿料间隙率，即试件全部矿料部分以外的体积占试件总体积的百分率，Voids in Mineral Aggregate 之略语
2.2.33	VFA	压实沥青混合料中的沥青饱和度，即试件矿料间隙中扣除被集料吸收的沥青以外的有效沥青结合料部分的体积在 VMA 中所占的百分率，Voids Filled with Asphalt 之略语
2.2.34	VCA	粗集料骨架间隙率，Percent Air Voids in Coarse Aggregate 之略语
2.2.35	VCA_{mix}	压实沥青混合料的粗集料骨架间隙率，即试件的粗集料骨架部分以外的体积占试件总体积的百分率，Voids in Coarse Aggregate of Asphalt Mix 之略语
2.2.36	VCA_{DRC}	捣实状态下的粗集料松装间隙率，Voids in Coarse Aggregate 之略语
2.2.37	DS	沥青混合料车辙试验的动稳定度，Dynamic Stability 之略语
2.2.38	EVT	等粘度温度，Equi – Viscous Temperature 之略语
2.2.39	COC	沥青的克利夫兰杯开式闪点，Cleaveland Open – Cup Method 之略语
2.2.40	TOC	沥青的泰格杯开式闪点，Tag Open – Cup Method 之略语
2.2.41	PSV	石料磨光值，Polished Stone Valve 之略语
2.2.42	FB(BPN)	用摆式仪测定的路面摩擦系数摆值，其单位 BPN 是 British Pendulum（Tester）Number 之略语

续上表

编　号	符号或代号	意　义
2.2.43	TFOT	沥青的薄膜加热试验,Thin Film Oven Test 之略语
2.2.44	RTFOT	沥青的旋转薄膜加热试验,Rolling Thin Film Oven Test 之略语
2.2.45	PI	沥青的针入度指数,Penetration Index 之略语
2.2.46	CL	动态质量管理图上质量指标的平均值
2.2.47	UCL	动态质量管理图上质量控制的上限值
2.2.48	LCL	动态质量管理图上质量控制的下限值
2.2.49	QC/QA	质量控制和质量保证,施工质量管理体系
2.2.50	PMB(或 PMA)	聚合物改性沥青,Polymer Modified Bitumen(或 Asphalt)的略语
2.2.51	CR	聚氯丁二烯(氯丁橡胶),Polychloroprene 之略语
2.2.52	EVA	乙烯—醋酸乙烯共聚物,Ethyl-Vinyl-Acetate 之略语
2.2.53	PE	聚乙烯,Polyethylene 之略语
2.2.54	LDPE	低密度聚乙烯,Low Density Polyethylene 之略语
2.2.55	SBR	苯乙烯—丁二烯橡胶(丁苯橡胶),Styrene-Butadiene-Rubber 之略语
2.2.56	SBS	苯乙烯—丁二烯—苯乙烯嵌段共聚物,Styrene-Butadiene-Styrene Block Copolymer 之略语
2.2.57	Superpave	美国 SHRP(Strategic Highway Research Program)沥青混合料配合比设计体系的注册名称,Superior Performing Asphalt Pavements 之略语
2.2.58	PG	美国沥青路用性能分级规格,Performance Graded 之略语
2.2.59	SGC	沥青混合料搓揉压实试验机,Superpave Gyratory Compactor 之略语
2.2.60	GTM	美国工程兵旋转压实剪切实验机,用于沥青混合料的配合比设计,Gyratory Testing Machine 之略语

3 基层

3.0.1 沥青面层施工前应对基层进行检查,基层质量不符合要求的不得铺筑沥青面层。

3.0.2 新建沥青路面的基层按结构组合设计要求,选用沥青稳定碎石、沥青贯入式、级配碎石、级配砂砾等柔性基层;水泥稳定土或粒料、石灰与粉煤灰稳定土或粒料的半刚性基层;碾压式水泥混凝土、贫混凝土等刚性基层;以及上部使用柔性基层,下部使用半刚性基层的混合式基层。

3.0.3 半刚性基层沥青路面的基层与沥青层宜在同一年内施工,以减少路面开裂。

3.0.4 以旧沥青路面作基层时,应根据旧路面质量,确定对原有路面修补、铣刨、加铺罩面层。旧沥青路面的整平应按高程控制铺筑,分层整平的一层最大厚度不宜超过100mm。

3.0.5 以旧的水泥混凝土路面作基层加铺沥青面层时,应根据旧路面质量,确定处治工艺,确认能满足基层要求后,方能加铺沥青层。

3.0.6 旧路面处理后必须彻底清除浮灰,根据需要并作适当的铣刨处理,洒布粘层油,再铺筑新的结构层。

4 材料

4.1 一般规定

4.1.1 沥青路面使用的各种材料运至现场后必须取样进行质量检验,经评定合格后方可使用,不得以供应商提供的检测报告或商检报告代替现场检测。

4.1.2 沥青路面集料的选择必须经过认真的料源调查,确定料源应尽可能就地取材。质量符合使用要求,石料开采必须注意环境保护,防止破坏生态平衡。

4.1.3 集料粒径规格以方孔筛为准。不同料源、品种、规格的集料不得混杂堆放。

4.2 道路石油沥青

4.2.1 各个沥青等级的适用范围应符合表 4.2.1-1 的规定。道路石油沥青的质量应符合表 4.2.1-2 规定的技术要求。经建设单位同意,沥青的 PI 值、60℃动力粘度,10℃延度可作为选择性指标。

表 4.2.1-1 道路石油沥青的适用范围

沥青等级	适用范围
A 级沥青	各个等级的公路,适用于任何场合和层次
B 级沥青	1.高速公路、一级公路沥青下面层及以下的层次,二级及二级以下公路的各个层次; 2.用做改性沥青、乳化沥青、改性乳化沥青、稀释沥青的基质沥青
C 级沥青	三级及三级以下公路的各个层次

4.2.2 沥青路面采用的沥青标号,宜按照公路等级、气候条件、交通条件、路面类型及在结构层中的层位及受力特点、施工方法等,结合当地的使用经验,经技术论证后确定。

1 对高速公路、一级公路,夏季温度高、高温持续时间长、重载交通、山区及丘陵区上坡路段、服务区、停车场等行车速度慢的路段,尤其是汽车荷载剪应力大的层次,宜采用稠度大、60℃粘度大的沥青,也可提高高温气候分区的温度水平选用沥青等级;对冬季寒冷的地区或交通量小的公路、旅游公路宜选用稠度小、低温延度大的沥青;对温度日温差、年温差大的地区宜注意选用针入度指数大的沥青。当高温要求与低温要求发生矛盾时应优先考虑满足高温性能的要求。

2 当缺乏所需标号的沥青时,可采用不同标号掺配的调和沥青,其掺配比例由试验决定。掺配后的沥青质量应符合表 4.2.1-2 的要求。

表 4.2.1-2 道路石油沥青技术要求

指标	单位	等级	沥青标号																	试验方法[1]
			160号[4]	130号[4]	110号			90号					70号[3]					50号[3]	30号[4]	
针入度(25℃,5s,100g)	0.1mm		140~200	120~140	100~120			80~100					60~80					40~60	20~40	T 0604
适用的气候分区[6]			注[4]	注[4]	2-1	2-2	3-2	1-1	1-2	1-3	2-2	2-3	1-3	1-4	2-2	2-3	2-4	1-4	注[4]	附录A[6]
针入度指数PI[2]		A	-1.5~+1.0																	T 0604
		B	-1.8~+1.0																	
软化点(R&B)不小于	℃	A	38	40	43			45			44		46		45			49	55	T 0606
		B	36	39	42			43			42		44		43			46	53	
		C	35	37	41			42					43					45	50	
60℃动力粘度[2]不小于	Pa·s	A	—	60	120			160			140		180		160			200	260	T 0620
10℃延度[2]不小于	cm	A	50	50	40			45	30	20	30	20	20	15	25	20	15	15	10	T 0605
		B	30	30	30			30	20	15	20	15	15	10	20	15	10	10	8	
15℃延度不小于	cm	A、B	100															80	50	
		C	80	80	60			50					40					30	20	
蜡含量(蒸馏法)不大于	%	A	2.2																	T 0615
		B	3.0																	
		C	4.5																	
闪点　不小于	℃		230					245					260							T 0611
溶解度　不小于	%		99.5																	T 0607
密度(15℃)	g/cm³		实测记录																	T 0603

续上表

指　　标	单位	等级	沥青标号							试验方法[1]
			160号[4]	130号[4]	110号	90号	70号[3]	50号	30号[4]	
TFOT（或 RTFOT）后[5]										T 0610 或 T 0609
质量变化　不大于	%		±0.8							
残留针入度比(25℃) 不小于	%	A	48	54	55	57	61	63	65	T 0604
		B	45	50	52	54	58	60	62	
		C	40	45	48	50	54	58	60	
残留延度(10℃) 不小于	cm	A	12	12	10	8	6	4	—	T 0605
		B	10	10	8	6	4	2	—	
残留延度(15℃) 不小于	cm	C	40	35	30	20	15	10	—	T 0605

注：1. 试验方法按照现行《公路工程沥青及沥青混合料试验规程》(JTJ 052—2000)规定的方法执行。用于仲裁试验求取 PI 时的 5 个温度的针入度关系的相关系数不得小于 0.997。

2. 经建设单位同意，表中 PI 值、60℃动力粘度、10℃延度可作为选择性指标，也可不作为施工质量检验指标。

3. 70 号沥青可根据需要要求供应商提供针入度范围为 60～70 或 70～80 的沥青，50 号沥青可要求提供针入度范围为 40～50 或 50～60 的沥青。

4. 30 号沥青仅适用于沥青稳定基层。130 号和 160 号沥青除寒冷地区可直接在中低级公路上直接应用外，通常用作乳化沥青、稀释沥青、改性沥青的基质沥青。

5. 老化试验以 TFOT 为准，也可以 RTFOT 代替。

6. 气候分区见附录 A。

4.2.3 沥青必须按品种、标号分开存放。除长期不使用的沥青可放在自然温度下存储外，沥青在储罐中的贮存温度不宜低于 130℃，并不得高于 170℃。桶装沥青应直立堆放，加盖苫布。

4.2.4 道路石油沥青在贮运、使用及存放过程中应有良好的防水措施，避免雨水或加热管道蒸气进入沥青中。

4.3 乳化沥青

4.3.1 乳化沥青适用于沥青表面处治路面、沥青贯入式路面、冷拌沥青混合料路面，修补裂缝，喷洒透层、粘层与封层等。乳化沥青的品种和适用范围宜符合表 4.3.1 的规定。

表 4.3.1 乳化沥青品种及适用范围

分 类	品种及代号	适 用 范 围
阳离子乳化沥青	PC-1	表处、贯入式路面及下封层用
	PC-2	透层油及基层养生用
	PC-3	粘层油用
	BC-1	稀浆封层或冷拌沥青混合料用
阴离子乳化沥青	PA-1	表处、贯入式路面及下封层用
	PA-2	透层油及基层养生用
	PA-3	粘层油用
	BA-1	稀浆封层或冷拌沥青混合料用
非离子乳化沥青	PN-2	透层油用
	BN-1	与水泥稳定集料同时使用(基层路拌或再生)

4.3.2 乳化沥青的质量应符合表 4.3.2 的规定。在高温条件下宜采用粘度较大的乳化沥青，寒冷条件下宜使用粘度较小的乳化沥青。

表 4.3.2 道路用乳化沥青技术要求

试验项目	单位	品种及代号										试验方法
		阳离子				阴离子				非离子		
		喷洒用			拌和用	喷洒用			拌和用	喷洒用	拌和用	
		PC－1	PC－2	PC－3	BC－1	PA－1	PA－2	PA－3	BA－1	PN－2	BN－1	
破乳速度		快裂	慢裂	快裂或中裂	慢裂或中裂	快裂	慢裂	快裂或中裂	慢裂或中裂	慢裂	慢裂	T 0658
粒子电荷		阳离子(＋)				阴离子(－)				非离子		T 0653
筛上残留物(1.18mm 筛)，不大于	%	0.1				0.1				0.1		T 0652

续上表

试验项目		单位	品种及代号										试验方法
			阳离子				阴离子				非离子		
			喷洒用			拌和用	喷洒用			拌和用	喷洒用	拌和用	
			PC-1	PC-2	PC-3	BC-1	PA-1	PA-2	PA-3	BA-1	PN-2	BN-1	
粘度	恩格拉粘度计 E_{25}		2~10	1~6	1~6	2~30	2~10	1~6	1~6	2~30	1~6	2~30	T 0622
	道路标准粘度计 $C_{25.3}$	s	10~25	8~20	8~20	10~60	10~25	8~20	8~20	10~60	8~20	10~60	T 0621
蒸发残留物	残留分含量,不小于	%	50	50	50	55	50	50	50	55	50	55	T 0651
	溶解度,不小于	%	97.5				97.5				97.5		T 0607
	针入度(25℃)	0.1 mm	50~200	50~300	45~150		50~200	50~300	45~150		50~300	60~300	T 0604
	延度(15℃),不小于	cm	40				40				40		T 0605
与粗集料的粘附性,裹附面积,不小于			2/3			—	2/3			—	2/3	—	T 0654
与粗、细粒式集料拌和试验			—			均匀	—			均匀	—		T 0659
水泥拌和试验的筛上剩余,不大于		%	—				—				—	3	T 0657
常温贮存稳定性: 1d,不大于 5d,不大于		%	1 5				1 5				1 5		T 0655

注:1.P为喷洒型,B为拌和型,C、A、N分别表示阳离子、阴离子、非离子乳化沥青。

2.粘度可选用恩格拉粘度计或沥青标准粘度计之一测定。

3.表中的破乳速度与集料的粘附性、拌和试验的要求、所使用的石料品种有关,质量检验时应采用工程上实际的石料进行试验,仅进行乳化沥青产品质量评定时可不要求此三项指标。

4.贮存稳定性根据施工实际情况选用试验时间,通常采用5d,乳液生产后能在当天使用时也可用1d的稳定性。

5.当乳化沥青需要在低温冰冻条件下贮存或使用时,尚需按T 0656进行-5℃低温贮存稳定性试验,要求没有粗颗粒、不结块。

6.如果乳化沥青是将高浓度产品运到现场经稀释后使用时,表中的蒸发残留物等各项指标指稀释前乳化沥青的要求。

4.3.3 乳化沥青类型根据集料品种及使用条件选择。阳离子乳化沥青可适用于各种集料品种,阴离子乳化沥青适用于碱性石料。乳化沥青的破乳速度、粘度宜根据用途与施工方法选择。

4.3.4 制备乳化沥青用的基质沥青,对高速公路和一级公路,宜符合表4.2.1-2道路石油沥青A、B级沥青的要求,其他情况可采用C级沥青。

4.3.5 乳化沥青宜存放在立式罐中，并保持适当搅拌。贮存期以不离析、不冻结、不破乳为度。

4.4 液体石油沥青

4.4.1 液体石油沥青适用于透层、粘层及拌制冷拌沥青混合料。根据使用目的与场所，可选用快凝、中凝、慢凝的液体石油沥青，其质量应符合表4.4.1的规定。

表 4.4.1 道路用液体石油沥青技术要求

试验项目		单位	快凝		中凝						慢凝						试验方法[1]
			AL(R)-1	AL(R)-2	AL(M)-1	AL(M)-2	AL(M)-3	AL(M)-4	AL(M)-5	AL(M)-6	AL(S)-1	AL(S)-2	AL(S)-3	AL(S)-4	AL(S)-5	AL(S)-6	
粘度	$C_{25.5}$	s	<20	—	<20	—	—	—	—	—	<20	—	—	—	—	—	T 0621
	$C_{60.5}$	s	—	5~15	—	5~15	16~25	26~40	41~100	101~200	—	5~15	16~25	26~40	41~100	101~200	
蒸馏体积	225℃前	%	>20	>15	<10	<7	<3	<2	0	0	—	—	—	—	—	—	T 0632
	315℃前	%	>35	>30	<35	<25	<17	<14	<8	<5	—	—	—	—	—	—	
	360℃前	%	>45	>35	<50	<35	<30	<25	<20	<15	<40	<35	<25	<20	<15	<5	
蒸馏后残留物	针入度(25℃)	0.1mm	60~200	60~200	100~300	100~300	100~300	100~300	100~300	100~300	—	—	—	—	—	—	T 0604
	延度(25℃)	cm	>60	>60	>60	>60	>60	>60	>60	>60	—	—	—	—	—	—	T 0605
	浮漂度(5℃)	s	—	—	—	—	—	—	—	—	<20	>20	>30	>40	>45	>50	T 0631
闪点(TOC法)		℃	>30	>30	>65	>65	>65	>65	>65	>65	>70	>70	>100	>100	>120	>120	T 0633
含水量 不大于		%	0.2	0.2	0.2	0.2	0.2	0.2	0.2	0.2	2.0	2.0	2.0	2.0	2.0	2.0	T 0612

4.4.2 液体石油沥青宜采用针入度较大的石油沥青，使用前按先加热沥青后加稀释剂的顺序，掺配煤油或轻柴油，经适当的搅拌、稀释制成。掺配比例根据使用要求由试验确定。

4.4.3 液体石油沥青在制作、贮存、使用的全过程中必须通风良好，并有专人负责，确保安全。基质沥青的加热温度严禁超过140℃，液体沥青的贮存温度不得高于50℃。

4.5 煤沥青

4.5.1 道路用煤沥青的标号根据气候条件、施工温度、使用目的选用，其质量应符合表4.5.1的规定。

表 4.5.1 道路用煤沥青技术要求

试验项目		T-1	T-2	T-3	T-4	T-5	T-6	T-7	T-8	T-9	试验方法[1]
粘度(s)	$C_{30,5}$	5~25	26~70								T 0621
	$C_{30,10}$			5~25	26~50	51~120	121~200				
	$C_{50,10}$							10~75	76~200		
	$C_{60,10}$									35~65	
蒸馏试验,馏出量(%)	170℃前,不大于	3	3	3	2	1.5	1.5	1.0	1.0	1.0	T 0641
	270℃前,不大于	20	20	20	15	15	15	10	10	10	
	300℃前,不大于	15~35	15~35	30	30	25	25	20	20	15	
300℃蒸馏残留物软化点(环球法)(℃)		30~45	30~45	35~65	35~65	35~65	35~65	40~70	40~70	40~70	T 0606
水分,不大于(%)		1.0	1.0	1.0	1.0	1.0	0.5	0.5	0.5	0.5	T 0612
甲苯不溶物,不大于(%)		20	20	20	20	20	20	20	20	20	T 0646
萘含量,不大于(%)		5	5	5	4	4	3.5	3	2	2	T 0645
焦油酸含量,不大于(%)		4	4	3	3	2.5	2.5	1.5	1.5	1.5	T 0642

4.5.2 道路用煤沥青适用于下列情况:

(1) 各种等级公路的各种基层上的透层,宜采用 T-1 或 T-2 级,其他等级不合喷洒要求时可适当稀释使用;

(2) 三级及三级以下的公路铺筑表面处治或贯入式沥青路面,宜采用 T-5、T-6 或 T-7 级;

(3) 与道路石油沥青、乳化沥青混合使用,以改善渗透性。

4.5.3 道路用煤沥青严禁用于热拌热铺的沥青混合料,作其他用途时的贮存温度宜为 70~90℃,且不得长时间贮存。

4.6 改性沥青

4.6.1 改性沥青可单独或复合采用高分子聚合物、天然沥青及其他改性材料制作。

4.6.2 各类聚合物改性沥青的质量应符合表 4.6.2 的技术要求,当使用表列以外的聚合物及复合改性沥青时,可通过试验研究制订相应的技术要求。

表 4.6.2 聚合物改性沥青技术要求

指 标	单位	SBS 类(I 类)				SBR 类(II 类)			EVA、PE 类(III 类)				试验方法
		I-A	I-B	I-C	I-D	II-A	II-B	II-C	III-A	III-B	III-C	III-D	
针入度 25℃,100g,5s	0.1mm	>100	80~100	60~80	40~60	>100	80~100	60~80	>80	60~80	40~60	30~40	T 0604
针入度指数 PI,不小于		-1.2	-0.8	-0.4	0	-1.0	-0.8	-0.6	-1.0	-0.8	-0.6	-0.4	T 0604
延度 5℃,5cm/min 不小于	cm	50	40	30	20	60	50	40	–				T 0605
软化点 $T_{R\&B}$,不小于	℃	45	50	55	60	45	48	50	48	52	56	60	T 0606
运动粘度[1] 135℃,不大于	Pa·s	3											T 0625 T 0619
闪点,不小于	℃	230				230			230				T 0611
溶解度,不小于	%	99				99			—				T 0607
弹性恢复 25℃,不小于	%	55	60	65	75	—			—				T 0662
粘韧性,不小于	N·m	—				5			—				T 0624
韧性,不小于	N·m	—				2.5			—				T 0624
贮存稳定性[2]离析,48h 软化点差,不大于	℃	2.5				—			无改性剂明显析出、凝聚				T 0661
TFOT(或 RTFOT)后残留物													
质量变化,不大于	%	±1.0											T 0610 或 T 0609
针入度比 25℃,不小于	%	50	55	60	65	50	55	60	50	55	58	60	T 0604
延度 5℃,不小于	cm	30	25	20	15	30	20	10	—				T 0605

注:1.表中 135℃运动粘度可采用《公路工程沥青及沥青混合料试验规程》(JTJ 052—2000)中的“沥青布氏旋转粘度试验方法(布洛克菲尔德粘度计法)”进行测定。若在不改变改性沥青物理力学性质并符合安全条件的温度下易于泵送和拌和,或经证明适当提高泵送和拌和温度时能保证改性沥青的质量,容易施工,可不要求测定。

2.贮存稳定性指标适用于工厂生产的成品改性沥青。现场制作的改性沥青对贮存稳定性指标可不作要求,但必须在制作后,保持不间断的搅拌或泵送循环,保证使用前没有明显的离析。

4.6.3 制造改性沥青的基质沥青应与改性剂有良好的配伍性,其质量宜符合表 4.2.1-2中 A 级或 B 级道路石油沥青的技术要求。供应商在提供改性沥青的质量报告时应提供基质沥青的质量检验报告或沥青样品。

4.6.4 天然沥青可以单独与石油沥青混合使用或与其他改性沥青混融后使用。天然沥青的质量要求宜根据其品种参照相关标准和成功的经验执行。

4.6.5 用作改性剂的 SBR 胶乳中的固体物含量不宜少于 45%,使用中严禁长时间暴晒或遭冰冻。

4.6.6 改性沥青的剂量以改性剂占改性沥青总量的百分数计算,胶乳改性沥青的剂量应以扣除水以后的固体物含量计算。

4.6.7 改性沥青宜在固定式工厂或在现场设厂集中制作,也可在拌和厂现场边制造边使用,改性沥青的加工温度不宜超过180℃。胶乳类改性剂和制成颗粒的改性剂可直接投入拌和缸中生产改性沥青混合料。

4.6.8 用溶剂法生产改性沥青母体时,挥发性溶剂回收后的残留量不得超过5%。

4.6.9 现场制造的改性沥青宜随配随用,需作短时间保存,或运送到附近的工地时,使用前必须搅拌均匀,在不发生离析的状态下使用。改性沥青制作设备必须设有随机采集样品的取样口,采集的试样宜立即在现场灌模。

4.6.10 工厂制作的成品改性沥青到达施工现场后存贮在改性沥青罐中,改性沥青罐中必须加设搅拌设备并进行搅拌,使用前改性沥青必须搅拌均匀。在施工过程中应定期取样检验产品质量,发现离析等质量不符要求的改性沥青不得使用。

4.7 改性乳化沥青

4.7.1 改性乳化沥青宜按表4.7.1-1选用,质量应符合表4.7.1-2的技术要求。

表4.7.1-1 改性乳化沥青的品种和适用范围

品种		代号	适用范围
改性乳化沥青	喷洒型改性乳化沥青	PCR	粘层、封层、桥面防水粘结层用
	拌和用乳化沥青	BCR	改性稀浆封层和微表处用

表4.7.1-2 改性乳化沥青技术要求

试验项目		单位	品种及代号		试验方法
			PCR	BCR	
破乳速度		—	快裂或中裂	慢裂	T 0658
粒子电荷		—	阳离子(+)	阳离子(+)	T 0653
筛上剩余量(1.18mm),不大于		%	0.1	0.1	T 0652
粘度	恩格拉粘度 E_{25}	—	1~10	3~30	T 0622
	沥青标准粘度 $C_{25,3}$	s	8~25	12~60	T 0621

续上表

试验项目		单位	品种及代号		试验方法
			PCR	BCR	
蒸发残留物	含量,不小于	%	50	60	T 0651
	针入度(100g,25℃,5s)	0.1mm	40~120	40~100	T 0604
	软化点,不小于	℃	50	53	T 0606
	延度(5℃),不小于	cm	20	20	T 0605
	溶解度(三氯乙烯),不小于	%	97.5	97.5	T 0607
与矿料的粘附性,裹覆面积,不小于		—	2/3	—	T 0654
贮存稳定性	1d,不大于	%	1	1	T 0655
	5d,不大于	%	5	5	T 0655

注:1.破乳速度与集料粘附性、拌和试验、所使用的石料品种有关。工程上施工质量检验时应采用实际的石料试验,仅进行产品质量评定时可不对这些指标提出要求。

2.当用于填补车辙时,BCR蒸发残留物的软化点宜提高至不低于55℃。

3.贮存稳定性根据施工实际情况选择试验天数,通常采用5d,乳液生产后能在第二天使用完时也可选用1d。个别情况下改性乳化沥青5d的贮存稳定性难以满足要求,如果经搅拌后能够达到均匀一致并不影响正常使用,此时要求改性乳化沥青运至工地后存放在附有搅拌装置的贮存罐内,并不断地进行搅拌,否则不准使用。

4.当改性乳化沥青或特种改性乳化沥青需要在低温冰冻条件下贮存或使用时,尚需按T 0656进行-5℃低温贮存稳定性试验,要求没有粗颗粒、不结块。

4.8 粗集料

4.8.1 沥青层用粗集料包括碎石、破碎砾石、筛选砾石、钢渣、矿渣等,但高速公路和一级公路不得使用筛选砾石和矿渣。粗集料必须由具有生产许可证的采石场生产或施工单位自行加工。

4.8.2 粗集料应该洁净、干燥、表面粗糙,质量应符合表4.8.2的规定。当单一规格集料的质量指标达不到表中要求,而按照集料配合比计算的质量指标符合要求时,工程上允许使用。对受热易变质的集料,宜采用经拌和机烘干后的集料进行检验。

表4.8.2 沥青混合料用粗集料质量技术要求

指标	单位	高速公路及一级公路		其他等级公路	试验方法
		表面层	其他层次		
石料压碎值,不大于	%	26	28	30	T 0316
洛杉矶磨耗损失,不大于	%	28	30	35	T 0317
表观相对密度,不小于	—	2.60	2.50	2.45	T 0304
吸水率,不大于	%	2.0	3.0	3.0	T 0304
坚固性,不大于	%	12	12	—	T 0314

续上表

指　　标	单位	高速公路及一级公路		其他等级公路	试 验 方 法
		表面层	其他层次		
针片状颗粒含量(混合料),不大于	%	15	18	20	T 0312
其中粒径大于 9.5mm,不大于	%	12	15	—	
其中粒径小于 9.5mm,不大于	%	18	20	—	
水洗法 < 0.075mm 颗粒含量,不大于	%	1	1	1	T 0310
软石含量,不大于	%	3	5	5	T 0320

注:1.坚固性试验可根据需要进行。
2.用于高速公路、一级公路时,多孔玄武岩的视密度可放宽至 2.45t/m³,吸水率可放宽至 3%,但必须得到建设单位的批准,且不得用于 SMA 路面。
3.对 S14 即 3~5 规格的粗集料,针片状颗粒含量可不予要求,< 0.075mm 含量可放宽到 3%。

4.8.3 粗集料的粒径规格应按表 4.8.3 的规定生产和使用。

表 4.8.3　沥青混合料用粗集料规格

规格名称	公称粒径(mm)	通过下列筛孔(mm)的质量百分率(%)												
		106	75	63	53	37.5	31.5	26.5	19.0	13.2	9.5	4.75	2.36	0.6
S1	40~75	100	90~100	—	—	0~15	—	0~5						
S2	40~60		100	90~100	—	0~15	—	0~5						
S3	30~60		100	90~100	—	—	0~15	—	0~5					
S4	25~50			100	90~100	—	—	0~15	—	0~5				
S5	20~40				100	90~100	—	—	0~15	—	0~5			
S6	15~30					100	90~100	—	—	0~15	—	0~5		
S7	10~30					100	90~100	—	—	—	0~15	0~5		
S8	10~25						100	90~100	—	0~15	—	0~5		
S9	10~20							100	90~100	—	0~15	0~5		
S10	10~15								100	90~100	0~15	0~5		
S11	5~15								100	90~100	40~70	0~15	0~5	
S12	5~10									100	90~100	0~15	0~5	
S13	3~10									100	90~100	40~70	0~20	0~5
S14	3~5										100	90~100	0~15	0~3

4.8.4 采石场在生产过程中必须彻底清除覆盖层及泥土夹层。生产碎石用的原石不得含有土块、杂物,集料成品不得堆放在泥土地上。

4.8.5 高速公路、一级公路沥青路面的表面层(或磨耗层)的粗集料的磨光值应符合表 4.8.5 的要求。除 SMA、OGFC 路面外,允许在硬质粗集料中掺加部分较小粒径的磨光值达不到要求的粗集料,其最大掺加比例由磨光值试验确定。

表 4.8.5　粗集料与沥青的粘附性、磨光值的技术要求

雨量气候区	1（潮湿区）	2(湿润区)	3(半干区)	4(干旱区)	试验方法
年降雨量(mm)	>1000	1000～500	500～250	<250	附录 A
粗集料的磨光值 PSV,不小于 高速公路、一级公路表面层	42	40	38	36	T 0321
粗集料与沥青的粘附性,不小于					
高速公路、一级公路表面层	5	4	4	3	T 0616
高速公路、一级公路的其他层次及其他等级公路的各个层次	4	4	3	3	T 0663

4.8.6　粗集料与沥青的粘附性应符合表 4.8.5 的要求,当使用不符要求的粗集料时,宜掺加消石灰、水泥或用饱和石灰水处理后使用,必要时可同时在沥青中掺加耐热、耐水、长期性能好的抗剥落剂,也可采用改性沥青的措施,使沥青混合料的水稳定性检验达到要求。掺加外加剂的剂量由沥青混合料的水稳定性检验确定。

4.8.7　破碎砾石应采用粒径大于 50mm、含泥量不大于 1%的砾石轧制,破碎砾石的破碎面应符合表 4.8.7 的要求。

表 4.8.7　粗集料对破碎面的要求

路面部位或混合料类型	具有一定数量破碎面颗粒的含量(%)		试验方法
	1 个破碎面	2 个或 2 个以上破碎面	
沥青路面表面层			T 0346
高速公路、一级公路　不小于	100	90	
其他等级公路　不小于	80	60	
沥青路面中下面层、基层			
高速公路、一级公路　不小于	90	80	
其他等级公路　不小于	70	50	
SMA 混合料　不小于	100	90	
贯入式路面　不小于	80	60	

4.8.8　筛选砾石仅适用于三级及三级以下公路的沥青表面处治路面。

4.8.9　经过破碎且存放期超过 6 个月以上的钢渣可作为粗集料使用。除吸水率允许适当放宽外,各项质量指标应符合表 4.8.2 的要求。钢渣在使用前应进行活性检验,要求钢渣中的游离氧化钙含量不大于 3%,浸水膨胀率不大于 2%。

4.9　细集料

4.9.1　沥青路面的细集料包括天然砂、机制砂、石屑。细集料必须由具有生产许可证的采石场、采砂场生产。

4.9.2 细集料应洁净、干燥、无风化、无杂质,并有适当的颗粒级配,其质量应符合表4.9.2的规定。细集料的洁净程度,天然砂以小于0.075mm含量的百分数表示,石屑和机制砂以砂当量(适用于0~4.75mm)或亚甲蓝值(适用于0~2.36mm或0~0.15mm)表示。

表4.9.2 沥青混合料用细集料质量要求

项　　目	单位	高速公路、一级公路	其他等级公路	试验方法
表观相对密度,不小于	—	2.50	2.45	T 0328
坚固性(>0.3mm部分),不小于	%	12	—	T 0340
含泥量(小于0.075mm的含量),不大于	%	3	5	T 0333
砂当量,不小于	%	60	50	T 0334
亚甲蓝值,不大于	g/kg	25	—	T 0349
棱角性(流动时间),不小于	s	30	—	T 0345

注:坚固性试验可根据需要进行。

4.9.3 天然砂可采用河砂或海砂,通常宜采用粗、中砂,其规格应符合表4.9.3的规定。砂的含泥量超过规定时应水洗后使用,海砂中的贝壳类材料必须筛除。开采天然砂必须取得当地政府主管部门的许可,并符合水利及环境保护的要求。热拌密级配沥青混合料中天然砂的用量通常不宜超过集料总量的20%,SMA和OGFC混合料不宜使用天然砂。

表4.9.3 沥青混合料用天然砂规格

筛孔尺寸(mm)	通过各孔筛的质量百分率(%)		
	粗砂	中砂	细砂
9.5	100	100	100
4.75	90~100	90~100	90~100
2.36	65~95	75~90	85~100
1.18	35~65	50~90	75~100
0.6	15~30	30~60	60~84
0.3	5~20	8~30	15~45
0.15	0~10	0~10	0~10
0.075	0~5	0~5	0~5

4.9.4 石屑是采石场破碎石料时通过4.75mm或2.36mm的筛下部分,其规格应符合表4.9.4的要求。采石场在生产石屑的过程中应具备抽吸设备,高速公路和一级公路的沥青混合料,宜将S14与S16组合使用,S15可在沥青稳定碎石基层或其他等级公路中使用。

表 4.9.4 沥青混合料用机制砂或石屑规格

规格	公称粒径(mm)	水洗法通过各筛孔的质量百分率(%)							
		9.5	4.75	2.36	1.18	0.6	0.3	0.15	0.075
S15	0~5	100	90~100	60~90	40~75	20~55	7~40	2~20	0~10
S16	0~3	—	100	80~100	50~80	25~60	8~45	0~25	0~15

注:当生产石屑采用喷水抑制扬尘工艺时,应特别注意含粉量不得超过表中要求。

4.9.5 机制砂宜采用专用的制砂机制造,并选用优质石料生产,其级配应符合 S16 的要求。

4.10 填料

4.10.1 沥青混合料的矿粉必须采用石灰岩或岩浆岩中的强基性岩石等憎水性石料经磨细得到的矿粉,原石料中的泥土杂质应除净。矿粉应干燥、洁净,能自由地从矿粉仓流出,其质量应符合表 4.10.1 的要求。

表 4.10.1 沥青混合料用矿粉质量要求

项　目	单　位	高速公路、一级公路	其他等级公路	试验方法
表观密度,不小于	t/m^3	2.50	2.45	T 0352
含水量,不大于	%	1	1	T 0103 烘干法
粒度范围 <0.6mm <0.15mm <0.075mm	% % %	100 90~100 75~100	100 90~100 70~100	T 0351
外观	—	无团粒结块	—	
亲水系数	—	<1	T 0353	
塑性指数	%	<4	T 0354	
加热安定性	—	实测记录	T 0355	

4.10.2 拌和机的粉尘可作为矿粉的一部分回收使用。但每盘用量不得超过填料总量的 25%,掺有粉尘填料的塑性指数不得大于 4%。

4.10.3 粉煤灰作为填料使用时,用量不得超过填料总量的 50%,粉煤灰的烧失量应小于 12%,与矿粉混合后的塑性指数应小于 4%,其余质量要求与矿粉相同。高速公路、一级公路的沥青面层不宜采用粉煤灰做填料。

4.11 纤维稳定剂

4.11.1 在沥青混合料中掺加的纤维稳定剂宜选用木质素纤维、矿物纤维等。木质素纤维的质量应符合表 4.11.1 的技术要求。

表 4.11.1 木质素纤维质量技术要求

项　目	单位	指　标	试验方法
纤维长度,不大于	mm	6	水溶液用显微镜观测
灰分含量	%	18±5	高温 590~600℃燃烧后测定残留物
pH 值	—	7.5±1.0	水溶液用 pH 试纸或 pH 计测定
吸油率,不小于	—	纤维质量的 5 倍	用煤油浸泡后放在筛上经振敲后称量
含水率(以质量计),不大于	%	5	105℃烘箱烘 2h 后冷却称量

4.11.2 纤维应在 250℃的干拌温度不变质、不发脆,使用纤维必须符合环保要求,不危害身体健康。纤维必须在混合料拌和过程中能充分分散均匀。

4.11.3 矿物纤维宜采用玄武岩等矿石制造,易影响环境及造成人体伤害的石棉纤维不宜直接使用。

4.11.4 纤维应存放在室内或有棚盖的地方,松散纤维在运输及使用过程中应避免受潮,不结团。

4.11.5 纤维稳定剂的掺加比例以沥青混合料总量的质量百分率计算,通常情况下用于 SMA 路面的木质素纤维不宜低于 0.3%,矿物纤维不宜低于 0.4%,必要时可适当增加纤维用量。纤维掺加量的允许误差宜不超过 ±5%。

5 热拌沥青混合料路面

5.1 一般规定

5.1.1 热拌沥青混合料(HMA)适用于各种等级公路的沥青路面。其种类按集料公称最大粒径、矿料级配、空隙率划分,分类见表5.1.1。

表5.1.1 热拌沥青混合料种类

混合料类型	密级配			开级配		半开级配	公称最大粒径(mm)	最大粒径(mm)
	连续级配		间断级配	间断级配				
	沥青混凝土	沥青稳定碎石	沥青玛蹄脂碎石	排水式沥青磨耗层	排水式沥青碎石基层	沥青碎石		
特粗式	—	ATB-40	—	—	ATPB-40	—	37.5	53.0
粗粒式	—	ATB-30	—	—	ATPB-30	—	31.5	37.5
	AC-25	ATB-25	—	—	ATPB-25	—	26.5	31.5
中粒式	AC-20	—	SMA-20	—	—	AM-20	19.0	26.5
	AC-16	—	SMA-16	OGFC-16	—	AM-16	16.0	19.0
细粒式	AC-13	—	SMA-13	OGFC-13	—	AM-13	13.2	16.0
	AC-10	—	SMA-10	OGFC-10	—	AM-10	9.5	13.2
砂粒式	AC-5	—	—	—	—		4.75	9.5
设计空隙率(%)	3~5	3~6	3~4	>18	>18	6~12	—	—

注:设计空隙率可按配合比设计要求适当调整。

5.1.2 各层沥青混合料应满足所在层位的功能性要求,便于施工,不容易离析。各层应连续施工并连结成为一个整体。当发现混合料结构组合及级配类型的设计不合理时,应进行修改、调整,以确保沥青路面的使用性能。

5.1.3 沥青面层集料的最大粒径宜从上至下逐渐增大,并应与压实层厚度相匹配。对热拌热铺密级配沥青混合料,沥青层一层的压实厚度不宜小于集料公称最大粒径的2.5~3倍,对SMA和OGFC等嵌挤型混合料不宜小于公称最大粒径的2~2.5倍,以减少离析,便于压实。

5.2 施工准备

5.2.1 铺筑沥青层前,应检查基层或下卧沥青层的质量,不符要求的不得铺筑沥青面层。旧沥青路面或下卧层已被污染时,必须清洗或经铣刨处理后方可铺筑沥青混合料。

5.2.2 石油沥青加工及沥青混合料施工温度应根据沥青标号及粘度、气候条件、铺装层的厚度确定。

1 普通沥青结合料的施工温度宜通过在135℃及175℃条件下测定的粘度—温度曲线按表5.2.2-1的规定确定。缺乏粘温曲线数据时,可参照表5.2.2-2的范围选择,并根据实际情况确定使用高值或低值。当表中温度不符实际情况时,容许作适当调整。

表5.2.2-1 确定沥青混合料拌和及压实温度的适宜温度

粘　　度	适宜于拌和的沥青结合料粘度	适宜于压实的沥青结合料粘度	测定方法
表观粘度	(0.17±0.02)Pa·s	(0.28±0.03)Pa·s	T 0625
运动粘度	(170±20)mm²/s	(280±30)mm²/s	T 0619
赛波特粘度	(85±10)s	(140±15)s	T 0623

表5.2.2-2 热拌沥青混合料的施工温度(℃)

施工工序		石油沥青的标号			
		50号	70号	90号	110号
沥青加热温度		160~170	155~165	150~160	145~155
矿料加热温度	间隙式拌和机	集料加热温度比沥青温度高10~30			
	连续式拌和机	矿料加热温度比沥青温度高5~10			
沥青混合料出料温度		150~170	145~165	140~160	135~155
混合料贮料仓贮存温度		贮料过程中温度降低不超过10			
混合料废弃温度,高于		200	195	190	185
运输到现场温度,不低于		150	145	140	135
混合料摊铺温度,不低于	正常施工	140	135	130	125
	低温施工	160	150	140	135
开始碾压的混合料内部温度,不低于	正常施工	135	130	125	120
	低温施工	150	145	135	130
碾压终了的表面温度,不低于	钢轮压路机	80	70	65	60
	轮胎压路机	85	80	75	70
	振动压路机	75	70	60	55
开放交通的路表温度,不高于		50	50	50	45

注:1.沥青混合料的施工温度采用具有金属探测针的插入式数显温度计测量。表面温度可采用表面接触式温度计测定。当采用红外线温度计测量表面温度时,应进行标定。

2.表中未列入的130号、160号及30号沥青的施工温度由试验确定。

2 聚合物改性沥青混合料的施工温度根据实践经验并参照表 5.2.2-3 选择。通常宜较普通沥青混合料的施工温度提高 10 ~ 20℃。对采用冷态胶乳直接喷入法制作的改性沥青混合料,集料烘干温度应进一步提高。

表 5.2.2-3 聚合物改性沥青混合料的正常施工温度范围(℃)

工　　序	聚合物改性沥青品种		
	SBS 类	SBR 胶乳类	EVA、PE 类
沥青加热温度	160 ~ 165		
改性沥青现场制作温度	165 ~ 170	—	165 ~ 170
成品改性沥青加热温度,不大于	175	—	175
集料加热温度	190 ~ 220	200 ~ 210	185 ~ 195
改性沥青 SMA 混合料出厂温度	170 ~ 185	160 ~ 180	165 ~ 180
混合料最高温度(废弃温度)	195		
混合料贮存温度	拌和出料后降低不超过 10		
摊铺温度,不低于	160		
初压开始温度,不低于	150		
碾压终了的表面温度,不低于	90		
开放交通时的路表温度,不高于	50		

注:1.同表 5.2.2-2。
2.当采用表列以外的聚合物或天然沥青改性沥青时,施工温度由试验确定。

3 SMA 混合料的施工温度应视纤维品种和数量、矿粉用量的不同,在改性沥青混合料的基础上作适当提高。

5.3 配合比设计

5.3.1 沥青混合料必须在对同类公路配合比设计和使用情况调查研究的基础上,充分借鉴成功的经验,选用符合要求的材料,进行配合比设计。

5.3.2 沥青混合料的矿料级配应符合工程设计规定的级配范围。密级配沥青混合料宜根据公路等级、气候及交通条件按表 5.3.2-1 选择采用粗型(C 型)或细型(F 型)混合料,并在表 5.3.2-2 范围内确定工程设计级配范围,通常情况下工程设计级配范围不宜超出表 5.3.2-2 的要求。其他类型的混合料宜直接以表 5.3.2-3 ~ 表 5.3.2-7 作为工程设计级配范围。

表 5.3.2-1 粗型和细型密级配沥青混凝土的关键性筛孔通过率

混合料类型	公称最大粒径(mm)	用以分类的关键性筛孔(mm)	粗型密级配		细型密级配	
			名称	关键性筛孔通过率(%)	名称	关键性筛孔通过率(%)
AC-25	26.5	4.75	AC-25C	<40	AC-25F	>40
AC-20	19	4.75	AC-20C	<45	AC-20F	>45
AC-16	16	2.36	AC-16C	<38	AC-16F	>38
AC-13	13.2	2.36	AC-13C	<40	AC-13F	>40
AC-10	9.5	2.36	AC-10C	<45	AC-10F	>45

表 5.3.2-2 密级配沥青混凝土混合料矿料级配范围

级配类型		通过下列筛孔(mm)的质量百分率(%)												
		31.5	26.5	19	16	13.2	9.5	4.75	2.36	1.18	0.6	0.3	0.15	0.075
粗粒式	AC-25	100	90~100	75~90	65~83	57~76	45~65	24~52	16~42	12~33	8~24	5~17	4~13	3~7
中粒式	AC-20		100	90~100	78~92	62~80	50~72	26~56	16~44	12~33	8~24	5~17	4~13	3~7
	AC-16			100	90~100	76~92	60~80	34~62	20~48	13~36	9~26	7~18	5~14	4~8
细粒式	AC-13				100	90~100	68~85	38~68	24~50	15~38	10~28	7~20	5~15	4~8
	AC-10					100	90~100	45~75	30~58	20~44	13~32	9~23	6~16	4~8
砂粒式	AC-5						100	90~100	55~75	35~55	20~40	12~28	7~18	5~10

表 5.3.2-3 沥青玛蹄脂碎石混合料矿料级配范围

级配类型		通过下列筛孔(mm)的质量百分率(%)											
		26.5	19	16	13.2	9.5	4.75	2.36	1.18	0.6	0.3	0.15	0.075
中粒式	SMA-20	100	90~100	72~92	62~82	40~55	18~30	13~22	12~20	10~16	9~14	8~13	8~12
	SMA-16		100	90~100	65~85	45~65	20~32	15~24	14~22	12~18	10~15	9~14	8~12
细粒式	SMA-13			100	90~100	50~75	20~34	15~26	14~24	12~20	10~16	9~15	8~12
	SMA-10				100	90~100	28~60	20~32	14~26	12~22	10~18	9~16	8~13

表 5.3.2-4 开级配排水式磨耗层混合料矿料级配范围

级配类型		通过下列筛孔(mm)的质量百分率(%)										
		19	16	13.2	9.5	4.75	2.36	1.18	0.6	0.3	0.15	0.075
中粒式	OGFC-16	100	90~100	70~90	45~70	12~30	10~22	6~18	4~15	3~12	3~8	2~6
	OGFC-13		100	90~100	60~80	12~30	10~22	6~18	4~15	3~12	3~8	2~6
细粒式	OGFC-10			100	90~100	50~70	10~22	6~18	4~15	3~12	3~8	2~6

表 5.3.2-5 密级配沥青稳定碎石混合料矿料级配范围

级配类型		通过下列筛孔(mm)的质量百分率(%)														
		53	37.5	31.5	26.5	19	16	13.2	9.5	4.75	2.36	1.18	0.6	0.3	0.15	0.075
特粗式	ATB-40	100	90~100	75~92	65~85	49~71	43~63	37~57	30~50	20~40	15~32	10~25	8~18	5~14	3~10	2~6
	ATB-30		100	90~100	70~90	53~72	44~66	39~60	31~51	20~40	15~32	10~25	8~18	5~14	3~10	2~6
粗粒式	ATB-25			100	90~100	60~80	48~68	42~62	32~52	20~40	15~32	10~25	8~18	5~14	3~10	2~6

表 5.3.2-6 半开级配沥青碎石混合料矿料级配范围

级配类型		通过下列筛孔(mm)的质量百分率(%)											
		26.5	19	16	13.2	9.5	4.75	2.36	1.18	0.6	0.3	0.15	0.075
中粒式	AM-20	100	90~100	60~85	50~75	40~65	15~40	5~22	2~16	1~12	0~10	0~8	0~5
	AM-16		100	90~100	60~85	45~68	18~40	6~25	3~18	1~14	0~10	0~8	0~5
细粒式	AM-13			100	90~100	50~80	20~45	8~28	4~20	2~16	0~10	0~8	0~6
	AM-10				100	90~100	35~65	10~35	5~22	2~16	0~12	0~9	0~6

表 5.3.2-7 开级配沥青稳定碎石混合料矿料级配范围

级配类型		通过下列筛孔(mm)的质量百分率(%)														
		53	37.5	31.5	26.5	19	16	13.2	9.5	4.75	2.36	1.18	0.6	0.3	0.15	0.075
特粗式	ATPB-40	100	70~100	65~90	55~85	43~75	32~70	20~65	12~50	0~3	0~3	0~3	0~3	0~3	0~3	0~3
	ATPB-30		100	80~100	70~95	53~85	36~80	26~75	14~60	0~3	0~3	0~3	0~3	0~3	0~3	0~3
粗粒式	ATPB-25			100	80~100	60~100	45~90	30~82	16~70	0~3	0~3	0~3	0~3	0~3	0~3	0~3

5.3.3 本规范采用马歇尔试验配合比设计方法，沥青混合料技术要求应符合表5.3.3-1~5.3.3-4的规定，并有良好的施工性能。当采用其他方法设计沥青混合料时，应按本规范规定进行马歇尔试验及各项配合比设计检验，并报告不同设计方法的试验结果。二级公路宜参照一级公路的技术标准执行。表中气候分区按附录A执行。重载交通是指设计交通量在1000万辆以上的路段，长大坡度的路段按重载交通路段考虑。

表 5.3.3-1 密级配沥青混凝土混合料马歇尔试验技术标准

(本表适用于公称最大粒径≤26.5mm 的密级配沥青混凝土混合料)

试验指标		单位	高速公路、一级公路				其他等级公路	行人道路
			夏炎热区(1-1、1-2、1-3、1-4区)		夏热区及夏凉区(2-1、2-2、2-3、2-4、3-2区)			
			中轻交通	重载交通	中轻交通	重载交通		
击实次数(双面)		次	75				50	50
试件尺寸		mm	ϕ101.6mm×63.5mm					
空隙率 VV	深约 90mm 以内	%	3~5	4~6	2~4	3~5	3~6	2~4
	深约 90mm 以下	%	3~6		2~4	3~6	3~6	—
稳定度 MS 不小于		kN	8				5	3
流值 FL		mm	2~4	1.5~4	2~4.5	2~4	2~4.5	2~5
矿料间隙率 VMA(%),不小于	设计空隙率(%)		相应于以下公称最大粒径(mm)的最小 VMA 及 VFA 技术要求(%)					
			26.5	19	16	13.2	9.5	4.75
	2		10	11	11.5	12	13	15
	3		11	12	12.5	13	14	16
	4		12	13	13.5	14	15	17
	5		13	14	14.5	15	16	18
	6		14	15	15.5	16	17	19
沥青饱和度 VFA(%)			55~70	65~75			70~85	

注:1.对空隙率大于 5%的夏炎热区重载交通路段,施工时应至少提高压实度 1 个百分点。

2.当设计的空隙率不是整数时,由内插确定要求的 VMA 最小值。

3.对改性沥青混合料,马歇尔试验的流值可适当放宽。

表 5.3.3-2 沥青稳定碎石混合料马歇尔试验配合比设计技术标准

试验指标	单位	密级配基层(ATB)		半开级配面层(AM)	排水式开级配磨耗层(OGFC)	排水式开级配基层(ATPB)
公称最大粒径	mm	26.5mm	等于或大于 31.5mm	等于或小于 26.5mm	等于或小于 26.5mm	所有尺寸
马歇尔试件尺寸	mm	ϕ101.6mm×63.5mm	ϕ152.4mm×95.3mm	ϕ101.6mm×63.5mm	ϕ101.6mm×63.5mm	ϕ152.4mm×95.3mm
击实次数(双面)	次	75	112	50	50	75
空隙率 VV	%	3~6		6~10	不小于 18	不小于 18
稳定度,不小于	kN	7.5	15	3.5	3.5	—
流值	mm	1.5~4	实测	—	—	—
沥青饱和度 VFA	%	55~70		40~70	—	—
密级配基层 ATB 的矿料间隙率 VMA(%),不小于		设计空隙率(%)		ATB-40	ATB-30	ATB-25
		4		11	11.5	12
		5		12	12.5	13
		6		13	13.5	14

注:在干旱地区,可将密级配沥青稳定碎石基层的空隙率适当放宽到 8%。

表 5.3.3-3 SMA 混合料马歇尔试验配合比设计技术要求

试验项目	单位	技术要求		试验方法
		不使用改性沥青	使用改性沥青	
马歇尔试件尺寸	mm	φ101.6mm×63.5mm		T 0702
马歇尔试件击实次数[1]	—	两面击实 50 次		T 0702
空隙率 VV[2]	%	3~4		T 0705
矿料间隙率 VMA[2],不小于	%	17.0		T 0705
粗集料骨架间隙率 VCA_{mix}[3],不大于	—	VCA_{DRC}		T 0705
沥青饱和度 VFA	%	75~85		T 0705
稳定度[4],不小于	kN	5.5	6.0	T 0709
流值	mm	2~5	—	T 0709
谢伦堡沥青析漏试验的结合料损失	%	不大于 0.2	不大于 0.1	T 0732
肯塔堡飞散试验的混合料损失或浸水飞散试验	%	不大于 20	不大于 15	T 0733

注:1.对集料坚硬不易击碎,通行重载交通的路段,也可将击实次数增加为双面 75 次。

2.对高温稳定性要求较高的重交通路段或炎热地区,设计空隙率允许放宽到 4.5%,VMA 允许放宽到 16.5%(SMA-16)或 16%(SMA-19),VFA 允许放宽到 70%。

3.试验粗集料骨架间隙率 VCA 的关键性筛孔,对 SMA-19、SMA-16 是指 4.75mm,对 SMA-13、SMA-10 是指 2.36mm。

4.稳定度难以达到要求时,容许放宽到 5.0kN(非改性)或 5.5kN(改性),但动稳定度检验必须合格。

表 5.3.3-4 OGFC 混合料技术要求

试验项目	单位	技术要求	试验方法
马歇尔试件尺寸	mm	φ101.6mm×63.5mm	T 0702
马歇尔试件击实次数	—	两面击实 50 次	T 0702
空隙率	%	18~25	T 0705
马歇尔稳定度,不小于	kN	3.5	T 0709
析漏损失	%	<0.3	T 0732
肯特堡飞散损失	%	<20	T 0733

5.3.4 对用于高速公路和一级公路的公称最大粒径等于或小于 19mm 的密级配沥青混合料(AC),及 SMA、OGFC 混合料,需在配合比设计的基础上按下列步骤进行各种使用性能检验。不符要求的沥青混合料,必须更换材料或重新进行配合比设计。二级公路参照此要求执行。

1 必须在规定的试验条件下进行车辙试验,并符合表 5.3.4-1 的要求。

表 5.3.4-1 沥青混合料车辙试验动稳定度技术要求

气候条件与技术指标		相应于下列气候分区所要求的动稳定度(次/mm)									试验方法
七月平均最高气温(℃)及气候分区		>30				20~30				<20	
		1.夏炎热区				2.夏热区				3.夏凉区	
		1-1	1-2	1-3	1-4	2-1	2-2	2-3	2-4	3-2	
普通沥青混合料,不小于		800		1000		600	800			600	T 0719
改性沥青混合料,不小于		2400		2800		2000	2400			1800	
SMA混合料	非改性,不小于	1500									
	改性,不小于	3000									
OGFC 混合料		1500(一般交通路段)、3000(重交通量路段)									

注:1.如果其他月份的平均最高气温高于七月时,可使用该月平均最高气温。

2.在特殊情况下,如钢桥面铺装、重载车特别多或纵坡较大的长距离上坡路段、厂矿专用道路,可酌情提高动稳定度的要求。

3.对因气候寒冷确需使用针入度很大的沥青(如大于 100),动稳定度难以达到要求,或因采用石灰岩等不很坚硬的石料,改性沥青混合料的动稳定度难以达到要求等特殊情况,可酌情降低要求。

4.为满足炎热地区及重载车要求,在配合比设计时采取减少最佳沥青用量的技术措施时,可适当提高试验温度或增加试验荷载进行试验,同时增加试件的碾压成型密度和施工压实度要求。

5.车辙试验不得采用二次加热的混合料,试验必须检验其密度是否符合试验规程的要求。

6.如需要对公称最大粒径等于和大于 26.5mm 的混合料进行车辙试验,可适当增加试件的厚度,但不宜作为评定合格与否的依据。

2 必须在规定的试验条件下进行浸水马歇尔试验和冻融劈裂试验检验沥青混合料的水稳定性,并同时符合表 5.3.4-2 中的两个要求。达不到要求时必须按 4.8.6 的要求采取抗剥落措施,调整最佳沥青用量后再次试验。

表 5.3.4-2 沥青混合料水稳定性检验技术要求

气候条件与技术指标		相应于下列气候分区的技术要求(%)				试验方法
年降雨量(mm)及气候分区		>1000	500~1000	250~500	<250	
		1.潮湿区	2.湿润区	3.半干区	4.干旱区	
浸水马歇尔试验残留稳定度(%),不小于						
普通沥青混合料		80		75		T 0709
改性沥青混合料		85		80		
SMA 混合料	普通沥青	75				
	改性沥青	80				
冻融劈裂试验的残留强度比(%),不小于						
普通沥青混合料		75		70		T 0729
改性沥青混合料		80		75		
SMA 混合料	普通沥青	75				
	改性沥青	80				

3　宜对密级配沥青混合料在温度-10℃、加载速率50mm/min的条件下进行弯曲试验，测定破坏强度、破坏应变、破坏劲度模量，并根据应力应变曲线的形状，综合评价沥青混合料的低温抗裂性能。其中沥青混合料的破坏应变宜不小于表5.3.4-3的要求。

表5.3.4-3　沥青混合料低温弯曲试验破坏应变(με)技术要求

气候条件与技术指标	相应于下列气候分区所要求的破坏应变(με)									试验方法
年极端最低气温(℃)及气候分区	<-37.0		-21.5～-37.0			-9.0～-21.5		>-9.0		
	1.冬严寒区		2.冬寒区			3.冬冷区		4.冬温区		
	1-1	2-1	1-2	2-2	3-2	1-3	2-3	1-4	2-4	
普通沥青混合料，不小于	2600		2300			2000				T 0715
改性沥青混合料，不小于	3000		2800			2500				

4　宜利用轮碾机成型的车辙试验试件，脱模架起进行渗水试验，并符合表5.3.4-4的要求。

表5.3.4-4　沥青混合料试件渗水系数(ml/min)技术要求

级配类型	渗水系数要求(ml/min)	试验方法
密级配沥青混凝土，不大于	120	T 0730
SMA混合料，不大于	80	
OGFC混合料，不小于	实测	

5　对使用钢渣作为集料的沥青混合料，应按现行试验规程(T 0363)进行活性和膨胀性试验，钢渣沥青混凝土的膨胀量不得超过1.5%。

6　对改性沥青混合料的性能检验，应针对改性目的进行。以提高高温抗车辙性能为主要目的时，低温性能可按普通沥青混合料的要求执行；以提高低温抗裂性能为主要目的时，高温稳定性可按普通沥青混合料的要求执行。

5.3.5　高速公路、一级公路沥青混合料的配合比设计应在调查以往同类材料的配合比设计经验和使用效果的基础上，按以下步骤进行。

1　目标配合比设计阶段。用工程实际使用的材料按附录B、附录C、附录D的方法，优选矿料级配、确定最佳沥青用量，符合配合比设计技术标准和配合比设计检验要求，以此作为目标配合比，供拌和机确定各冷料仓的供料比例、进料速度及试拌使用。

2　生产配合比设计阶段。对间歇式拌和机，应按规定方法取样测试各热料仓的材料级配，确定各热料仓的配合比，供拌和机控制室使用。同时选择适宜的筛孔尺寸和安装角度，尽量使各热料仓的供料大体平衡。并取目标配合比设计的最佳沥青用量OAC、OAC±0.3%等3个沥青用量进行马歇尔试验和试拌，通过室内试验及从拌和机取样试验综合确定生产配合比的最佳沥青用量，由此确定的最佳沥青用量与目标配合比设计的结果的差值不宜大于±0.2%。对连续式拌和机可省略生产配合比设计步骤。

3　生产配合比验证阶段。拌和机按生产配合比结果进行试拌、铺筑试验段，并取样进行马歇尔试验，同时从路上钻取芯样观察空隙率的大小，由此确定生产用的标准配合比。标准配合比的矿料合成级配中,至少应包括0.075mm、2.36mm、4.75mm及公称最大粒径筛孔的通过率接近优选的工程设计级配范围的中值,并避免在0.3~0.6mm处出现“驼峰”。对确定的标准配合比,宜再次进行车辙试验和水稳定性检验。

4 确定施工级配允许波动范围。根据标准配合比及第11章质量管理要求中各筛孔的允许波动范围,制订施工用的级配控制范围,用以检查沥青混合料的生产质量。

5.3.6 经设计确定的标准配合比在施工过程中不得随意变更。生产过程中应加强跟踪检测,严格控制进场材料的质量,如遇材料发生变化并经检测沥青混合料的矿料级配、马歇尔技术指标不符要求时,应及时调整配合比,使沥青混合料的质量符合要求并保持相对稳定,必要时重新进行配合比设计。

5.3.7 二级及二级以下其他等级公路热拌沥青混合料的配合比设计可按上述步骤进行。当材料与同类道路完全相同时,也可直接引用成功的经验。

5.4 混合料的拌制

5.4.1 沥青混合料必须在沥青拌和厂(场、站)采用拌和机械拌制。

1 拌和厂的设置必须符合国家有关环境保护、消防、安全等规定。

2 拌和厂与工地现场距离应充分考虑交通堵塞的可能,确保混合料的温度下降不超过要求,且不致因颠簸造成混合料离析。

3 拌和厂应具有完备的排水设施。各种集料必须分隔贮存,细集料场应设防雨顶棚,料场及场内道路应作硬化处理,严禁泥土污染集料。

5.4.2 沥青混合料可采用间歇式拌和机或连续式拌和机拌制。高速公路和一级公路宜采用间歇式拌和机拌和。连续式拌和机使用的集料必须稳定不变,一个工程从多处进料、料源或质量不稳定时,不得采用连续式拌和机。

5.4.3 沥青混合料拌和设备的各种传感器必须定期检定,周期不少于每年一次。冷料供料装置需经标定得出集料供料曲线。

5.4.4 间歇式拌和机应符合下列要求:

1 总拌和能力满足施工进度要求。拌和机除尘设备完好,能达到环保要求。

2 冷料仓的数量满足配合比需要,通常不宜少于5~6个。具有添加纤维、消石灰等外掺剂的设备。

5.4.5 集料与沥青混合料取样应符合现行试验规程的要求。从沥青混合料运料车上取样时必须在设置取样台分几处采集一定深度下的样品。

5.4.6 集料进场宜在料堆顶部平台卸料，经推土机推平后，铲运机从底部按顺序竖直装料，减小集料离析。

5.4.7 高速公路和一级公路施工用的间歇式拌和机必须配备计算机设备，拌和过程中逐盘采集并打印各个传感器测定的材料用量和沥青混合料拌和量、拌和温度等各种参数。每个台班结束时打印出一个台班的统计量，按附录 G 的方法进行沥青混合料生产质量及铺筑厚度的总量检验。总量检验的数据有异常波动时，应立即停止生产，分析原因。

5.4.8 沥青混合料的生产温度应符合 5.2.2 的要求。烘干集料的残余含水量不得大于 1%。每天开始几盘集料应提高加热温度，并干拌几锅集料废弃，再正式加沥青拌和混合料。

5.4.9 拌和机的矿粉仓应配备振动装置以防止矿粉起拱。添加消石灰、水泥等外掺剂时，宜增加粉料仓，也可由专用管线和螺旋升送器直接加入拌和锅，若与矿粉混合使用时应注意二者因密度不同发生离析。

5.4.10 拌和机必须有二级除尘装置，经一级除尘部分可直接回收使用，二级除尘部分可进入回收粉仓使用(或废弃)。对因除尘造成的粉料损失应补充等量的新矿粉。

5.4.11 沥青混合料拌和时间根据具体情况经试拌确定，以沥青均匀裹覆集料为度。间歇式拌和机每盘的生产周期不宜少于 45s(其中干拌时间不少于 5 ~ 10s)。改性沥青和 SMA 混合料的拌和时间应适当延长。

5.4.12 间歇式拌和机的振动筛规格应与矿料规格相匹配，最大筛孔宜略大于混合料的最大粒径，其余筛的设置应考虑混合料的级配稳定，并尽量使热料仓大体均衡，不同级配混合料必须配置不同的筛孔组合。

5.4.13 间隙式拌和机宜备有保温性能好的成品储料仓，贮存过程中混合料温降不得大于 10℃，且不能有沥青滴漏。普通沥青混合料的贮存时间不得超过 72h；改性沥青混合料的贮存时间不宜超过 24h；SMA 混合料只限当天使用；OGFC 混合料宜随拌随用。

5.4.14 生产添加纤维的沥青混合料时，纤维必须在混合料中充分分散，拌和均匀。拌和机应配备同步添加投料装置，松散的絮状纤维可在喷入沥青的同时或稍后采用风送设备喷入拌和锅，拌和时间宜延长 5s 以上。颗粒纤维可在粗集料投入的同时自动加入，经 5 ~ 10s的干拌后，再投入矿粉。工程量很小时也可分装成塑料小包或由人工量取直接投入拌和锅。

5.4.15 使用改性沥青时应随时检查沥青泵、管道、计量器是否受堵,堵塞时应及时清洗。

5.4.16 沥青混合料出厂时应逐车检测沥青混合料的重量和温度,记录出厂时间,签发运料单。

5.5 混合料的运输

5.5.1 热拌沥青混合料宜采用较大吨位的运料车运输,但不得超载运输,或急刹车、急弯掉头使透层、封层造成损伤。运料车的运力应稍有富余,施工过程中摊铺机前方应有运料车等候。对高速公路、一级公路,宜待等候的运料车多于5辆后开始摊铺。

5.5.2 运料车每次使用前后必须清扫干净,在车厢板上涂一薄层防止沥青粘结的隔离剂或防粘剂,但不得有余液积聚在车厢底部。从拌和机向运料车上装料时,应多次挪动汽车位置,平衡装料,以减少混合料离析。运料车运输混合料宜用苫布覆盖保温、防雨、防污染。

5.5.3 运料车进入摊铺现场时,轮胎上不得沾有泥土等可能污染路面的脏物,否则宜设水池洗净轮胎后进入工程现场。沥青混合料在摊铺地点凭运料单接收,若混合料不符合施工温度要求,或已经结成团块、已遭雨淋的不得铺筑。

5.5.4 摊铺过程中运料车应在摊铺机前100~300mm处停住,空挡等候,由摊铺机推动前进开始缓缓卸料,避免撞击摊铺机。在有条件时,运料车可将混合料卸入转运车经二次拌和后向摊铺机连续均匀地供料。运料车每次卸料必须倒净,尤其是对改性沥青或SMA混合料,如有剩余,应及时清除,防止硬结。

5.5.5 SMA及OGFC混合料在运输、等候过程中,如发现有沥青结合料沿车厢板滴漏时,应采取措施予以避免。

5.6 混合料的摊铺

5.6.1 热拌沥青混合料应采用沥青摊铺机摊铺,在喷洒有粘层油的路面上铺筑改性沥青混合料或SMA时,宜使用履带式摊铺机。摊铺机的受料斗应涂刷薄层隔离剂或防粘结剂。

5.6.2 铺筑高速公路、一级公路沥青混合料时,一台摊铺机的铺筑宽度不宜超过6m(双车道)~7.5m(3车道以上),通常宜采用两台或更多台数的摊铺机前后错开10~20m,

呈梯队方式同步摊铺，两幅之间应有 30～60mm 左右宽度的搭接，并躲开车道轮迹带，上、下层的搭接位置宜错开 200mm 以上。

5.6.3 摊铺机开工前应提前 0.5～1h 预热熨平板不低于 100℃。铺筑过程中应选择熨平板的振捣或夯锤压实装置具有适宜的振动频率和振幅，以提高路面的初始压实度。熨平板加宽连接应仔细调节至摊铺的混合料没有明显的离析痕迹。

5.6.4 摊铺机必须缓慢、均匀、连续不间断地摊铺，不得随意变换速度或中途停顿，以提高平整度，减少混合料的离析。摊铺速度宜控制在 2～6m/min 的范围内，对改性沥青混合料及 SMA 混合料宜放慢至 1～3m/min。当发现混合料出现明显的离析、波浪、裂缝、拖痕时，应分析原因，予以消除。

5.6.5 摊铺机应采用自动找平方式，下面层或基层宜采用钢丝绳引导的高程控制方式，上面层宜采用平衡梁或雪橇式摊铺厚度控制方式，中面层根据情况选用找平方式。直接接触式平衡梁的轮子不得粘附沥青。铺筑改性沥青或 SMA 路面时宜采用非接触式平衡梁。

5.6.6 沥青路面施工的最低气温应符合总则 1.0.4 的要求，寒冷季节遇大风降温，不能保证迅速压实时不得铺筑沥青混合料。热拌沥青混合料的最低摊铺温度根据铺筑层厚度、气温、风速及下卧层表面温度按本规范 5.2.2 条执行，且不得低于表 5.6.6 的要求。每天施工开始阶段宜采用较高温度的混合料。

表 5.6.6 沥青混合料的最低摊铺温度

下卧层的表面温度（℃）	相应于下列不同摊铺层厚度的最低摊铺温度（℃）					
	普通沥青混合料			改性沥青混合料或 SMA 沥青混合料		
	＜50mm	（50～80）mm	＞80mm	＜50mm	（50～80）mm	＞80mm
＜5	不允许	不允许	140	不允许	不允许	不允许
5～10	不允许	140	135	不允许	不允许	不允许
10～15	145	138	132	165	155	150
15～20	140	135	130	158	150	145
20～25	138	132	128	153	147	143
25～30	132	130	126	147	145	141
＞30	130	125	124	145	140	139

5.6.7 沥青混合料的松铺系数应根据混合料类型由试铺试压确定。摊铺过程中应随

时检查摊铺层厚度及路拱、横坡,并按附录G的方法由使用的混合料总量与面积校验平均厚度。

5.6.8 摊铺机的螺旋布料器应相应于摊铺速度调整到保持一个稳定的速度均衡地转动,两侧应保持有不少于送料器2/3高度的混合料,以减少在摊铺过程中混合料的离析。

5.6.9 用机械摊铺的混合料,不宜用人工反复修整。当不得不由人工作局部找补或更换混合料时,需仔细进行,特别严重的缺陷应整层铲除。

5.6.10 在路面狭窄部分、平曲线半径过小的匝道或加宽部分,以及小规模工程不能采用摊铺机铺筑时可用人工摊铺混合料。人工摊铺沥青混合料应符合下列要求:

(1)半幅施工时,路中一侧宜事先设置挡板。

(2)沥青混合料宜卸在铁板上,摊铺时应扣锹布料,不得扬锹远甩。铁锹等工具宜沾防粘结剂或加热使用。

(3)边摊铺边用刮板整平,刮平时应轻重一致,控制次数,严防集料离析。

(4)摊铺不得中途停顿,并加快碾压。如因故不能及时碾压时,应立即停止摊铺,并对已卸下的沥青混合料覆盖苫布保温。

(5)低温施工时,每次卸下的混合料应覆盖苫布保温。

5.6.11 在雨季铺筑沥青路面时,应加强与气象台(站)的联系,已摊铺的沥青层因遇雨未行压实的应予铲除。

5.7 沥青路面的压实及成型

5.7.1 压实成型的沥青路面应符合压实度及平整度的要求。

5.7.2 沥青混凝土的压实层最大厚度不宜大于100mm,沥青稳定碎石混合料的压实层厚度不宜大于120mm,但当采用大功率压路机且经试验证明能达到压实度时允许增大到150mm。

5.7.3 沥青路面施工应配备足够数量的压路机,选择合理的压路机组合方式及初压、复压、终压(包括成型)的碾压步骤,以达到最佳碾压效果。高速公路铺筑双车道沥青路面的压路机数量不宜少于5台。施工气温低、风大、碾压层薄时,压路机数量应适当增加。

5.7.4 压路机应以慢而均匀的速度碾压,压路机的碾压速度应符合表5.7.4的规定。压路机的碾压路线及碾压方向不应突然改变而导致混合料推移。碾压区的长度应大体稳定,两端的折返位置应随摊铺机前进而推进,横向不得在相同的断面上。

表 5.7.4　压路机碾压速度（km/h）

压路机类型	初压		复压		终压	
	适宜	最大	适宜	最大	适宜	最大
钢筒式压路机	2～3	4	3～5	6	3～6	6
轮胎压路机	2～3	4	3～5	6	4～6	8
振动压路机	2～3 （静压或振动）	3 （静压或振动）	3～4.5 （振动）	5 （振动）	3～6 （静压）	6 （静压）

5.7.5　压路机的碾压温度应符合本规范 5.2.2 的要求，并根据混合料种类、压路机、气温、层厚等情况经试压确定。在不产生严重推移和裂缝的前提下，初压、复压、终压都应在尽可能高的温度下进行。同时不得在低温状况下作反复碾压，使石料棱角磨损、压碎，破坏集料嵌挤。

5.7.6　沥青混合料的初压应符合下列要求：

（1）初压应在紧跟摊铺机后碾压，并保持较短的初压区长度，以尽快使表面压实，减少热量散失。对摊铺后初始压实度较大，经实践证明采用振动压路机或轮胎压路机直接碾压无严重推移而有良好效果时，可免去初压，直接进入复压工序。

（2）通常宜采用钢轮压路机静压 1～2 遍。碾压时应将压路机的驱动轮面向摊铺机，从外侧向中心碾压，在超高路段则由低向高碾压，在坡道上应将驱动轮从低处向高处碾压。

（3）初压后应检查平整度、路拱，有严重缺陷时进行修整乃至返工。

5.7.7　复压应紧跟在初压后进行，并应符合下列要求：

（1）复压应紧跟在初压后开始，且不得随意停顿。压路机碾压段的总长度应尽量缩短，通常不超过 60～80m。采用不同型号的压路机组合碾压时宜安排每一台压路机作全幅碾压，防止不同部位的压实度不均匀。

（2）密级配沥青混凝土的复压宜优先采用重型的轮胎压路机进行搓揉碾压，以增加密水性，其总质量不宜小于 25t，吨位不足时宜附加重物，使每一个轮胎的压力不小于 15kN。冷态时的轮胎充气压力不小于 0.55MPa，轮胎发热后不小于 0.6MPa，且各个轮胎的气压大体相同，相邻碾压带应重叠 1/3～1/2 的碾压轮宽度，碾压至要求的压实度为止。

（3）对粗集料为主的较大粒径的混合料，尤其是大粒径沥青稳定碎石基层，宜优先采用振动压路机复压。厚度小于 30mm 的薄沥青层不宜采用振动压路机碾压。振动压路机的振动频率宜为 35～50Hz，振幅宜为 0.3～0.8mm。层厚较大时选用高频率大振幅，以产生较大的激振力，厚度较薄时采用高频率低振幅，以防止集料破碎。相邻碾压带重叠宽度为 100～200mm。振动压路机折返时应先停止振动。

（4）当采用三轮钢筒式压路机时，总质量不宜小于 12t，相邻碾压带宜重叠后轮的 1/2 宽度，并不应少于 200mm。

(5)对路面边缘、加宽及港湾式停车带等大型压路机难于碾压的部位,宜采用小型振动压路机或振动夯板作补充碾压。

5.7.8 终压应紧接在复压后进行,如经复压后已无明显轮迹时可免去终压。终压可选用双轮钢筒式压路机或关闭振动的振动压路机碾压不宜少于2遍,至无明显轮迹为止。

5.7.9 SMA路面的压实应符合以下要求:

(1)除沥青用量较低,经试验证明采用轮胎压路机碾压有良好效果外,不宜采用轮胎压路机碾压,以防将沥青结合料搓揉挤压上浮。

(2)SMA路面宜采用振动压路机或钢筒式压路机碾压。振动压路机应遵循“紧跟、慢压、高频、低幅”的原则,即紧跟在摊铺机后面,采取高频率、低振幅的方式慢速碾压。如发现SMA混合料高温碾压有推拥现象,应复查其级配是否合适。

5.7.10 OGFC宜采用小于12t的钢筒式压路机碾压。

5.7.11 碾压轮在碾压过程中应保持清洁,有混合料沾轮应立即清除。对钢轮可涂刷隔离剂或防粘结剂,但严禁刷柴油。当采用向碾压轮喷水(可添加少量表面活性剂)的方式时,必须严格控制喷水量且成雾状,不得漫流,以防混合料降温过快。轮胎压路机开始碾压阶段,可适当烘烤、涂刷少量隔离剂或防粘结剂,也可少量喷水,并先到高温区碾压使轮胎尽快升温,之后停止洒水。轮胎压路机轮胎外围宜加设围裙保温。

5.7.12 压路机不得在未碾压成型路段上转向、调头、加水或停留。在当天成型的路面上,不得停放各种机械设备或车辆,不得散落矿料、油料等杂物。

5.8 接缝

5.8.1 沥青路面的施工必须接缝紧密、连接平顺,不得产生明显的接缝离析。上、下层的纵缝应错开150mm(热接缝)或300~400mm(冷接缝)以上。相邻两幅及上、下层的横向接缝均应错位1m以上。接缝施工应用3m直尺检查,确保平整度符合要求。

5.8.2 纵向接缝部位的施工应符合下列要求:

(1)摊铺时采用梯队作业的纵缝应采用热接缝,将已铺部分留下100~200mm宽暂不碾压,作为后续部分的基准面,然后作跨缝碾压以消除缝迹。

(2)当半幅施工或因特殊原因而产生纵向冷接缝时,宜加设挡板或加设切刀切齐,也可在混合料尚未完全冷却前用镐刨除边缘留下毛茬的方式,但不宜在冷却后采用切割机作纵向切缝。加铺另半幅前应涂洒少量沥青,重叠在已铺层上50~100mm,再铲走铺在前半幅上面的混合料,碾压时由边向中碾压留下100~150mm,再跨缝挤紧压实。或者先在已压实路面上行走碾压新铺层 150mm 左右，然后压实新铺部分。

5.8.3 高速公路和一级公路的表面层横向接缝应采用垂直的平接缝，以下各层可采用自然碾压的斜接缝，沥青层较厚时也可作阶梯形接缝(见图 5.8.3)。其他等级公路的各层均可采用斜接缝。

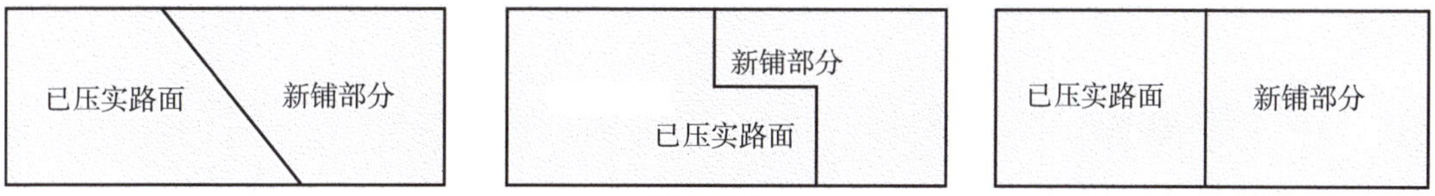

a) b) c)

图 5.8.3 横向接缝的几种型式

a)斜接缝；b)阶梯形接缝；c)平接缝

5.8.4 斜接缝的搭接长度与层厚有关，宜为 0.4 ~ 0.8m。搭接处应洒少量沥青，混合料中的粗集料颗粒应予剔除，并补上细料，搭接平整，充分压实。阶梯形接缝的台阶经铣刨而成，并洒粘层沥青，搭接长度不宜小于 3m。

5.8.5 平接缝宜趁尚未冷透时用凿岩机或人工垂直刨除端部层厚不足的部分，使工作缝成直角连接。当采用切割机制作平接缝时，宜在铺设当天混合料冷却但尚未结硬时进行。刨除或切割不得损伤下层路面。切割时留下的泥水必须冲洗干净，待干燥后涂刷粘层油。铺筑新混合料接头应使接茬软化，压路机先进行横向碾压，再纵向碾压成为一体，充分压实，连接平顺。

5.9 开放交通及其他

5.9.1 热拌沥青混合料路面应待摊铺层完全自然冷却，混合料表面温度低于 50℃ 后，方可开放交通。需要提早开放交通时，可洒水冷却降低混合料温度。

5.9.2 沥青路面雨季施工应符合下列要求：

(1)注意气象预报，加强工地现场、沥青拌和厂及气象台站之间的联系，控制施工长度，各项工序紧密衔接。

(2)运料车和工地应备有防雨设施，并做好基层及路肩排水。

5.9.3 铺筑好的沥青层应严格控制交通，做好保护，保持整洁，不得造成污染，严禁在沥青层上堆放施工产生的土或杂物，严禁在已铺沥青层上制作水泥砂浆。

6 沥青表面处治与封层

6.1 一般规定

6.1.1 沥青表面处治适用于三级及三级以下公路的沥青面层。各种封层适用于加铺薄层罩面、磨耗层、水泥混凝土路面上的应力缓冲层、各种防水和密水层、预防性养护罩面层。

6.1.2 沥青表面处治与封层宜选择在干燥和较热的季节施工,并在最高温度低于15℃时期到来之前半个月及雨季前结束。

6.2 层铺法沥青表面处治

6.2.1 沥青表面处治可采用道路石油沥青、乳化沥青、煤沥青铺筑,沥青标号应按本规范相关规定选用。沥青表面处治的集料最大粒径应与处治层的厚度相等,其规格和用量宜按表6.2.1选用;沥青表面处治施工后,应在路侧另备S12(5~10mm)碎石或S14(3~5mm)石屑、粗砂或小砾石(2~3)m^3/1000m^2作为初期养护用料。

表6.2.1 沥青表面处治材料规格和用量

<table>
<tr><th rowspan="3">沥青种类</th><th rowspan="3">类型</th><th rowspan="3">厚度(mm)</th><th colspan="3">集料(m³/1000m²)</th><th colspan="4">沥青或乳液用量(kg/m²)</th></tr>
<tr><th>第一层</th><th>第二层</th><th>第三层</th><th rowspan="2">第一次</th><th rowspan="2">第二次</th><th rowspan="2">第三次</th><th rowspan="2">合计用量</th></tr>
<tr><th>规格 用量</th><th>规格 用量</th><th>规格 用量</th></tr>
<tr><td rowspan="7">石油沥青</td><td rowspan="2">单层</td><td>1.0</td><td>S12 7~9</td><td rowspan="2">—</td><td rowspan="2">—</td><td>1.0~1.2</td><td rowspan="2">—</td><td rowspan="2">—</td><td>1.0~1.2</td></tr>
<tr><td>1.5</td><td>S10 12~14</td><td>1.4~1.6</td><td>1.4~1.6</td></tr>
<tr><td rowspan="3">双层</td><td>1.5</td><td>S10 12~14</td><td>S12 7~8</td><td rowspan="3">—</td><td>1.4~1.6</td><td>1.0~1.2</td><td rowspan="3">—</td><td>2.4~2.8</td></tr>
<tr><td>2.0</td><td>S9 16~18</td><td>S12 7~8</td><td>1.6~1.8</td><td>1.0~1.2</td><td>2.6~3.0</td></tr>
<tr><td>2.5</td><td>S8 18~20</td><td>S12 7~8</td><td>1.8~2.0</td><td>1.0~1.2</td><td>2.8~3.2</td></tr>
<tr><td rowspan="2">三层</td><td>2.5</td><td>S8 18~20</td><td>S10 12~14</td><td>S12 7~8</td><td>1.6~1.8</td><td>1.2~1.4</td><td>1.0~1.2</td><td>3.8~4.4</td></tr>
<tr><td>3.0</td><td>S6 20~22</td><td>S10 12~14</td><td>S12 7~8</td><td>1.8~2.0</td><td>1.2~1.4</td><td>1.0~1.2</td><td>4.0~4.6</td></tr>
<tr><td rowspan="3">乳化沥青</td><td>单层</td><td>0.5</td><td>S14 7~9</td><td>—</td><td>—</td><td>0.9~1.0</td><td>—</td><td>—</td><td>0.9~1.0</td></tr>
<tr><td>双层</td><td>1.0</td><td>S12 9~11</td><td>S14 4~6</td><td>—</td><td>1.8~2.0</td><td>1.0~1.2</td><td>—</td><td>2.8~3.2</td></tr>
<tr><td>三层</td><td>3.0</td><td>S6 20~22</td><td>S10 9~11</td><td>S12 4~6
S14 3.5~4.5</td><td>2.0~2.2</td><td>1.8~2.0</td><td>1.0~1.2</td><td>4.8~5.4</td></tr>
</table>

注:1.煤沥青表面处治的沥青用量可比石油沥青用量增加15%~20%。
2.表中的乳液用量按乳化沥青的蒸发残留物含量60%计算,如沥青含量不同应予折算。
3.在高寒地区及干旱风沙大的地区,可超出高限5%~10%。

6.2.2 在清扫干净的碎(砾)石路面上铺筑沥青表面处治时,应喷洒透层油。在旧沥青路面、水泥混凝土路面、块石路面上铺筑沥青表面处治路面时,可在第一层沥青用量中增加10%~20%,不再另洒透层油或粘层油。

6.2.3 层铺法沥青表面处治路面宜采用沥青洒布车及集料撒布机联合作业。沥青洒布车喷洒沥青时应保持稳定速度和喷洒量,并保持整个洒布宽度喷洒均匀。小规模工程可采用机动或手摇的手工沥青洒布机洒布沥青。洒布设备的喷嘴应适用于沥青的稠度,确保能成雾状,与洒油管成15°~25°的夹角,洒油管的高度应使同一地点接受2~3个喷油嘴喷洒的沥青,不得出现花白条。

6.2.4 沥青表面处治喷洒沥青材料时应对道路人工构造物、路缘石等外露部分作防污染遮盖。

6.2.5 沥青表面处治施工应确保各工序紧密衔接,每个作业段长度应根据施工能力确定,并在当天完成。人工撒布集料时应等距离划分段落备料。

6.2.6 三层式沥青表面处治的施工工艺应按下列步骤进行:

(1)清扫基层,撒布第一层沥青。沥青的撒布温度根据气温及沥青标号选择,石油沥青宜为130~170℃,煤沥青宜为80~120℃,乳化沥青在常温下洒布,加温洒布的乳液温度不得超过60℃。前后两车喷洒的接茬处用铁板或建筑纸铺1~1.5m,使搭接良好。分几幅浇洒时,纵向搭接宽度宜为100~150mm。撒布第二、三层沥青的搭接缝应错开。

(2)撒布主层沥青后应立即用集料撒布机或人工撒布第一层主集料。撒布集料后应及时扫匀,达到全面覆盖、厚度一致、集料不重叠,也不露出沥青的要求。局部有缺料时适当找补,积料过多的将多余集料扫出。两幅搭接处,第一幅撒布沥青应暂留100~150mm宽度不撒布石料,待第二幅一起撒布。

(3)撒布主集料后,不必等全段撒布完,立即用6~8t钢筒双轮压路机从路边向路中心碾压3~4遍,每次轮迹重叠约300mm。碾压速度开始不宜超过2km/h,以后可适当增加。

(4)第二、三层的施工方法和要求应与第一层相同,但可以采用8t以上的压路机碾压。

6.2.7 双层式或单层式沥青表面处治浇洒沥青及撒布集料的次数相应减少,其施工程序和要求参照6.2.6进行。

6.2.8 除乳化沥青表面处治应待破乳、水分蒸发并基本成型后方可通车外,沥青表面处治在碾压结束后即可开放交通,并通过开放交通补充压实,成型稳定。在通车初期应设专人指挥交通或设置障碍物控制行车,限制行车速度不超过20 km/h,严禁畜力车及铁轮车行驶,使路面全部宽度均匀压实。

6.2.9 沥青表面处治应注意初期养护。当发现有泛油时,应在泛油处补撒与最后一层石料规格相同的嵌缝料并扫匀,过多的浮料应扫出路外。

6.3 上封层

6.3.1 根据情况可选择乳化沥青稀浆封层、微表处、改性沥青集料封层、薄层磨耗层或其他适宜的材料。

6.3.2 铺设上封层的下卧层必须彻底清扫干净,对车辙、坑槽、裂缝进行处理或挖补。

6.3.3 上封层的类型根据使用目的、路面的破损程度选用。

1 裂缝较细、较密的可采用涂洒类密封剂、软化再生剂等涂刷罩面。

2 对二级及二级以下公路的旧沥青路面可以采用普通的乳化沥青稀浆封层,也可在喷洒道路石油沥青后撒布石屑(砂)后碾压作封层。

3 对高速公路、一级公路有轻微损坏的宜铺筑微表处。

4 对用于改善抗滑性能的上封层可采用稀浆封层、微表处或改性沥青集料封层。

6.4 下封层

6.4.1 多雨潮湿地区的高速公路、一级公路的沥青面层空隙率较大,有严重渗水可能,或铺筑基层不能及时铺筑沥青面层而需通行车辆时,宜在喷洒透层油后铺筑下封层。

6.4.2 下封层宜采用层铺法表面处治或稀浆封层法施工。稀浆封层可采用乳化沥青或改性乳化沥青作结合料。下封层的厚度不宜小于6mm,且做到完全密水。

6.4.3 以层铺法沥青表面处治铺筑下封层时,通常采用单层式,表6.2.1中的矿料用量宜为5~8m^3/1000m^2,沥青用量可采用要求范围的中高限。

6.5 稀浆封层和微表处

6.5.1 微表处主要用于高速公路及一级公路的预防性养护以及填补轻度车辙,也适用于新建公路的抗滑磨耗层。稀浆封层一般用于二级及二级以下公路的预防性养护,也适用于新建公路的下封层。

6.5.2 稀浆封层和微表处必须使用专用的摊铺机进行摊铺。单层微表处适用于旧路面车辙深度不大于15mm的情况；超过15mm的必须分两层铺筑，或先用V字形车辙摊铺箱摊铺；深度大于40mm时不适宜微表处处理。

6.5.3 微表处必须采用改性乳化沥青，稀浆封层可采用普通乳化沥青或改性乳化沥青，其品种和质量应分别符合表4.3.1、表4.3.2、表4.7.1-1、表4.7.1-2的要求。

6.5.4 稀浆封层和微表处应选择坚硬、粗糙、耐磨、洁净的集料。各项性能应符合表4.8.2和表4.9.2的要求。其中微表处用通过4.75mm筛的合成矿料的砂当量不得低于65%，稀浆封层用通过4.75mm筛的合成矿料的砂当量不得低于50%。当用于抗滑表层时，还应符合表4.8.5中有关磨光值的要求。细集料宜采用碱性石料生产的机制砂或洁净的石屑。对集料中的超粒径颗粒必须筛除。

6.5.5 根据铺筑厚度、处治目的、公路等级等条件，按照表6.5.5选用合适的矿料级配。

表6.5.5 稀浆封层和微表处的矿料级配

筛孔尺寸（mm）	不同类型通过各筛孔的百分率（%）				
	微表处		稀浆封层		
	MS-2型	MS-3型	ES-1型	ES-2型	ES-3型
9.5	100	100	—	100	100
4.75	95~100	70~90	100	95~100	70~90
2.36	65~90	45~70	90~100	65~90	45~70
1.18	45~70	28~50	60~90	45~70	28~50
0.6	30~50	19~34	40~65	30~50	19~34
0.3	18~30	12~25	25~42	18~30	12~25
0.15	10~21	7~18	15~30	10~21	17~18
0.075	5~15	5~15	10~20	5~15	5~15
一层的适宜厚度（mm）	4~7	8~10	2.5~3	4~7	8~10

6.5.6 稀浆封层和微表处的混合料中乳化沥青及改性乳化沥青的用量应通过配合比设计确定。混合料的质量应符合表6.5.6的技术要求。

表6.5.6 稀浆封层和微表处混合料技术要求

项　　目	单位	微 表 处	稀 浆 封 层	试 验 方 法
可拌和时间	s	>120		手工拌和
稠度	cm	—	2~3	T 0751

续上表

项　　目	单位	微表处	稀浆封层	试验方法
粘聚力试验			(仅适用于快开放交通的稀浆封层)	T 0754
30min(初凝时间)	N·m	≥1.2	≥1.2	
60min(开放交通时间)	N·m	≥2.0	≥2.0	
负荷轮碾压试验(LWT)			(仅适用于重交通道路表层时)	T 0755
粘附砂量	g/m^2	<450	<450	
轮迹宽度变化率	%	<5	—	
湿轮磨耗试验的磨耗值(WTAT)				T 0752
浸水 1h	g/m^2	<540	<800	
浸水 6d	g/m^2	<800	—	

注:负荷轮碾压试验(LWT)的宽度变化率适用于需要修补车辙的情况。

6.5.7 稀浆封层和微表处混合料的配合比设计按下列步骤进行:

(1)根据选择的级配类型,按表6.5.5确定矿料的级配范围。计算各种集料的配合比例,使合成级配在要求的级配范围内。

(2)根据以往的经验初选乳化沥青、填料、水和外加剂用量,进行拌和试验和粘聚力试验。可拌和时间的试验温度应考虑最高施工温度,粘聚力试验的温度应考虑施工中可能遇到的最低温度。

(3)根据上述试验结果和稀浆混合料的外观状态,选择1~3个认为合理的混合料配方,按表6.5.6规定试验稀浆混合料的性能,如不符要求,适当调整各种材料的配合比例再试验,直至符合要求为止。

(4)当设计人员经验不足时,可将初选的1~3个混合料配方分别变化不同的沥青用量(沥青用量一般在6.0%~8.5%之间),按照表6.5.6的要求重复试验,并分别将不同沥青用量的1h湿轮磨耗值及砂粘附量绘制成图6.5.7的关系曲线。以磨耗值接近表6.5.6中要求的沥青用量作为最小沥青用量 P_{bmin},砂粘附量接近表6.5.6中要求的沥青用量为最大沥青用量 P_{bmax},得出沥青用量的可选择范围 P_{bmin} ~ P_{bmax}。

(5)根据经验在沥青用量的可选范围内选择适宜的沥青用量。对微表处混合料,以所选择的沥青用量检验混合料的浸水6d湿轮磨耗指标,用于车辙填充的增加检验负荷车轮试验的宽度变化率指标,不符要求时调整沥青用量重新试验,直至符合要求为止。

(6)根据以往经验及配合比设计试验结果,在充分考虑气候及交通特点的基础上综合确定混合料配方。

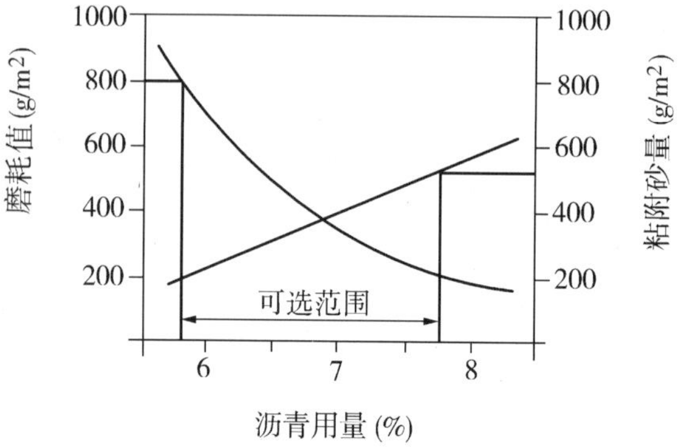

图6.5.7　确定稀浆封层和微表处最佳沥青用量的曲线

6.5.8 稀浆封层和微表处施工前,应彻底清除原路面的泥土、杂物,修补坑槽、凹陷,较宽的裂缝宜清理灌缝。在水泥混凝土路面上铺筑微表处时宜洒布粘层油,过于光滑的表面需拉毛处理。

6.5.9 稀浆封层和微表处的最低施工温度不得低于10℃,严禁在雨天施工,摊铺后尚未成型混合料遇雨时应予铲除。

6.5.10 稀浆封层和微表处两幅纵缝搭接的宽度不宜超过80mm,横向接缝宜做成对接缝。分两层摊铺时,第一层摊铺后至少应开放交通24h后方可进行第二层摊铺。

6.5.11 稀浆封层和微表处铺筑后的表面不得有超粒径料拖拉的严重划痕,横向接缝和纵向接缝处不得出现余料堆积或缺料现象,用3m直尺测量接缝处的不平整度不得大于6mm。对微表处不得有横向波浪和深度超过6mm的纵向条纹。经养生和初期交通碾压稳定的稀浆封层和微表处,在行车作用下应不飞散且完全密水。

7 沥青贯入式路面

7.1 一般规定

7.1.1 沥青贯入式路面适用于三级及三级以下公路,也可作为沥青路面的联结层或基层。

7.1.2 沥青贯入式路面的厚度宜为4~8cm,但乳化沥青的厚度不宜超过5cm。当贯入层上部加铺拌和的沥青混合料面层成为上拌下贯式路面时,拌和层的厚度宜不小于1.5cm。

7.1.3 沥青贯入式路面的最上层应撒布封层料或加铺拌和层。沥青贯入层作为联结层使用时,可不撒表面封层料。

7.1.4 沥青贯入式路面宜选择在干燥和较热的季节施工,并宜在日最高温度降低至15℃以前半个月结束,使贯入式结构层通过开放交通碾压成型。

7.2 材料规格和用量

7.2.1 沥青贯入式路面的集料应选择有棱角、嵌挤性好的坚硬石料,其规格和用量宜根据贯入层厚度按表7.2.1-1或表7.2.1-2选用。当使用破碎砾石时,其破碎面应符合表4.8.7的要求。沥青贯入层主层集料中大于粒径范围中值的数量不宜少于50%。表面不加铺拌和层的贯入式路面在施工结束后每1000m^{2}宜另备2~3m^{3}与最后一层嵌缝料规格相同的细集料等供初期养护使用。

表7.2.1-1 沥青贯入式路面材料规格和用量

(用量单位:集料,m^3/1000m^2;沥青及沥青乳液,kg/m^2)

沥青品种	石油沥青					
厚度(cm)	4		5		6	
规格和用量	规格	用量	规格	用量	规格	用量
封层料	S14	3~5	S14	3~5	S13(S14)	4~6
第三遍沥青		1.0~1.2		1.0~1.2		1.0~1.2
第二遍嵌缝料	S12	6~7	S11(S10)	10~12	S11(S10)	10~12
第二遍沥青		1.6~1.8		1.8~2.0		2.0~2.2
第一遍嵌缝料	S10(S9)	12~14	S8	16~18	S8(S6)	16~18
第一遍沥青		1.8~2.1		2.4~2.6		2.8~3.0
主层石料	S5	45~50	S4	55~60	S3(S4)	66~76
沥青总用量	4.4~5.1		5.2~5.8		5.8~6.4	

续上表

沥青品种	石油沥青				乳化沥青			
厚度(cm)	7		8		4		5	
规格和用量	规格	用量	规格	用量	规格	用量	规格	用量
封层料	S13(S14)	4~6	S13(S14)	4~6	S13(S14)	4~6	S14	4~6
第五遍沥青								0.8~1.0
第四遍嵌缝料							S14	5~6
第四遍沥青					S14	0.8~1.0		1.2~1.4
第三遍嵌缝料						5~6	S12	7~9
第三遍沥青		1.0~1.2		1.0~1.2	S12	1.4~1.6		1.5~1.7
第二遍嵌缝料	S10(S11)	11~13	S10(S11)	11~13		7~8	S10	9~11
第二遍沥青		2.4~2.6		2.6~2.8	S9	1.6~1.8		1.6~1.8
第一遍嵌缝料		18~20	S6(S8)	20~22		12~14	S8	10~12
第一遍沥青	S6(S8)	3.3~3.5		4.0~4.2	S5	2.2~2.4		2.6~2.8
主层石料	S3	80~90	S1(S2)	95~100		40~45	S4	50~55
沥青总用量	6.7~7.3		7.6~8.2		6.0~6.8		7.4~8.5	

注:1.煤沥青贯入式的沥青用量可较石油沥青用量增加15%~20%。

2.表中乳化沥青是指乳液的用量,并适用于乳液浓度约为60%的情况,如果浓度不同,用量应予换算。

3.在高寒地区及干旱风砂大的地区,可超出高限,再增加5%~10%。

表7.2.1-2 上拌下贯式路面的材料规格和用量

(用量单位:集料,$m^3/1000m^2$;沥青及沥青乳液,kg/m^2)

沥青品种	石油沥青					
厚度(cm)	4		5		6	
规格和用量	规格	用量	规格	用量	规格	用量
第一遍嵌缝料	S12	5~6	S12(S11)	7~9	S12(S11)	7~9
第二遍沥青		1.4~1.6		1.6~1.8		1.6~1.8
第一遍嵌缝料	S10(S9)	12~14	S8	16~18	S8(S7)	16~18
第一遍沥青		2.0~2.3		2.6~2.8		3.2~3.4
主层石料	S5	45~50	S4	55~60	S3(S2)	66~76
沥青总用量	3.4~3.9		4.2~4.6		4.8~5.2	

沥青品种	石油沥青		乳化沥青			
厚度(cm)	7		5		6	
规格和用量	规格	用量	规格	用量	规格	用量
第四遍嵌缝料					S14	4~6
第四遍沥青						1.3~1.5
第三遍嵌缝料			S14	4~6	S12	8~10
第三遍沥青				1.4~1.6		1.4~1.6
第二遍嵌缝料	S10(S11)	8~10	S12	9~10	S9	8~12
第二遍沥青		1.7~1.9		1.8~2.0		1.5~1.7
第一遍嵌缝料	S6(S8)	18~20	S8	15~17	S6	24~26
第一遍沥青		4.0~4.2		2.5~2.7		2.4~2.6
主层石料	S2(S3)	80~90	S4	50~55	S3	50~55
沥青总用量	5.7~6.1		5.9~6.2		6.7~7.2	

注:1.煤沥青贯入式的沥青用量可较石油沥青用量增加15%~20%。

2.表中乳化沥青是指乳液的用量,并适用于乳液浓度约为60%的情况。

3.在高寒地区及干旱风砂大的地区,可超出高限,再增加5%~10%。

4.表面加铺拌和层部分的材料规格及沥青(或乳化沥青)用量按热拌沥青混合料(或乳化沥青碎石混合料路面)的有关规定执行。

7.2.2 沥青贯入层的主层集料最大粒径宜与贯入层厚度相当。当采用乳化沥青时,主层集料最大粒径可采用厚度的0.8~0.85倍,数量宜按压实系数1.25~1.30计算。

7.2.3 沥青贯入式路面的结合料可采用道路石油沥青、煤沥青或乳化沥青,用量应按表7.2.1-1或表7.2.1-2选用,沥青标号按本规范表4.2.1-2、表4.3.2、表4.5.1选用。

7.2.4 贯入式路面各层分次沥青用量应根据施工气温及沥青标号等在规定范围内选用。在寒冷地带或当施工季节气温较低、沥青针入度较小时,沥青用量宜用高限;在低温潮湿气候下用乳化沥青贯入时,应按乳液总用量不变的原则进行调整,上层较正常情况适当增加,下层较正常情况适当减少。

7.3 施工准备

7.3.1 沥青贯入式路面施工前,基层必须清扫干净。当需要安装路缘石时,应在路缘石安装完成后施工。路缘石应予遮盖。

7.3.2 乳化沥青贯入式路面必须浇洒透层或粘层沥青。沥青贯入式路面厚度小于或等于5cm时,也应浇洒透层或粘层沥青。

7.4 施工方法

7.4.1 沥青贯入式路面的施工应按下列步骤进行:

(1)采用碎石摊铺机、平地机或人工摊铺主层集料。铺筑后严禁车辆通行。

(2)碾压主层集料。撒布后应采用6~8t的轻型钢筒式压路机自路两侧向路中心碾压,碾压速度宜为2km/h,每次轮迹重叠约30cm,碾压一遍后检验路拱和纵向坡度,当不符合要求时,应调整找平后再压。然后用重型的钢轮压路机碾压,每次轮迹重叠1/2左右,宜碾压4~6遍,直至主层集料嵌挤稳定,无显著轮迹为止。

(3)浇洒第一层沥青。浇洒方法应按本规范6.2.6进行。采用乳化沥青贯入时,为防止乳液下漏过多,可在主层集料碾压稳定后,先撒布一部分上一层嵌缝料,再浇洒主层沥青。

(4)采用集料撒布机或人工撒布第一层嵌缝料。撒布后尽量扫匀,不足处应找补。当使用乳化沥青时,石料撒布必须在乳液破乳前完成。

(5)立即用8~12t钢筒式压路机碾压嵌缝料,轮迹重叠轮宽的1/2左右,宜碾压4~6遍,直至稳定为止。碾压时随压随扫,使嵌缝料均匀嵌入。因气温较高使碾压过程中发生较大推移现象时,应立即停止碾压,待气温稍低时再继续碾压。

(6)按上述方法浇洒第二层沥青、撒布第二层嵌缝料,然后碾压,再浇洒第三层沥青。

(7)按撒布嵌缝料方法撒布封层料。

(8)采用 6~8t 压路机作最后碾压,宜碾压 2~4 遍,然后开放交通。

7.4.2 沥青贯入式路面开放交通后应按本规范 6.2.8、6.2.9 的要求控制交通,作初期养护。

7.4.3 铺筑上拌下贯式路面时,贯入层不撒布封层料,拌和层应紧跟贯入层施工,使上下成为一整体。贯入部分采用乳化沥青时应待其破乳、水分蒸发且成型稳定后方可铺筑拌和层,当拌和层与贯入部分不能连续施工,且要在短期内通行施工车辆时贯入层部分的第二遍嵌缝料应增加用量 $2\sim3m^3/1000\ m^2$,在摊铺拌和层沥青混合料前,应作补充碾压,并浇洒粘层沥青。

8 冷拌沥青混合料路面

8.1 一般规定

8.1.1 冷拌沥青混合料适用于三级及三级以下的公路的沥青面层、二级公路的罩面层施工,以及各级公路沥青路面的基层、联接层或整平层。冷拌改性沥青混合料可用于沥青路面的坑槽冷补。

8.1.2 冷拌沥青混合料宜采用乳化沥青或液体沥青拌制,也可采用改性乳化沥青,各种结合料类型及规格应符合本规范第4章的要求。

8.1.3 冷拌沥青混合料宜采用密级配沥青混合料,当采用半开级配的冷拌沥青碎石混合料路面时应铺筑上封层。

8.2 冷拌沥青混合料的配合比设计

8.2.1 冷拌沥青混合料可参照本规范第5章相应的矿料级配使用,并根据已有的成功经验经试拌确定设计级配范围和施工配合比。

8.2.2 乳化沥青碎石混合料的乳液用量应根据当地实践经验以及交通量、气候、集料情况、沥青标号、施工机械等条件确定,也可按热拌沥青混合料的沥青用量折算,实际的沥青残留物数量可较同规格热拌沥青混合料的沥青用量减少10%～20%。

8.3 冷拌沥青混合料路面施工

8.3.1 冷拌沥青混合料宜采用拌和厂机械拌和及沥青摊铺机摊铺的方式。缺乏厂拌条件时也可采用现场路拌及人工摊铺方式。冷拌沥青混合料施工应注意防止混合料离析。

8.3.2 当采用阳离子乳化沥青拌和时,宜先用水使集料湿润,若湿润后仍难于与乳液拌和均匀时,应改用破乳速度更慢的乳液,或用1%～3%浓度的氯化钙水溶液代替水润湿集料表面。

8.3.3 混合料适宜的拌和时间应根据实际情况调节并通过试拌确定，矿料中加进乳液后的机械拌和时间不宜超过30s，人工拌和时间不宜超过60s。

8.3.4 已拌好的混合料应立即运至现场进行摊铺，并在乳液破乳前结束。在拌和与摊铺过程中已破乳的混合料，应予废弃。

8.3.5 乳化沥青冷拌混合料摊铺后宜采用6t左右的轻型压路机初压1～2遍，使混合料初步稳定，再用轮胎压路机或钢筒式压路机碾压1～2遍。当乳化沥青开始破乳、混合料由褐色转变成黑色时，改用12～15t轮胎压路机碾压，将水分挤出，复压2～3遍后停止，待晾晒一段时间，水分基本蒸发后继续复压至密实为止。当压实过程中有推移现象时应停止碾压，待稳定后再碾压。当天不能完全压实时，可在较高气温状态下补充碾压。当缺乏轮胎压路机时，也可采用钢筒式压路机或较轻的振动压路机碾压。

8.3.6 乳化沥青混合料路面的上封层应在压实成型、路面水分完全蒸发后加铺。

8.3.7 乳化沥青混合料路面施工结束后宜封闭交通2～6h，并注意做好早期养护。开放交通初期，应设专人指挥，车速不得超过20km/h，不得刹车或掉头。

8.3.8 冷拌沥青混合料施工遇雨应立即停止铺筑，以防雨水将乳液冲走。

8.4 冷补沥青混合料

8.4.1 用于修补沥青路面坑槽的冷补沥青混合料宜采用适宜的改性沥青结合料制造，并具有良好的耐水性。

8.4.2 冷补沥青混合料的矿料级配宜参照表8.4.2的要求执行。沥青用量通过试验并根据实际使用效果确定，通常宜为4%～6%。其级配应符合补坑的需要，粗集料级配必须具有充分的嵌挤能力，以便在未经充分碾压的条件下可开放通车碾压而不松散。

表8.4.2 冷补沥青混合料的矿料级配

类型	通过下列筛孔(mm)的百分率(%)											
	26.5	19.0	16.0	13.2	9.5	4.75	2.36	1.18	0.6	0.3	0.15	0.075
细粒式 LB－10	—	—	—	100	80～100	30～60	10～40	5～20	0～15	0～12	0～8	0～5
细粒式 LB－13	—	—	100	90～100	60～95	30～60	10～40	5～20	0～15	0～12	0～8	0～5

续上表

类型	通过下列筛孔(mm)的百分率(%)											
	26.5	19.0	16.0	13.2	9.5	4.75	2.36	1.18	0.6	0.3	0.15	0.075
中粒式 LB－16	—	100	90～100	50～90	40～75	30～60	10～40	5～20	0～15	0～12	0～8	0～5
粗粒式 LB－19	100	95～100	80～100	70～100	60～90	30～70	10～40	5～20	0～15	0～12	0～8	0～5

注:1.粘聚性试验方法:将冷补材料800g装入马歇尔试模中,放入4℃恒温室中2～3h,取出后双面各击实5次,制作试件,脱模后放在标准筛上,将其直立并使试件沿筛框来回滚动20次,破损率不得大于40%。

2.冷补沥青混合料马歇尔试验方法:称混合料1180g在常温下装入试模中,双面各击实50次,连同试模一起以侧面竖立方式置110℃烘箱中养生24h,取出后再双面各击实25次,再连同试模在室温中竖立放置24h,脱模后在60℃恒温水槽中养生30min,进行马歇尔试验。

8.4.3 冷补沥青混合料的质量宜符合下列要求:

(1)制造冷补沥青混合料的集料必须符合本规范热拌沥青混合料集料的质量要求。

(2)有良好的低温操作和易性。用于冬季寒冷季节补坑的混合料,应在松散状态下经－10℃的冰箱保持24h无明显的凝聚结块现象,且能用铁铲方便地拌和操作。

(3)有良好的耐水性,混合料按水煮法或水浸法检验的抗水剥落性能(裹覆面积)不得小于95%。

(4)冷补沥青混合料应有足够的粘聚性,马歇尔试验稳定度宜不小于3kN。

9 透层、粘层

9.1 透层

9.1.1 沥青路面各类基层都必须喷洒透层油，沥青层必须在透层油完全渗透入基层后方可铺筑。基层上设置下封层时，透层油不宜省略。气温低于10℃或大风天气，即将降雨时不得喷洒透层油。

9.1.2 根据基层类型选择渗透性好的液体沥青、乳化沥青、煤沥青作透层油，喷洒后通过钻孔或挖掘确认透层油渗透入基层的深度宜不小于5mm（无机结合料稳定集料基层）~10mm（无结合料基层），并能与基层联结成为一体。透层油的质量应符合本规范第4章的要求。

9.1.3 透层油的粘度通过调节稀释剂的用量或乳化沥青的浓度得到适宜的粘度，基质沥青的针入度通常宜不小于100。透层用乳化沥青的蒸发残留物含量允许根据渗透情况适当调整，当使用成品乳化沥青时可通过稀释得到要求的粘度。透层用液体沥青的粘度通过调节煤油或轻柴油等稀释剂的品种和掺量经试验确定。

9.1.4 透层油的用量通过试洒确定，不宜超出表9.1.4要求的范围。

表9.1.4 沥青路面透层材料的规格和用量表

用途	液体沥青		乳化沥青		煤沥青	
	规格	用量（L/m²）	规格	用量（L/m²）	规格	用量（L/m²）
无结合料粒料基层	AL(M)-1、2或3 AL(S)-1、2或3	1.0~2.3	PC-2 PA-2	1.0~2.0	T-1 T-2	1.0~1.5
半刚性基层	AL(M)-1或2 AL(S)-1或2	0.6~1.5	PC-2 PA-2	0.7~1.5	T-1 T-2	0.7~1.0

注：表中用量是指包括稀释剂和水分等在内的液体沥青、乳化沥青的总量。乳化沥青中的残留物含量以50%为基准。

9.1.5 用于半刚性基层的透层油宜紧接在基层碾压成型后表面稍变干燥，但尚未硬化的情况下喷洒。

9.1.6 在无结合料粒料基层上洒布透层油时,宜在铺筑沥青层前1~2d洒布。

9.1.7 透层油宜采用沥青洒布车一次喷洒均匀,使用的喷嘴宜根据透层油的种类和粘度选择并保证均匀喷洒,沥青洒布车喷洒不均匀时宜改用手工沥青洒布机喷洒。洒布应符合本规范6.2.3条的要求。

9.1.8 喷洒透层油前应清扫路面,遮挡防护路缘石及人工构造物避免污染,透层油必须洒布均匀,有花白遗漏应人工补洒,喷洒过量的立即撒布石屑或砂吸油,必要时作适当碾压。透层油洒布后不得在表面形成能被运料车和摊铺机粘起的油皮,透层油达不到渗透深度要求时,应更换透层油稠度或品种。

9.1.9 透层油洒布后的养生时间随透层油的品种和气候条件由试验确定,确保液体沥青中的稀释剂全部挥发,乳化沥青渗透且水分蒸发,然后尽早铺筑沥青面层,防止工程车辆损坏透层。

9.2 粘层

9.2.1 符合下列情况之一时,必须喷洒粘层油:

(1) 双层式或三层式热拌热铺沥青混合料路面的沥青层之间。

(2) 水泥混凝土路面、沥青稳定碎石基层或旧沥青路面层上加铺沥青层。

(3) 路缘石、雨水口、检查井等构造物与新铺沥青混合料接触的侧面。

9.2.2 粘层油宜采用快裂或中裂乳化沥青、改性乳化沥青,也可采用快、中凝液体石油沥青,其规格和质量应符合本规范的要求,所使用的基质沥青标号宜与主层沥青混合料相同。

9.2.3 粘层油品种和用量,应根据下卧层的类型通过试洒确定,并符合表9.2.3的要求。当粘层油上铺筑薄层大空隙排水路面时,粘层油的用量宜增加到0.6~1.0 L/m^2。在沥青层之间兼作封层而喷洒的粘层油宜采用改性沥青或改性乳化沥青,其用量宜不少于1.0L/m^2。

表9.2.3 沥青路面粘层材料的规格和用量表

下卧层类型	液体沥青		乳化沥青	
	规格	用量(L/m^2)	规格	用量(L/m^2)
新建沥青层或旧沥青路面	AL(R)-3~AL(R)-6 AL(M)-3~AL(M)-6	0.3~0.5	PC-3 PA-3	0.3~0.6
水泥混凝土	AL(M)-3~AL(M)-6 AL(S)-3~AL(S)-6	0.2~0.4	PC-3 PA-3	0.3~0.5

注:表中用量是指包括稀释剂和水分等在内的液体沥青、乳化沥青的总量。乳化沥青中的残留物含量以50%为基准。

9.2.4 粘层油宜采用沥青洒布车喷洒，并选择适宜的喷嘴，洒布速度和喷洒量保持稳定。当采用机动或手摇的手工沥青洒布机喷洒时，必须由熟练的技术工人操作，均匀洒布。气温低于10℃时不得喷洒粘层油，寒冷季节施工不得不喷洒时可以分成两次喷洒。路面潮湿时不得喷洒粘层油，用水洗刷后需待表面干燥后喷洒。

9.2.5 喷洒的粘层油必须成均匀雾状，在路面全宽度内均匀分布成一薄层，不得有洒花漏空或成条状，也不得有堆积。喷洒不足的要补洒，喷洒过量处应予刮除。喷洒粘层油后，严禁运料车外的其他车辆和行人通过。

9.2.6 粘层油宜在当天洒布，待乳化沥青破乳、水分蒸发完成，或稀释沥青中的稀释剂基本挥发完成后，紧跟着铺筑沥青层，确保粘层不受污染。

10 其他沥青铺装工程

10.1 一般规定

10.1.1 在特殊场合铺筑沥青铺装层时,应根据其使用部位及功能要求采取相应的措施。

10.2 行人及非机动车道路

10.2.1 人行道、非机动车道、园林公路、行人广场等主要供行人、非机动车使用的沥青层应平顺、舒适、排水良好。

10.2.2 行人道路宜选择针入度较大的石油沥青或乳化沥青,沥青混合料的沥青用量宜比车行道用量增加0.3%左右。

10.2.3 行人道路的表面层应采用细型的细粒式或砂粒式密级配沥青混凝土混合料。在无机动车通行的道路上也可铺筑透水路面。

10.2.4 行人道路设置路缘石、井孔盖座、消防栓、电杆等公路附属设施时应预先安装,喷洒沥青或铺筑混合料前应采取措施防止污染,并避免因压路机碾压受到损坏。对使用大型压路机有困难的部位,可采用小型振动压路机、振动夯板、夯锤压实。

10.3 重型车停车场、公共汽车站

10.3.1 高速公路服务区、停车场、公共汽车站等的沥青层应满足较长时间停驻重型车辆及承受反复启动制动水平力的功能要求。沥青混合料应有较高的抗永久性流动变形的能力。

10.3.2 沥青混合料宜选择集料最大粒径较粗、嵌挤性能好的矿料级配,适当增加4.75mm以上的粗集料部分,减少天然砂用量。沥青结合料宜采用低针入度沥青或者改性沥青,沥青用量比标准配合比设计用量宜减少0.3%~0.5%左右。

10.3.3 在大面积行人广场上铺筑沥青层时,应充分注意平整度、坡度及排水符合设计要求,施工时宜设置间距不大于5m方格形样桩,随时用3m直尺检查,不符要求的及时趁热整修。

10.4 水泥混凝土桥面的沥青铺装层

10.4.1 大中型水泥混凝土桥桥面铺筑的沥青铺装层,应满足与混凝土桥面的粘结、防止渗水、抗滑及有较高抵抗振动变形的能力等功能性要求,并设置有效的桥面排水系统。

10.4.2 铺装沥青层的下卧层必须符合平整、粗糙、整洁的要求,桥面纵横坡符合要求。

10.4.3 水泥混凝土桥面板表面应作铣刨拉毛处理,清除浮浆,除去过高的突出部位。

10.4.4 铺设桥面铺装必须确保混凝土完全干燥,严禁在潮湿条件下铺设防水粘结层及摊铺沥青混合料,防止混凝土中的水分在施工或使用过程中遇热变成水汽使防水粘结层产生鼓包。

10.4.5 喷洒沥青或改性沥青类桥面防水粘结层的施工应符合下列要求:

(1)整个铺筑过程直至铺设石屑保护层前严禁包括行人在内的一切交通。

(2)不洒粘层油,直接分2~3层喷洒或人工涂刷热沥青、热融或溶剂稀释的改性沥青、改性乳化沥青的防水粘结层,必须均匀一致,且达到要求的厚度。

(3)喷洒防水层粘结后应立即撒布一层洁净的尺寸为3~5mm的石屑作保护层,并用6~8t轻型压路机以较慢的速度碾压。

10.4.6 防水卷材防水层的铺筑应符合下列要求:

(1)防水卷材应符合相关质量要求,无破洞、不漏水,内部有金属或聚合物纤维,表面有均匀的石屑撒布层。铺筑的防水粘结层不得有漏铺、破漏、脱开、翘起、皱折等现象。

(2)铺设前应喷洒粘层油和涂刷粘结剂,铺筑时边加热边滚压,粘结后必须检查确认任何部位都不能被人工或铁锹撕、揭开。

(3)铺设卷材后不得通行任何车辆或堆放杂物,防止卷材污染。

(4)防水卷材防水层不得在摊铺机或运料车作用下遭到损坏。

10.4.7 桥面铺装的复压宜采用轮胎压路机或钢筒式压路机进行,经试验或经验证明不致损坏桥梁结构时,也可采用振动压路机碾压。

10.4.8 沥青面层所用的沥青应符合本规范要求,必要时采用改性沥青。

10.4.9 桥面铺装和土石方路基和桥头搭板上的路面应连接平顺,采取措施,预防桥头跳车。

10.5 钢桥面铺装

10.5.1 钢桥面铺装必须具有以下功能性要求:

(1)能与钢板紧密结合成为整体,变形协调一致。

(2)防水性能良好,防止钢桥面生锈。

(3)具有足够的耐久性和有较小的温度敏感性,满足使用条件下的高温抗流动变形能力、低温抗裂性能、水稳定性、抗疲劳性能、表面抗滑的要求。

(4)与钢板粘结良好,具有足够的抗水平剪切重复荷载及蠕变变形的能力。

10.5.2 钢桥面铺装结构通常由防锈层、防水粘结层、沥青面层等组成。

10.5.3 涂刷防水层前应对钢板焊缝和吊钩残留物仔细平整,彻底除锈,清扫干燥。

10.5.4 钢桥面铺装的防水粘结层必须紧跟防锈层后涂刷,防水粘结层宜采用高粘度的改性沥青、环氧沥青、防水卷材。当采用浇注式沥青混凝土铺筑桥面铺装时,可不设防水粘结层。

10.5.5 钢桥面铺装使用的改性沥青,宜单独提出相应的技术要求。沥青层的压实设备和压实工艺,应通过力学验算并经试验验证,防止钢桥面主体受损。

10.5.6 铺设过程中必须保持桥面整洁,不得堆放与施工无关的材料、机械、杂物。

10.5.7 钢桥面铺装宜在无雨少雾季节、干燥状态下施工。

10.6 公路隧道沥青路面

10.6.1 在隧道内铺筑沥青路面时应充分考虑隧道沥青路面施工和维修养护工作困难,隧道内外光线变化显著,隧道有可能漏水、冒水,隧道防火安全等特点,选择适宜的材料与结构。

10.6.2 对隧道底部的地下水应采取疏导方式,设置完善的排水系统。

10.6.3 施工过程中需确保通风良好,采取防火措施,制订有切实可行的消防和疏散预案。

10.6.4 各种施工机械应符合隧道净空的要求，选用宽度较窄的摊铺机铺筑，运料车应能完全卸料，具有足够的行车通道。

10.7 路缘石与拦水带

10.7.1 沥青路面外侧边缘宜设置深度深入基层的纵向渗水沟，并留置横向的排水孔，渗水沟可采用多孔水泥混凝土或单粒径碎石，表面层铺筑沥青混凝土。

10.7.2 路缘石应有足够的强度和耐久性、表面平整，与路线线形一致。行车道与中央分隔带之间设置埋置式路缘石时，应防止中央分隔带的雨水进入路面结构层。

10.7.3 沥青混凝土拦水带应采用专用设备连续铺设，其矿料级配宜符合表 10.7.3 要求，沥青用量宜在正常试验的基础上增加 0.5% ~ 1.0%，双面击实 50 次的设计空隙率宜为 1% ~ 3%。基底需洒布用量为 0.25 ~ 0.5kg/m^2 的粘层油。

表 10.7.3　沥青混凝土拦水带矿料级配范围

筛孔(mm)	16	13.2	4.75	2.36	0.3	0.075
通过质量百分率(%)	100	85 ~ 100	65 ~ 80	50 ~ 65	18 ~ 30	5 ~ 15

10.7.4 埋置式路缘石宜在沥青层施工全部结束后安装，严禁在两层沥青层施工间隙中因开挖、埋设路缘石导致沥青层污染。

11 施工质量管理与检查验收

11.1 一般规定

11.1.1 沥青路面施工应根据全面质量管理的要求,建立健全有效的质量保证体系,对施工各工序的质量进行检查评定,达到规定的质量标准,确保施工质量的稳定性。

11.1.2 高速公路、一级公路沥青路面应加强施工过程质量控制,实行动态质量管理。

11.1.3 本规范规定的技术要求是工程施工质量管理和交工验收的依据。

11.1.4 所有与工程建设有关的原始记录、试验检测及计算数据、汇总表格,必须如实记录和保存。对已经采取措施进行返工和补救的项目,可在原记录和数据上注明,但不得销毁。

11.2 施工前的材料与设备检查

11.2.1 施工前必须检查各种材料的来源和质量。对经招标程序购进的沥青、集料等重要材料,供货单位必须提交最新检测的正式试验报告。从国外进口的材料应提供该批材料的船运单。对首次使用的集料,应检查生产单位的生产条件、加工机械、覆盖层的清理情况。所有材料都应按规定取样检测,经质量认可后方可订货。

11.2.2 各种材料都必须在施工前以“批”为单位进行检查,不符合本规范技术要求的材料不得进场。对各种矿料是以同一料源、同一次购入并运至生产现场的相同规格材料为一“批”;对沥青是指从同一来源、同一次购入且储入同一沥青罐的同一规格的沥青为一“批”。材料试样的取样数量与频度按现行试验规程的规定进行。

11.2.3 工程开始前,必须对材料的存放场地、防雨和排水措施进行确认,不符合本规范要求时材料不得进场。进场的各种材料的来源、品种、质量应与招标及提供的样品一致,不符合要求的材料严禁使用。

11.2.4 使用成品改性沥青的工程,应要求供应商提供所使用的改性剂型号、基质沥青的质量检测报告。使用现场改性沥青的工程,应对试生产的改性沥青进行检测。质量不合格的不可使用。

11.2.5 施工前应对沥青拌和楼、摊铺机、压路机等各种施工机械和设备进行调试,对机械设备的配套情况、技术性能、传感器计量精度等进行认真检查、标定,并得到监理的认可。

11.2.6 正式开工前,各种原材料的试验结果,及据此进行的目标配合比设计和生产配合比设计结果,应在规定的期限内向业主及监理提出正式报告,待取得正式认可后,方可使用。

11.3 铺筑试验路段

11.3.1 高速公路和一级公路的沥青路面在施工前应铺筑试验段。其他等级公路在缺乏施工经验或初次使用重大设备时,也应铺筑试验段。当同一施工单位在材料、机械设备及施工方法与其他工程完全相同时,也可利用其他工程的结果,不再铺筑新的试验路段。

11.3.2 试验段的长度应根据试验目的确定,通常宜为 100 ~ 200m,宜选在正线上铺筑。

11.3.3 热拌热铺沥青混合料路面试验段铺筑分试拌及试铺两个阶段,应包括下列试验内容:

(1)检验各种施工机械的类型、数量及组合方式是否匹配。

(2)通过试拌确定拌和机的操作工艺,考察计算机打印装置的可信度。

(3)通过试铺确定透层油的喷洒方式和效果、摊铺、压实工艺,确定松铺系数等。

(4)验证沥青混合料生产配合比设计,提出生产用的标准配合比和最佳沥青用量。

(5)建立用钻孔法与核子密度仪无破损检测路面密度的对比关系。确定压实度的标准检测方法。核子仪等无破损检测在碾压成型后热态测定,取 13 个测点的平均值为 1 组数据,一个试验段的不得少于 3 组。钻孔法在第 2 天或第 3 天以后测定,钻孔数不少于 12 个。

(6)检测试验段的渗水系数。

11.3.4 试验段铺筑应由有关各方共同参加,及时商定有关事项,明确试验结论。铺筑结束后,施工单位应就各项试验内容提出完整的试验路施工、检测报告,取得业主或监理的批复。

11.4 施工过程中的质量管理与检查

11.4.1 沥青面层施工必须在得到开工令后方可开工。

11.4.2 施工单位在施工过程中应随时对施工质量进行自检。监理应按规定要求自主地进行试验,并对承包商的试验结果进行认定,如实评定质量,计算合格率。当发现有质量低劣等异常情况时,应立即追加检查。施工过程中无论是否已经返工补救,所有数据均必须如实记录,不得丢弃。

11.4.3 沥青混合料生产过程中,必须按表11.4.3规定的检查项目与频度,对各种原材料进行抽样试验,其质量应符合本规范规定的技术要求。每个检查项目的平行试验次数或一次试验的试样数必须按相关试验规程的规定执行,并以平均值评价是否合格。未列入表中的材料的检查项目和频度按材料质量要求确定。

表11.4.3 施工过程中材料质量检查的项目与频度

材料	检查项目	检查频度		试验规程规定的平行试验次数或一次试验的试样数
		高速公路、一级公路	其他等级公路	
粗集料	外观(石料品种、含泥量等)	随时	随时	—
	针片状颗粒含量	随时	随时	2~3
	颗粒组成(筛分)	随时	必要时	2
	压碎值	必要时	必要时	2
	磨光值	必要时	必要时	4
	洛杉矶磨耗值	必要时	必要时	2
	含水量	必要时	必要时	2
细集料	颗粒组成(筛分)	随时	必要时	2
	砂当量	必要时	必要时	2
	含水量	必要时	必要时	2
	松方单位重	必要时	必要时	2
矿粉	外观	随时	随时	—
	<0.075mm含量	必要时	必要时	2
	含水量	必要时	必要时	2
石油沥青	针入度	每2~3天1次	每周1次	3
	软化点	每2~3天1次	每周1次	2
	延度	每2~3天1次	每周1次	3
	含蜡量	必要时	必要时	2~3

续上表

材料	检查项目	检查频度		试验规程规定的平行试验次数或一次试验的试样数
		高速公路、一级公路	其他等级公路	
改性沥青	针入度 软化点 离析试验(对成品改性沥青) 低温延度 弹性恢复 显微镜观察(对现场改性沥青)	每天1次 每天1次 每周1次 必要时 必要时 随时	每天1次 每天1次 每周1次 必要时 必要时 随时	3 2 2 3 3 —
乳化沥青	蒸发残留物含量 蒸发残留物针入度	每2～3天1次 每2～3天1次	每周1次 每周1次	2 2
改性乳化沥青	蒸发残留物含量 蒸发残留物针入度 蒸发残留物软化点 蒸发残留物的延度	每2～3天1次 每2～3天1次 每2～3天1次 必要时	每周1次 每周1次 每周1次 必要时	2 3 2 3

注:1.表列内容是在材料进场时已按“批”进行了全面检查的基础上,日常施工过程中质量检查的项目与要求。

2.“随时”是指需要经常检查的项目,其检查频度可根据材料来源及质量波动情况由业主及监理确定;“必要时”是指施工各方任何一个部门对其质量发生怀疑,提出需要检查时,或是根据需要商定的检查频度。

11.4.4 沥青拌和厂必须按下列步骤对沥青混合料生产过程进行质量控制,并按表11.4.4规定的项目和频度检查沥青混合料产品的质量,如实计算产品的合格率。单点检验评价方法应符合相关试验规程的试样平行试验的要求。

1 从料堆和皮带运输机随时目测各种材料的质量和均匀性,检查泥块及超粒径碎石,检查冷料仓有无窜仓。目测混合料拌和是否均匀、有无花白料、油石比是否合理,检查集料和混合料的离析情况。

2 检查控制室拌和机各项参数的设定值、控制屏的显示值,核对计算机采集和打印记录的数据与显示值是否一致。按附录G的方法进行沥青混合料生产过程的在线监测和总量检验。按附录F的方法进行沥青混合料质量动态管理。

3 检测沥青混合料的材料加热温度、混合料出厂温度,取样抽提、筛分检测混合料的矿料级配、油石比。抽提筛分应至少检查0.075mm、2.36mm、4.75mm、公称最大粒径及中间粒径等5个筛孔的通过率。

4 取样成型试件进行马歇尔试验,测定空隙率、稳定度、流值,计算合格率。对VMA、VFA指标可只作记录。同时按附录E的方法确定压实度的标准密度。

注:沥青混合料的存放时间对体积指标有一定影响,施工质量检验的马歇尔试验以拌和厂取样后立即成型的试件为准,但成型温度和试件高度必须符合试验要求。

表 11.4.4 热拌沥青混合料的频度和质量要求

项目		检查频度及单点检验评价方法	质量要求或允许偏差		试验方法
			高速公路、一级公路	其他等级公路	
混合料外观		随时	观察集料粗细、均匀性、离析、油石比、色泽、冒烟、有无花白料、油团等各种现象		目测
拌和温度	沥青、集料的加热温度	逐盘检测评定	符合本规范规定		传感器自动检测、显示并打印
拌和温度	混合料出厂温度	逐车检测评定	符合本规范规定		传感器自动检测、显示并打印,出厂时逐车按 T 0981 人工检测
拌和温度	混合料出厂温度	逐盘测量记录,每天取平均值评定	符合本规范规定		传感器自动检测、显示并打印
矿料级配(筛孔)	0.075mm	逐盘在线检测	±2%(2%)	—	计算机采集数据计算
	≤2.36mm		±5%(4%)	—	
	≥4.75mm		±6%(5%)	—	
	0.075mm	逐盘检查,每天汇总1次取平均值评定	±1%	—	附录 G 总量检验
	≤2.36mm		±2%	—	
	≥4.75mm		±2%	—	
	0.075mm	每台拌和机每天1~2次,以2个试样的平均值评定	±2%(2%)	±2%	T 0725 抽提筛分与标准级配比较的差
	≤2.36mm		±5(3%)	±6%	
	≥4.75mm		±6(4%)	±7%	
沥青用量(油石比)		逐盘在线监测	±0.3%	—	计算机采集数据计算
		逐盘检查,每天汇总1次取平均值评定	±0.1%	—	附录 F 总量检验
		每台拌和机每天1~2次,以2个试样的平均值评定	±0.3%	±0.4%	抽提 T 0722、T 0721
马歇尔试验:空隙率、稳定度、流值		每台拌和机每天1~2次,以4~6个试件的平均值评定	符合本规范规定		T 0702、T 0709、本规范附录 B、附录 C
浸水马歇尔试验		必要时(试件数同马歇尔试验)	符合本规范规定		T 0702、T 0709
车辙试验		必要时(以3个试件的平均值评定)	符合本规范规定		T 0719

注:1.单点检验是指试验结果以一组试验结果的报告值为一个测点的评价依据,一组试验(如马歇尔试验、车辙试验)有多个试样时,报告值的取用按《公路工程沥青与沥青混合料试验规程》的规定执行。

2.对高速公路和一级公路,矿料级配和油石比必须进行总量检验和抽提筛分的双重检验控制,互相校核,表中括号内的数字是对 SMA 的要求。油石比抽提试验应事先进行空白试验标定,提高测试数据的准确度。

11.4.5 沥青路面铺筑过程中必须随时对铺筑质量进行评定,质量检查的内容、频度、允许差应符合表 11.4.5-1、表 11.4.5-2、表 11.4.5-3 的规定。

表 11.4.5-1 公路热拌沥青混合料路面施工过程中工程质量的控制标准

项目		检查频度及单点检验评价方法	质量要求或允许偏差		试验方法
			高速公路、一级公路	其他等级公路	
外观		随时	表面平整密实,不得有明显轮迹、裂缝、推挤、油汀、油包等缺陷,且无明显离析		目测
接缝		随时	紧密平整、顺直、无跳车		目测
		逐条缝检测评定	3mm	5mm	T 0931
施工温度	摊铺温度	逐车检测评定	符合本规范规定		T 0981
	碾压温度	随时	符合本规范规定		插入式温度计实测
厚度[1]	每一层次	随时,厚度 50mm 以下 厚度 50mm 以上	设计值的 5% 设计值的 8%	设计值的 8% 设计值的 10%	施工时插入法量测松铺厚度及压实厚度
	每一层次	1 个台班区段的平均值 厚度 50mm 以下 厚度 50mm 以上	-3mm -5mm	—	附录 G 总量检验
	总厚度	每 2000m^2 一点单点评定	设计值的 -5%	设计值的 -8%	T 0912
	上面层	每 2000m^2 一点单点评定	设计值的 -10%	设计值的 -10%	
压实度[2]		每 2000m^2 检查 1 组逐个试件评定并计算平均值	实验室标准密度的 97%(98%) 最大理论密度的 93%(94%) 试验段密度的 99%(99%)		T 0924、T 0922 本规范附录 E
平整度(最大间隙)	上面层	随时,接缝处单杆评定	3mm	5mm	T 0931
	中下面层	随时,接缝处单杆评定	5mm	7mm	T 0931
平整度(标准差)	上面层	连续测定	1.2mm	2.5mm	T 0932
	中面层	连续测定	1.5mm	2.8mm	
	下面层	连续测定	1.8mm	3.0mm	
	基层	连续测定	2.4mm	3.5mm	
宽度	有侧石	检测每个断面	±20mm	±20mm	T 0911
	无侧石	检测每个断面	不小于设计宽度	不小于设计宽度	
纵断面高程		检测每个断面	±10mm	±15mm	T 0911
横坡度		检测每个断面	±0.3%	±0.5%	T 0911
沥青层层面上的渗水系数[3],不大于		每 1km 不少于 5 点,每点 3 处取平均值	300ml/min(普通密级配沥青混合料) 200ml/min(SMA 混合料)		T 0971

注:1.表中厚度检测频度指高速公路和一级公路的钻坑频度,其他等级公路可酌情减少状况,且通常采用压实度钻孔试件测定。上面层的允许误差不适用于磨耗层。

2.压实度检测按附录 E 的规定执行,钻孔试件的数量按 11.4.7 的规定执行。括号中的数值是对 SMA 路面的要求,对马歇尔成型试件采用 50 次或者 35 次击实的混合料,压实度应适当提高要求。进行核子仪等无破损检测时,每 13 个测点的平均数作为一个测点进行评定是否符合要求。实验室密度是指与配合比设计相同方法成型的试件密度。以最大理论密度作标准密度时,对普通沥青混合料通过真空法实测确定,对改性沥青和 SMA 混合料,由每天的矿料级配和油石比计算得到。

3.渗水系数适用于公称最大粒径等于或小于 19mm 的沥青混合料,应在铺筑成型后未遭行车污染的情况下测定,且仅适用于要求密水的密级配沥青混合料、SMA 混合料。不适用于 OGFC 混合料,表中渗水系数以平均值评定,计算的合格率不得小于 90%。

4.3m 直尺主要用于接缝检测,对正常生产路段,采用连续式平整度仪测定。

表 11.4.5-2 公路沥青表面处治及贯入式路面施工过程中工程质量的控制标准

路面类型	项　目	检查频度及单点检验评价方法	质量要求或允许偏差	试验方法
沥青表面处治	外观	随时	集料嵌挤密实,沥青撒布均匀,无花白料,接头无油包	目测
	集料及沥青用量	每日 1 次逐日评定	±10%	每日施工长度的实际用量与计划用量比较,T 0982
	沥青洒布温度	每车 1 次评定	符合本规范规定	温度计测量
	厚度(路中及路侧各 1 点)	不少于每 $2000m^2$ 一点,逐点评定	-5mm	T 0912
	平整度(最大间隙)	随时,以连续 10 尺的平均值评定	10mm	T 0931
	宽度	检测每个断面逐个评定	±30mm	T 0911
	横坡度	检测每个断面逐个评定	±0.5%	T 0911
沥青贯入式路面	外观	随时	集料嵌挤密实,沥青撒布均匀,无花白料,接头无油包	目测
	集料及沥青用量	每日 1 次总量评定	±10%	每日施工长度的实际用量与计划用量比较,T 0982
	沥青洒布温度	每车 1 次逐点评定	符合本规范规定	温度计测量
	厚度	每 $2000m^2$ 一点逐点评定	-5mm 或设计厚度的 -8%	T 0912
	平整度(最大间隙)	随时,以连续 10 尺的平均值评定	8mm	T 0931
	宽度	检测每个断面	±30mm	T 0911
	横坡度	检测每个断面	±0.5%	T 0911

表 11.4.5-3 公路稀浆封层、微表处施工过程中工程质量的控制标准

项　目		检查频度及单点检验评价方法	质量要求或允许偏差	试验方法
外观		随时	表面平整,均匀一致,无拖痕,无显著离析,接缝顺畅	目测
油石比		每日 1 次总量评定	±0.3%	每日实际沥青用量与总集料数量,总量检验
厚度		每公里 5 个断面	±10%	钢尺测量,每幅中间及两侧各 1 点
矿料级配	0.075mm	每日 1 次取 2 个试样筛分的平均值	±2%	T 0725
	0.15 mm		±3%	
	0.3mm		±4%	
	0.6、1.18、2.36、4.75、9.5(mm)		±5%	
湿轮磨耗试验		每周 1 次	符合设计要求	从工程取样按 T 0752 进行

11.4.6 施工厚度的检测按以下方法执行，并相互校核，当差值较大时通常以总量检验为准。

1 利用摊铺过程在线控制，即不断地用插尺或其他工具插入摊铺层测量松铺厚度。

2 利用拌和厂沥青混合料总生产量与实际铺筑的面积计算平均厚度进行总量检验。

3 当具有地质雷达等无破损检验设备时，可利用其连续检测路面厚度，但其测试精度需经标定认可。

4 待路面完全冷却后，在钻孔检测压实度的同时测量沥青层的厚度。

11.4.7 沥青路面的压实度采取重点对碾压工艺进行过程控制，适度钻孔抽检压实度的方法。

1 碾压工艺的控制包括压路机的配置（台数、吨位及机型）、排列和碾压方式、压路机与摊铺机的距离、碾压温度、碾压速度、压路机洒水（雾化）情况、碾压段长度、调头方式等。

2 碾压过程中宜采用核子密度仪等无破损检测设备进行压实密度过程控制，测点随机选择，一组不少于13点，取平均值，与标定值或试验段测定值比较评定。测定温度应与试验段测定时一致，检测精度通过试验路与钻孔试件标定。

3 在路面完全冷却后，随机选点钻孔取样，如一次钻孔同时有多层沥青层时需用切割机切割，待试件充分干燥后（在第二天之后），分别测定密度。压实度计算及标准密度的确定方法应遵照本规范附录E的规定，选用其中的1个或2个标准评定，并以合格率低的作为评定结果，但不得以配合比设计时的标准密度作为整个施工及验收过程中的标准密度使用。钻孔后应及时将孔中灰浆淘净，吸净余水，待干燥后以相同的沥青混合料分层填充夯实。为减少钻孔数量，有关施工、监理、监督各方宜合作进行钻孔检测，以避免重复钻孔。

4 测试压实度的一组数据最少为3个钻孔试件，当一组检测的合格率小于60%，或平均值 $\bar{x}_3$ 小于要求的压实度时，可增加一倍检测点数。如6个测点的合格率小于60%，或平均值 $\bar{x}_6$ 仍然达不到压实度要求时，允许再增加一倍检测点数，要求其合格率大于60%，且 $\bar{X}_{12}$ 达到规定的压实度要求（注意记录所有数据不得遗弃）。如仍然不能满足要求的应核查标准密度的准确性，以确定是否需要返工以及返工的范围。当所有钻孔试件检测的压实度持续稳定并符合要求时，钻孔频度可减少至每公里不少于一个孔。施工过程中钻孔的试件宜编号贴上标签予以保存，以备工程交工验收时使用。

5 压实层厚度等于或小于3cm的超薄表面层或磨耗层、厚度小于4cm的SMA表面层、易发生温缩裂缝的严寒地区的表面层、桥面铺装沥青层，以及使用改性沥青后，钻孔试样表面形状改变，难以准确测定密度时，可免于钻孔取样，严格控制碾压。

11.4.8 压实成型的路面应按《公路路基路面现场测试规程》规定的方法随机选点检测渗水情况，渗水系数的平均值宜符合表11.4.5-1的要求。对排水式沥青混合料，应要求水能够迅速排走。如需要测定构造深度时，宜在测定渗水的同时在附近选点测定，记录实测结果。

11.4.9 施工过程中应随时对路面进行外观(色泽、油膜厚度、表面空隙)评定,尤其特别注意防止粗细集料的离析和混合料温度不均,造成路面局部渗水严重或压实不足,酿成隐患。如果确实该路段严重离析、渗水,且经2次补充钻孔仍不能达到压实度要求,确属施工质量差的,应予铣刨或局部挖补,返工重铺。

11.4.10 施工过程中必须随时用3m直尺检测接缝及与构造物的连接处平整度的检测,正常路段的平整度采用连续式平整度仪或颠簸累积仪测定。

11.4.11 高速公路和一级公路沥青路面的施工应按本规范附录F的方法,利用计算机实行动态质量管理,并计算平均值、极差、标准差及变异系数以及各项指标的合格率。

11.4.12 公路施工的关键工序或重要部位宜拍摄照片或进行录像,作为实态记录及保存资料的一部分。

11.5 交工验收阶段的工程质量检查与验收

11.5.1 工程完工后,施工单位应将全线以1~3km作为一个评定路段;每一侧车行道按表11.5.1-1、表11.5.1-2、表11.5.1-3的规定频度,随机选取测点;对沥青面层进行全线自检,将单个测定值与表中的质量要求或允许偏差进行比较,计算合格率;然后计算一个评定路段的平均值、极差、标准差及变异系数。施工单位应在规定时间内提交全线检测结果及施工总结报告,申请交工验收。

表11.5.1-1 公路热拌沥青混合料路面交工检查与验收质量标准

检查项目		检查频度(每一侧车行道)	质量要求或允许偏差		试验方法
			高速公路、一级公路	其他等级公路	
外观		随时	表面平整密实,不得有明显轮迹、裂缝、推挤、油汀、油包等缺陷,且无明显离析		目测
面层总厚度	代表值	每1km 5点	设计值的-5%	设计值的-8%	T 0912
	极值	每1km 5点	设计值的-10%	设计值的-15%	T 0912
上面层厚度	代表值	每1km 5点	设计值的-10%	—	T 0912
	极值	每1km 5点	设计值的-20%	—	T 0912
压实度	代表值	每1km 5点	实验室标准密度的96%(98%) 最大理论密度的92%(94%) 试验段密度的98%(99%)		T 0924
	极值(最小值)	每1km 5点	比代表值放宽1%(每km)或2%(全部)		T 0924

续上表

检查项目		检查频度（每一侧车行道）	质量要求或允许偏差		试验方法
			高速公路、一级公路	其他等级公路	
路表平整度	标准差 σ	全线连续	1.2mm	2.5mm	T 0932
	IRI	全线连续	2.0m/km	4.2m/km	T 0933
	最大间隙	每1km10处，各连续10杆	—	5mm	T 0931
路表渗水系数，不大于		每1km不少于5点，每点3处取平均值评定	300ml/min(普通沥青路面) 200ml/min(SMA路面)	—	T 0971
宽度	有侧石	每1km 20个断面	±20mm	±30mm	T 0911
	无侧石	每1km 20个断面	不小于设计宽度	不小于设计宽度	T 0911
纵断面高程		每1km 20个断面	±15mm	±20mm	T 0911
中线偏位		每1km 20个断面	±20mm	±30mm	T 0911
横坡度		每1km 20个断面	±0.3%	±0.5%	T 0911
弯沉	回弹弯沉	全线每20m 1点	符合设计对交工验收的要求	符合设计对交工验收的要求	T 0951
	总弯沉	全线每5m 1点	符合设计对交工验收的要求	—	T 0952
构造深度		每1km 5点	符合设计对交工验收的要求	—	T 0961/62/63
摩擦系数摆值		每1km 5点	符合设计对交工验收的要求	—	T 0964
横向力系数		全线连续	符合设计对交工验收的要求	—	T 0965

注：1.高速公路、一级公路面层除验收总厚度外，尚须验收上面层厚度，代表值的计算方法按附录E进行。

2.与表11.4.5-1注2、注3同。

表11.5.1-2　公路沥青表面处治及贯入式路面交工检查与验收质量标准

路面类型	检查项目		检查频度(每一侧车行道)	质量要求或允许偏差	试验方法
沥青表面处治	外观		全线	密实，不松散	目测
	厚度	代表值	每200m每车道1点	-5mm	T 0921
		极值	每200m每车道1点	-10mm	T 0921
	路表平整度	标准差	全线每车道连续	4.5mm	T 0932
		IRI	全线每车道连续	7.5m/km	T 0933
		最大间隙	每1km10处，各连续10尺	10mm	T 0931
	宽度	有侧石	每1km 20个断面	±3cm	T 0911
		无侧石	每1km 20个断面	不小于设计宽度	T 0911
	纵断面高程		每1km 20个断面	±20mm	T 0911
	横坡度		每1km 20个断面	±0.5%	T 0911
	沥青用量		每1km 1点	±0.5%	T 0722
	矿料用量		每1km 1点	±5%	T 0722

续上表

路面类型	检查项目		检查频度(每一侧车行道)	质量要求或允许偏差	试验方法
沥青贯入式路面	外观		全线	密实,不松散	目测
	厚度	代表值	每 200m 1 点	-5mm 或 -8%	T 0921
		极值	每 200m 1 点	15mm	T 0921
	路表平整度	标准差	全线连续	3.5mm	T 0932
		IRI	全线连续	5.8m/km	T 0933
		最大间隙	每 1km10 处,各连续 10 尺	8mm	T 0931
	宽度	有侧石	每 1km 20 个断面	±30mm	T 0911
		无侧石	每 1km 20 个断面	不小于设计宽度	T 0911
	纵断面高程		每 1km 20 个断面	±20mm	T 0911
	横坡度		每 1km 20 个断面	±0.5%	T 0911
	沥青用量		每 1km 1 点	±0.5%	T 0722
	矿料用量		每 1km 1 点	±5%	T 0722

表 11.5.1-3　公路沥青路面稀浆封层交工检查与验收质量标准

检查项目	检查频度(每一幅车行道)	质量要求或允许偏差		试验方法
		高速公路、一级公路	其他等级公路	
平均厚度	每 1km3 点	-10%	-10%	挖小坑量测,取平均
渗水系数	每 1km 3 处	10ml/min	10ml/min	T 0971
路表构造深度	每 1km 5 点	符合设计要求	—	T 0961 T 0962
路面摩擦系数摆值	每 1km 5 点	符合设计要求	—	T 0964
横向力系数	全线连续	符合设计要求	—	T 0965

11.5.2　沥青路面交工时应检查验收沥青面层的各项质量指标,包括路面的厚度、压实度、平整度、渗水系数、构造深度、摩擦系数等。

1　需要作破损路面进行检测的指标,如厚度、压实度宜利用施工过程中的钻孔数据,检查每一个测点与极值相比的合格率,同时按附录 E 的方法计算代表值。厚度也可利用路面雷达连续测定路面剖面进行评定。压实度验收可选用其中的 1 个或 2 个标准,并以合格率低的作为评定结果。

2　路表平整度可采用连续式平整度仪和颠簸累积仪进行测定,以每 100m 计算一个测值,计算合格率。

3　路表渗水系数与构造深度宜在施工过程中在路面成型后立即测定,但每一个点为 3 个测点的平均值,计算合格率。

4　交工验收时可采用连续式摩擦系数测定车在行车道实测路表横向摩擦系数,如实记录测点数据。

5 交工验收时可选择贝克曼梁或连续式弯沉仪实测路面的回弹弯沉或总弯沉，如实记录测点数据（含测定时的气候条件、测定车数据等），测定时间宜在公路的最不利使用条件下（指春融期或雨季）进行。

11.5.3 工程交工时应对全线宽度、纵断面高程、横坡度、中线偏位等进行实测，以每个桩号的测定结果评定合格率，最后提出实际的竣工图。

11.5.4 行人道路沥青面层的质量检查及验收与车行道相同，其质量指标应符合表11.5.4的规定。

表 11.5.4 行人道路沥青面层质量标准

检查项目		质量要求或允许偏差	检查频度	检查方法
厚度		±5mm	每100m 1点	T 0912
路表平整度（最大间隙）	沥青混凝土	5mm	每200m 2点 各连续10尺	T 0931
	其他沥青面层	7mm		
宽度		-20mm	每100m 2点	T 0911
横坡度		±0.3%	每100m 2点	T 0911

11.5.5 大、中型桥梁桥面沥青铺装的质量检查与验收，以100m作为一个评定路段，其质量指标应符合表11.5.5的规定。

表 11.5.5 桥面沥青铺装工程质量标准

检查项目		检查频度	允许偏差		检查方法
			高速公路、一级公路	其他等级公路	
厚度		每100m 2点	0～+5mm	—	T 0912
路表平整度	标准差	连续测定	1.8mm	2.5mm	T 0932
	最大间隙	连续测定	3mm	5mm	T 0931
宽度		每100m 10点	0～+5mm		T 0911
压实度		每100m 2点	马歇尔密度的97% 最大相对密度的93%		T 0924
横坡		每100m 10点	±0.3%		T 0911
其他		同本规范热拌沥青混合料要求			

11.5.6 路缘石和止水带的质量检查及验收与车行道相同，其质量指标应符合本规范表11.5.6的规定。

表 11.5.6 路缘石及止水带工程质量标准

检查项目	质量要求或允许偏差	检查频度	检查方法
直顺度	10mm	每 100m 2 点	拉 20m 小线量取最大值
预制块相邻块高差	3mm	每 100m 5 点	用钢板尺量
预制块相邻缝宽	± 3mm	每 100m 5 点	用钢板尺量
立式路缘石顶面高程	± 10mm	每 100m 5 点	T 0911
水泥混凝土路缘石的预制块强度	25MPa	每 1km 1 点	留试块试验
沥青混凝土拦水带的压实度	95%	每 1km 1 点	取样试验

11.6 工程施工总结及质量保证期管理

11.6.1 工程结束后,施工企业应根据国家竣工文件编制的规定,提出施工总结报告及若干个专项报告,连同竣工图表,形成完整的施工资料档案。

11.6.2 施工总结报告应包括工程概况(包括设计及变更情况)、工程基础资料、材料、施工组织、机械及人员配备、施工方法、施工进度、试验研究、工程质量评价、工程决算、工程使用服务计划等。

11.6.3 施工管理与质量检查报告应包括施工管理体制、质量保证体系、施工质量目标、试验段铺筑报告、施工前及施工中材料质量检查结果(测试报告)、施工过程中工程质量检查结果(测试报告)、工程交工验收质量自检结果(测试报告)、工程质量评价,以及原始记录、相册、录像等各种附件。

11.6.4 施工企业在质保期内,应进行路面使用情况观测、局部损坏的原因分析和维修保养等。质量保证的期限根据国家规定或招标文件等要求确定。

附录 A　沥青路面使用性能气候分区

A.1　一般规定

A.1.1　选择沥青结合料等级、沥青混合料配合比设计和检验应适应公路环境条件的需要，能承受高温、低温、雨（雪）水的考验。沥青路面的气候条件按本规范的气候分区执行。

A.1.2　各地宜按照本规范的方法对本地区作更为具体的气候区划分，以适应地区具体气候条件的需要。

A.2　气候分区指标的选择

A.2.1　气候分区的高温指标：采用最近 30 年内年最热月的平均日最高气温的平均值作为反映高温和重载条件下出现车辙等流动变形的气候因子，并作为气候区划的一级指标。全年高于 30℃的积温及连续高温的持续时间可作为辅助参考值。

A.2.2　气候分区的低温指标：采用最近 30 年内的极端最低气温作为反映路面温缩裂缝的气候因子，并作为气候区划的二级指标。温降速率、冰冻指数可作为辅助参考值。

A.2.3　气候分区的雨量指标：采用最近 30 年内的年降水量的平均值作为反映沥青路面受雨（雪）水影响的气候因子，并作为气候区划的三级指标。雨日数可作为辅助参考值。

A.3　气候分区指标的计算方法

A.3.1　30 年最热月平均最高气温按以下步骤求取：

（1）选择当地一年中最热的月份作为年最热月（通常是七月或八月），通过当地气象台站获得该月份记录的每一天的最高气温的温度和时间（通常为下午 2 时）；

（2）求每年最热月的日最高气温的平均值作为一年最热月的月平均最高气温；

（3）求取 30 年的年最热月平均最高气温的平均值为最热月平均最高气温 T_{max}，作为设计高温分区指标。

A.3.2 30年极端最低气温按以下步骤求取：

(1)选择当地一年中最冷的月份作为年最冷月(通常是一月份)，通过当地气象台站获得该月份记录的极端最低气温；

(2)求取30年内的极端最低气温的最小值 T_{min}，作为设计低温分区指标。

A.3.3 30年内的最大降雨量按以下步骤求取：

(1)通过当地气象台站获得当地的年降雨量；

(2)求取30年内的年降雨量的平均值 W_{cp}，作为设计雨量分区指标。

A.3.4 确定气候分区指标时宜参考各个指标的辅助指标值对计算得到的分区指标作必要的修正：

(1)当全年高于30℃的积温较大或当地连续高温的持续时间长，以及预计重载车特别多、长大纵坡严重影响车速的路段，可将高温气候区提高一级或两级看待；

(2)对经常发生寒潮、寒流降温迅速的地区可将低温气候区提高一级。

(3)对年雨日数特别长(如梅雨季节)的地区可将雨量气候区提高一级。

A.4 气候分区的确定

A.4.1 按照设计高温分区指标，一级区划分为3个区：

高温气候区	1	2	3
气候区名称	夏炎热区	夏热区	夏凉区
最热月平均最高气温(℃)	>30	20～30	<20

A.4.2 按照设计低温分区指标，二级区划分为4个区：

低温气候区	1	2	3	4
气候区名称	冬严寒区	冬寒区	冬冷区	冬温区
极端最低气温(℃)	<－37.0	－37.0～－21.5	－21.5～－9.0	>－9.0

A.4.3 按照设计雨量分区指标，三级区划分为4个区：

雨量气候区	1	2	3	4
气候区名称	潮湿区	湿润区	半干区	干旱区
年降雨量(mm)	>1000	1000～500	500～250	<250

A.4.4 沥青路面温度分区由高温和低温组合而成，第一个数字代表高温分区，第二个数字代表低温分区，数字越小表示气候因素越严重。

气候区名		最热月平均最高气温(℃)	年极端最低气温(℃)	备注
1-1	夏炎热冬严寒	>30	<-37.0	
1-2	夏炎热冬寒		-37.0~-21.5	
1-3	夏炎热冬冷		-21.5~-9.0	
1-4	夏炎热冬温		>-9.0	
2-1	夏热冬严寒	20~30	<-37.0	
2-2	夏热冬寒		-37.0~-21.5	
2-3	夏热冬冷		-21.5~-9.0	
2-4	夏热冬温		>-9.0	
3-1	夏凉冬严寒	<20	<-37.0	不存在
3-2	夏凉冬寒		-37.0~-21.5	
3-3	夏凉冬冷		-21.5~-9.0	不存在
3-4	夏凉冬温		>-9.0	不存在

A.4.5 由温度和雨量组成的气候分区按表 A.4.5 划分。

表 A.4.5 沥青及沥青混合料气候分区指标

气候区名		温度(℃)		雨量(mm)
		最热月平均最高气温(℃)	年极端最低气温(℃)	年降雨量(mm)
1-1-4	夏炎热冬严寒干旱	>30	<-37.0	<250
1-2-2	夏炎热冬寒湿润	>30	-37.0~-21.5	500~1000
1-2-3	夏炎热冬寒半干	>30	-37.0~-21.5	250~500
1-2-4	夏炎热冬寒干旱	>30	-37.0~-21.5	<250
1-3-1	夏炎热冬冷潮湿	>30	-21.5~-9.0	>1000
1-3-2	夏炎热冬冷湿润	>30	-21.5~-9.0	500~1000
1-3-3	夏炎热冬冷半干	>30	-21.5~-9.0	250~500
1-3-4	夏炎热冬冷干旱	>30	-21.5~-9.0	<250
1-4-1	夏炎热冬温潮湿	>30	>-9.0	>1000
1-4-2	夏炎热冬温湿润	>30	>-9.0	500~1000
2-1-2	夏热冬严寒湿润	20~30	<-37.0	500~1000
2-1-3	夏热冬严寒半干	20~30	<-37.0	250~500
2-1-4	夏热冬严寒干旱	20~30	<-37.0	<250
2-2-1	夏热冬寒潮湿	20~30	-37.0~-21.5	>1000
2-2-2	夏热冬寒湿润	20~30	-37.0~-21.5	500~1000
2-2-3	夏热冬寒半干	20~30	-37.0~-21.5	250~500
2-2-4	夏热冬寒干旱	20~30	-37.0~-21.5	<250
2-3-1	夏热冬冷潮湿	20~30	-21.5~-9.0	>1000
2-3-2	夏热冬冷湿润	20~30	-21.5~-9.0	500~1000
2-3-3	夏热冬冷半干	20~30	-21.5~-9.0	250~500
‘2-3-4	夏热冬冷干旱	20~30	-21.5~-9.0	<250
2-4-1	夏热冬温潮湿	20~30	>-9.0	>1000
2-4-2	夏热冬温湿润	20~30	>-9.0	500~1000
2-4-3	夏热冬温半干	20~30	>-9.0	250~500
3-2-1	夏凉冬寒潮湿	<20	-37.0~-21.5	>1000
3-2-2	夏凉冬寒湿润	<20	-37.0~-21.5	500~1000

A.4.6 在缺乏当地气象台站的有效数据时,可参考图 A.4.6-1 及 A.4.6-2 确定沥青路面使用性能的气候分区。各地区宜根据当地的气象数据,制订更切合实际的气候分区图。

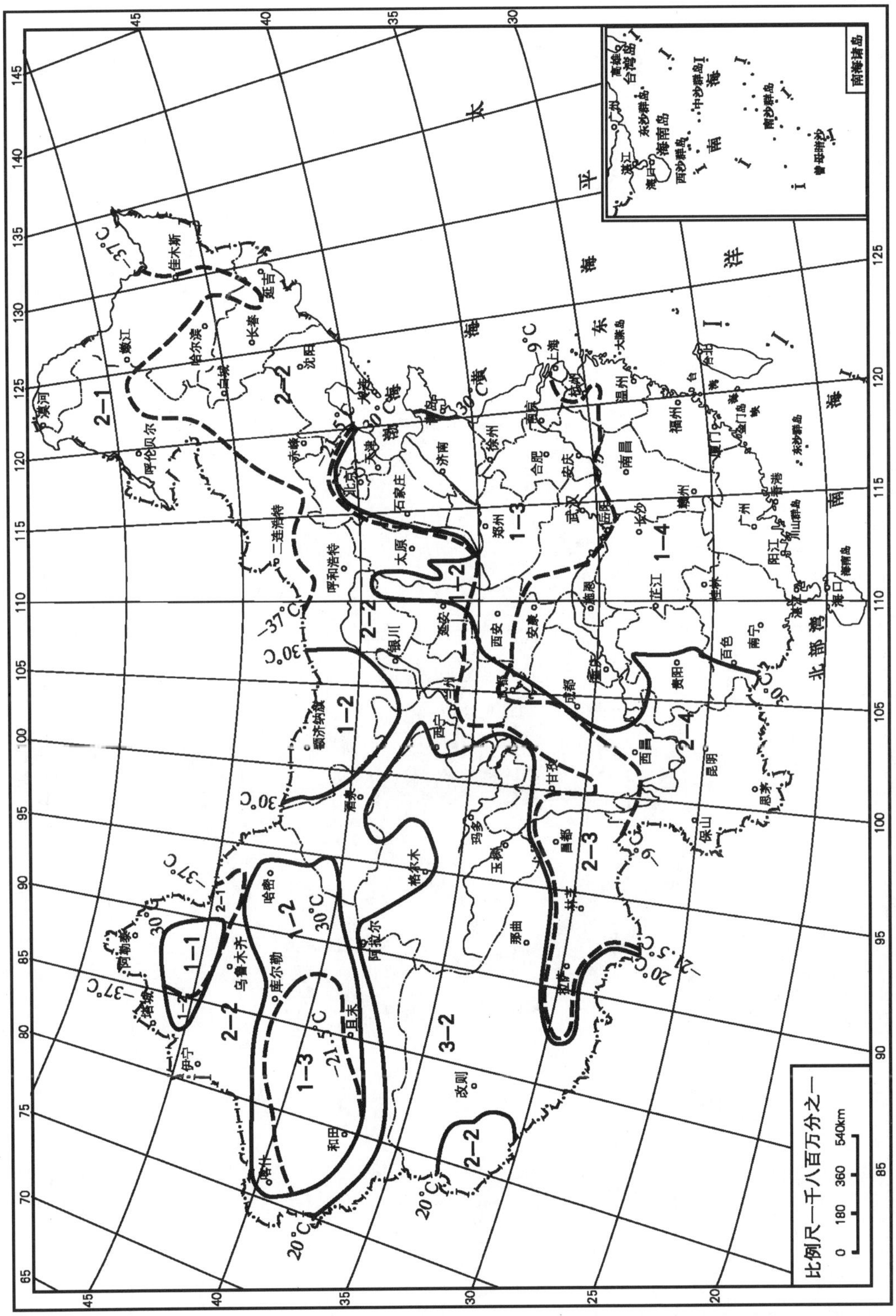

图 A.4.6-1　中国沥青路面气候分区图(温度)

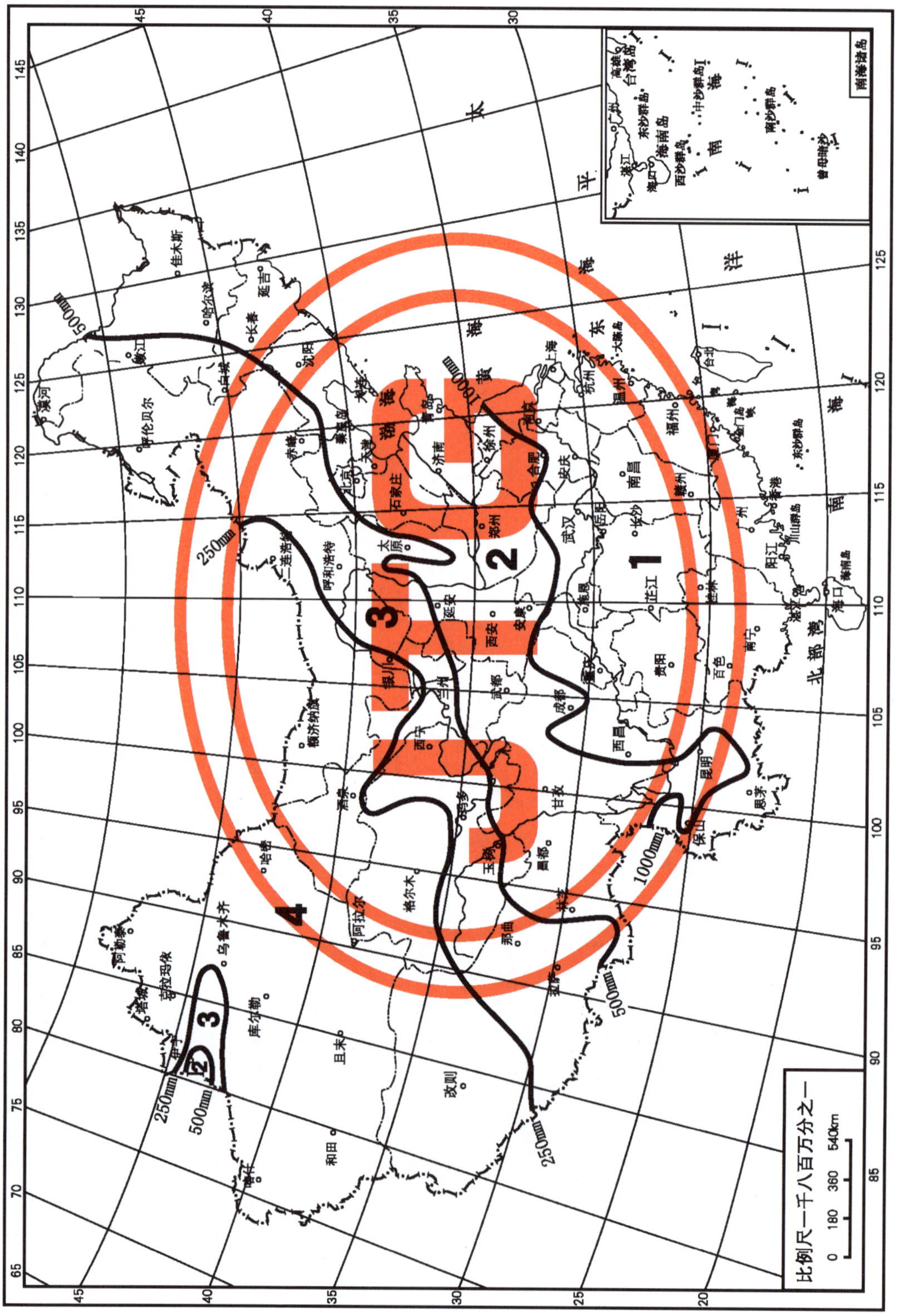

图 A.4.6-2 中国沥青路面气候分区图(雨量)

附录 B　热拌沥青混合料配合比设计方法

B.1　一般规定

B.1.1　本方法适用于密级配沥青混凝土及沥青稳定碎石混合料。

B.1.2　热拌沥青混合料的配合比设计应通过目标配合比设计、生产配合比设计及生产配合比验证三个阶段，确定沥青混合料的材料品种及配合比、矿料级配、最佳沥青用量。本规范采用马歇尔试验配合比设计方法。如采用其他方法设计沥青混合料时，应按本规范规定进行马歇尔试验及各项配合比设计检验，并报告不同设计方法的试验结果。

B.1.3　热拌沥青混合料的目标配合比设计宜按图 B.1.3 的框图的步骤进行。

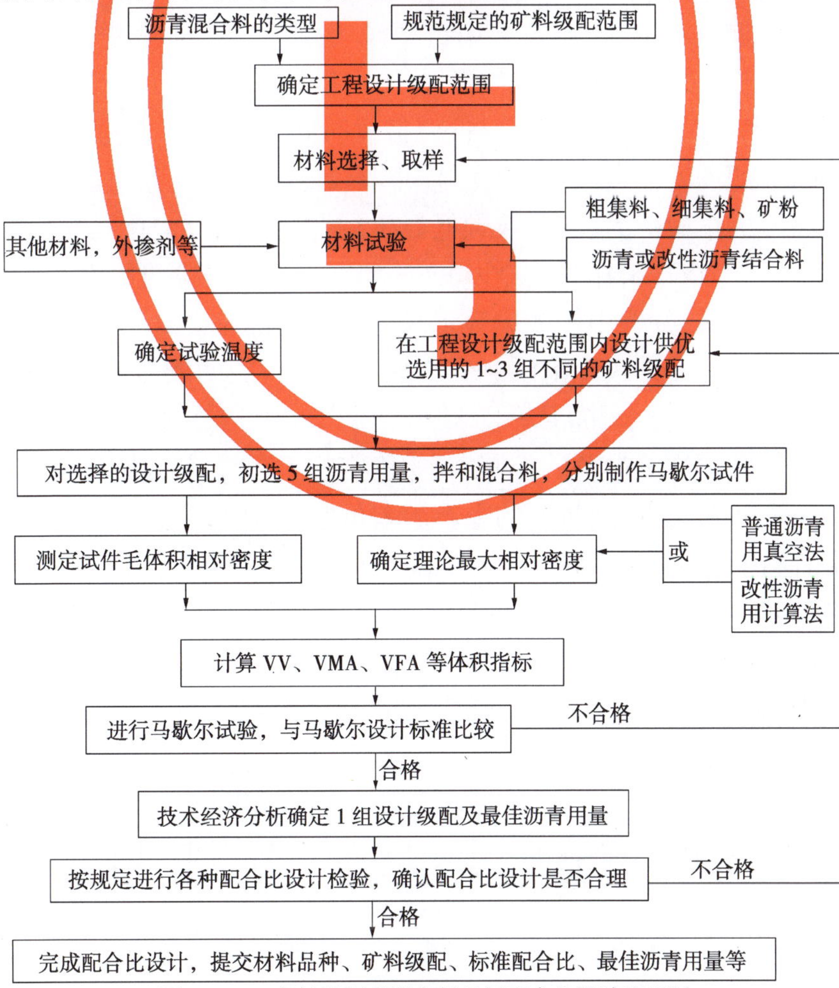

图 B.1.3　密级配沥青混合料目标配合比设计流程图

B.1.4 配合比设计的试验方法必须遵照现行试验规程的方法执行。混合料拌和必须采用小型沥青混合料拌和机进行。混合料的拌和温度和试件制作温度应符合本规范的要求。

B.1.5 生产配合比设计可参照本方法规定的步骤进行。

B.2 确定工程设计级配范围

B.2.1 沥青路面工程的混合料设计级配范围由工程设计文件或招标文件规定,密级配沥青混合料的设计级配宜在本规范 5.3.2 规定的级配范围内,根据公路等级、工程性质、气候条件、交通条件、材料品种等因素,通过对条件大体相当的工程使用情况进行调查研究后调整确定,必要时允许超出规范级配范围。密级配沥青稳定碎石混合料可直接以本规范规定的级配范围作工程设计级配范围使用。经确定的工程设计级配范围是配合比设计的依据,不得随意变更。

B.2.2 调整工程设计级配范围宜遵循下列原则:

(1)首先按本规范表 5.3.2-1 确定采用粗型(C 型)或细型(F 型)的混合料。对夏季温度高、高温持续时间长,重载交通多的路段,宜选用粗型密级配沥青混合料(AC-C 型),并取较高的设计空隙率。对冬季温度低、且低温持续时间长的地区,或者重载交通较少的路段,宜选用细型密级配沥青混合料(AC-F 型),并取较低的设计空隙率。

(2)为确保高温抗车辙能力,同时兼顾低温抗裂性能的需要。配合比设计时宜适当减少公称最大粒径附近的粗集料用量,减少 0.6mm 以下部分细粉的用量,使中等粒径集料较多,形成 S 型级配曲线,并取中等或偏高水平的设计空隙率。

(3)确定各层的工程设计级配范围时应考虑不同层位的功能需要,经组合设计的沥青路面应能满足耐久、稳定、密水、抗滑等要求。

(4)根据公路等级和施工设备的控制水平,确定的工程设计级配范围应比规范级配范围窄,其中 4.75mm 和 2.36mm 通过率的上下限差值宜小于 12%。

(5)沥青混合料的配合比设计应充分考虑施工性能,使沥青混合料容易摊铺和压实,避免造成严重的离析。

B.3 材料选择与准备

B.3.1 配合比设计的各种矿料必须按现行《公路工程集料试验规程》规定的方法,从工程实际使用的材料中取代表性样品。进行生产配合比设计时,取样至少应在干拌 5 次以后进行。

B.3.2 配合比设计所用的各种材料必须符合气候和交通条件的需要。其质量应符合本规范第4章规定的技术要求。当单一规格的集料某项指标不合格，但不同粒径规格的材料按级配组成的集料混合料指标能符合规范要求时，允许使用。

B.4 矿料配合比设计

B.4.1 高速公路和一级公路沥青路面矿料配合比设计宜借助电子计算机的电子表格用试配法进行。其他等级公路沥青路面也可参照进行。

B.4.2 矿料级配曲线按《公路工程沥青及沥青混合料试验规程》T 0725的方法绘制(图B.4.2)。以原点与通过集料最大粒径100%的点的连线作为沥青混合料的最大密度线，见表B.4.2-1和表B.4.2-2。

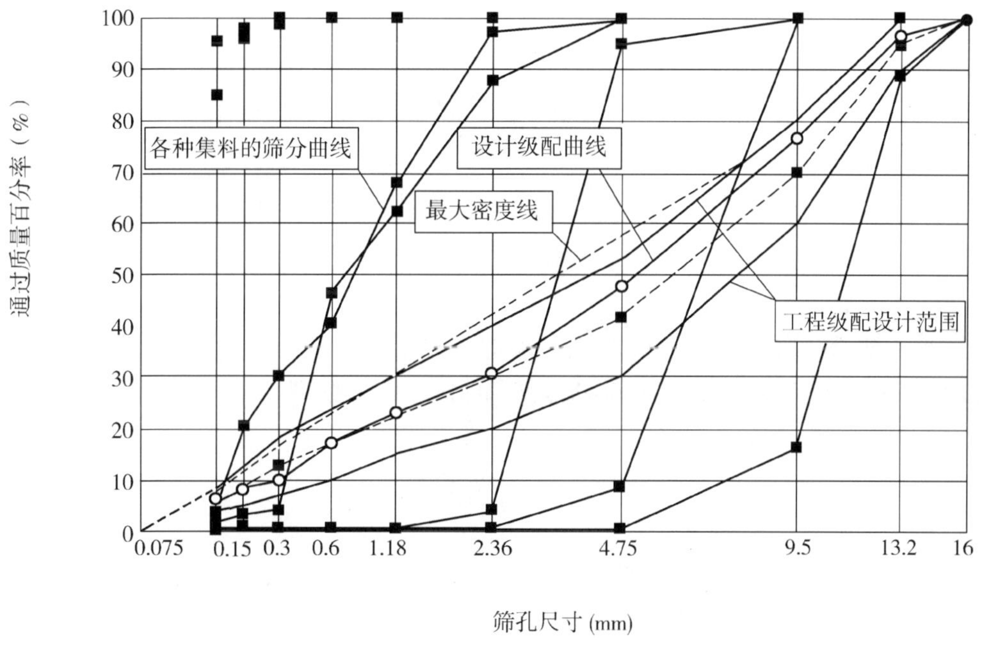

图B.4.2 矿料级配曲线示例

表B.4.2-1 泰勒曲线的横坐标

d_i	0.075	0.15	0.3	0.6	1.18	2.36	4.75	9.5
$x = d_i^{0.45}$	0.312	0.426	0.582	0.795	1.077	1.472	2.016	2.754
d_i	13.2	16	19	26.5	31.5	37.5	53	63
$x = d_i^{0.45}$	3.193	3.482	3.762	4.370	4.723	5.109	5.969	6.452

表 B.4.2-2　矿料级配设计计算表示例

筛孔(%)	10～20(%)	5～10(%)	3～5(%)	石屑(%)	黄砂(%)	矿粉(%)	消石灰(%)	合成级配	工程设计级配范围		
									中值	下限	上限
16	100	100	100	100	100	100	100	100.0	100	100	100
13.2	88.6	100	100	100	100	100	100	96.7	95	90	100
9.5	16.6	99.7	100	100	100	100	100	76.6	70	60	80
4.75	0.4	8.7	94.9	100	100	100	100	47.7	41.5	30	53
2.36	0.3	0.7	3.7	97.2	87.9	100	100	30.6	30	20	40
1.18	0.3	0.7	0.5	67.8	62.2	100	100	22.8	22.5	15	30
0.6	0.3	0.7	0.5	40.5	46.4	100	100	17.2	16.5	10	23
0.3	0.3	0.7	0.5	30.2	3.7	99.8	99.2	9.5	12.5	7	18
0.15	0.3	0.7	0.5	20.6	3.1	96.2	97.6	8.1	8.5	5	12
0.075	0.2	0.6	0.3	4.2	1.9	84.7	95.6	5.5	6	4	8
配合比	28	26	14	12	15	3.3	1.7	100.0	—	—	—

B.4.3　对高速公路和一级公路,宜在工程设计级配范围内计算1～3组粗细不同的配合比,绘制设计级配曲线,分别位于工程设计级配范围的上方、中值及下方。设计合成级配不得有太多的锯齿形交错,且在0.3～0.6mm范围内不出现“驼峰”。当反复调整不能满意时,宜更换材料设计。

B.4.4　根据当地的实践经验选择适宜的沥青用量,分别制作几组级配的马歇尔试件,测定VMA,初选一组满足或接近设计要求的级配作为设计级配。

B.5　马歇尔试验

B.5.1　配合比设计马歇尔试验技术标准按本规范第5章的规定执行。

B.5.2　沥青混合料试件的制作温度按本规范5.2.2规定的方法确定,并与施工实际温度相一致,普通沥青混合料如缺乏粘温曲线时可参照表B.5.2执行,改性沥青混合料的成型温度在此基础上再提高10～20℃。

表 B.5.2　热拌普通沥青混合料试件的制作温度(℃)

施工工序	石油沥青的标号				
	50号	70号	90号	110号	130号
沥青加热温度	160～170	155～165	150～160	145～155	140～150
矿料加热温度	集料加热温度比沥青温度高10～30(填料不加热)				
沥青混合料拌和温度	150～170	145～165	140～160	135～155	130～150
试件击实成型温度	140～160	135～155	130～150	125～145	120～140

注:表中混合料温度,并非拌和机的油浴温度,应根据沥青的针入度、粘度选择,不宜都取中值。

B.5.3 按式(B.5.3)计算矿料的合成毛体积相对密度 γ_{sb}。

$$\gamma_{sb}=\frac{100}{\frac{P_1}{\gamma_1}+\frac{P_2}{\gamma_2}+\cdots\cdots+\frac{P_n}{\gamma_n}} \tag{B.5.3}$$

式中：P_1、P_2、…、P_n——各种矿料成分的配合比，其和为 100；

γ_1、γ_2、…、γ_n——各种矿料相应的毛体积相对密度。

注：1.沥青混合料配合比设计时，均采用毛体积相对密度(无量纲)，不采用毛体积密度，故无需进行密度的水温修正。

2.生产配合比设计时，当细料仓中的材料混杂各种材料而无法采用筛分替代法时，可将 0.075mm 部分筛除后以统货实测值计算。

B.5.4 按式(B.5.4)计算矿料的合成表观相对密度 γ_{sa}。

$$\gamma_{sa}=\frac{100}{\frac{P_1}{\gamma'_1}+\frac{P_2}{\gamma'_2}+\cdots+\frac{P_n}{\gamma'_n}} \tag{B.5.4}$$

式中：P_1、P_2、…、P_n——各种矿料成分的配合比，其和为 100；

γ'_1、γ'_2、…、γ'_n——各种矿料按试验规程方法测定的表观相对密度。

B.5.5 按式(B.5.5-1)或按式(B.5.5-2)预估沥青混合料的适宜的油石比 P_a 或沥青用量为 P_b。

$$P_a=\frac{P_{a1}\times\gamma_{sb1}}{\gamma_{sb}} \tag{B.5.5-1}$$

$$P_b=\frac{P_a}{100+P_a}\times 100 \tag{B.5.5-2}$$

式中：P_a——预估的最佳油石比(与矿料总量的百分比)，%；

P_b——预估的最佳沥青用量(占混合料总量的百分数)，%；

P_{a1}——已建类似工程沥青混合料的标准油石比，%；

γ_{sb}——矿料的合成毛体积相对密度；

γ_{sb1}——已建类似工程集料的合成毛体积相对密度。

注：作为预估最佳油石比的集料密度，原工程和新工程也可均采用有效相对密度。

B.5.6 确定矿料的有效相对密度

1 对非改性沥青混合料，宜以预估的最佳油石比拌和 2 组的混合料，采用真空法实测最大相对密度，取平均值。然后由式(B.5.6-1)反算合成矿料的有效相对密度 γ_{se}。

$$\gamma_{se}=\frac{100-P_b}{\frac{100}{\gamma_t}-\frac{P_b}{\gamma_b}} \tag{B.5.6-1}$$

式中：γ_{se}——合成矿料的有效相对密度；

P_b——试验采用的沥青用量(占混合料总量的百分数)，%；

γ_t——试验沥青用量条件下实测得到的最大相对密度,无量纲;

γ_b——沥青的相对密度(25℃/25℃),无量纲。

2 对改性沥青及SMA等难以分散的混合料,有效相对密度宜直接由矿料的合成毛体积相对密度与合成表观相对密度按式(B.5.6-2)计算确定,其中沥青吸收系数 C 值根据材料的吸水率由式(B.5.6-3)求得,材料的合成吸水率按式(B.5.6-4)计算:

$$\gamma_{se}=C\times\gamma_{sa}+(1-C)\times\gamma_{sb} \quad (B.5.6\text{-}2)$$

$$C=0.033w_x^2-0.2936w_x+0.9339 \quad (B.5.6\text{-}3)$$

$$w_x=\left(\frac{1}{\gamma_{sb}}-\frac{1}{\gamma_{sa}}\right)\times 100 \quad (B.5.6\text{-}4)$$

式中:γ_{se}——合成矿料的有效相对密度;

C——合成矿料的沥青吸收系数,可按矿料的合成吸水率从式(B.5.6.3)求取;

w_x——合成矿料的吸水率,按式(B.5.6-4)求取,%;

γ_{sb}——矿料的合成毛体积相对密度,按式(B.5.3)求取,无量纲;

γ_{sa}——矿料的合成表观相对密度,按式(B.5.4)求取,无量纲。

B.5.7 以预估的油石比为中值,按一定间隔(对密级配沥青混合料通常为0.5%,对沥青碎石混合料可适当缩小间隔为0.3%~0.4%),取5个或5个以上不同的油石比分别成型马歇尔试件。每一组试件的试样数按现行试验规程的要求确定,对粒径较大的沥青混合料,宜增加试件数量。

注:5个不同油石比不一定选整数,例如预估油石比4.8%,可选3.8%、4.3%、4.8%、5.3%、5.8%等。B.5.6条1中规定的实测最大相对密度通常与此同时进行。

B.5.8 测定压实沥青混合料试件的毛体积相对密度 γ_f 和吸水率,取平均值。测试方法应遵照以下规定执行:

(1)通常采用表干法测定毛体积相对密度;

(2)对吸水率大于2%的试件,宜改用蜡封法测定的毛体积相对密度。

注:对吸水率小于0.5%的特别致密的沥青混合料,在施工质量检验时,允许采用水中重法测定的表观相对密度作为标准密度,钻孔试件也采用相同方法。但配合比设计时不得采用水中重法。

B.5.9 确定沥青混合料的最大理论相对密度

1 对非改性的普通沥青混合料,在成型马歇尔试件的同时,按B.5.6-1的要求用真空法实测各组沥青混合料的最大理论相对密度 γ_{ti}。当只对其中一组油石比测定最大理论相对密度时,也可按式(B.5.9-1)或式(B.5.9-2)计算其他不同油石比时的最大理论相对密度 γ_{ti}。

2 对改性沥青或SMA混合料宜按式(B.5.9-1)或式(B.5.9-2)计算各个不同沥青用量混合料的最大理论相对密度。

$$\gamma_{ti}=\frac{100+P_{ai}}{\dfrac{100}{\gamma_{se}}+\dfrac{P_{ai}}{\gamma_b}} \tag{B.5.9-1}$$

$$\gamma_{ti}=\frac{100}{\dfrac{P_{si}}{\gamma_{se}}+\dfrac{P_{bi}}{\gamma_b}} \tag{B.5.9-2}$$

式中：γ_{ti}——相对于计算沥青用量 P_{bi}时沥青混合料的最大理论相对密度，无量纲；

P_{ai}——所计算的沥青混合料中的油石比，%；

P_{bi}——所计算的沥青混合料的沥青用量，$P_{bi}=P_{ai}/(1+P_{ai})$，%；

P_{si}——所计算的沥青混合料的矿料含量，$P_{si}=100-P_{bi}$，%；

γ_{se}——矿料的有效相对密度，按式(B.5.6-1)或式(B.5.6-2)计算，无量纲；

γ_b——沥青的相对密度(25℃/25℃)，无量纲。

B.5.10 按式(B.5.10-1)～式(B.5.10-3)计算沥青混合料试件的空隙率、矿料间隙率VMA、有效沥青的饱和度 VFA 等体积指标，取 1 位小数，进行体积组成分析。

$$VV=\left(1-\frac{\gamma_f}{\gamma_t}\right)\times 100 \tag{B.5.10-1}$$

$$VMA=\left(1-\frac{\gamma_f}{\gamma_{sb}}\times\frac{P_s}{100}\right)\times 100 \tag{B.5.10-2}$$

$$VFA=\frac{VMA-VV}{VMA}\times 100 \tag{B.5.10-3}$$

式中：VV——试件的空隙率，%；

VMA——试件的矿料间隙率，%；

VFA——试件的有效沥青饱和度(有效沥青含量占 VMA 的体积比例)，%；

γ_f——按 B.5.8 测定的试件的毛体积相对密度，无量纲；

γ_t——沥青混合料的最大理论相对密度，按 B.5.9 的方法计算或实测得到，无量纲；

P_s——各种矿料占沥青混合料总质量的百分率之和，即 $P_s=100-P_b$，%；

γ_{sb}——矿料的合成毛体积相对密度，按式(B.5.3)计算。

B.5.11 进行马歇尔试验，测定马歇尔稳定度及流值。

B.6 确定最佳沥青用量(或油石比)

B.6.1 按图 B.6.1 的方法，以油石比或沥青用量为横坐标，以马歇尔试验的各项指标为纵坐标，将试验结果点入图中，连成圆滑的曲线。确定均符合本规范规定的沥青混合料技术标准的沥青用量范围 OAC_{min}～OAC_{max}。选择的沥青用量范围必须涵盖设计空隙率的全部范围,并尽可能涵盖沥青饱和度的要求范围,并使密度及稳定度曲线出现峰值。如果没有涵盖设计空隙率的全部范围,试验必须扩大沥青用量范围重新进行。

注:绘制曲线时含 VMA 指标,且应为下凹型曲线,但确定 OAC_{min} ~ OAC_{max} 时不包括 VMA。

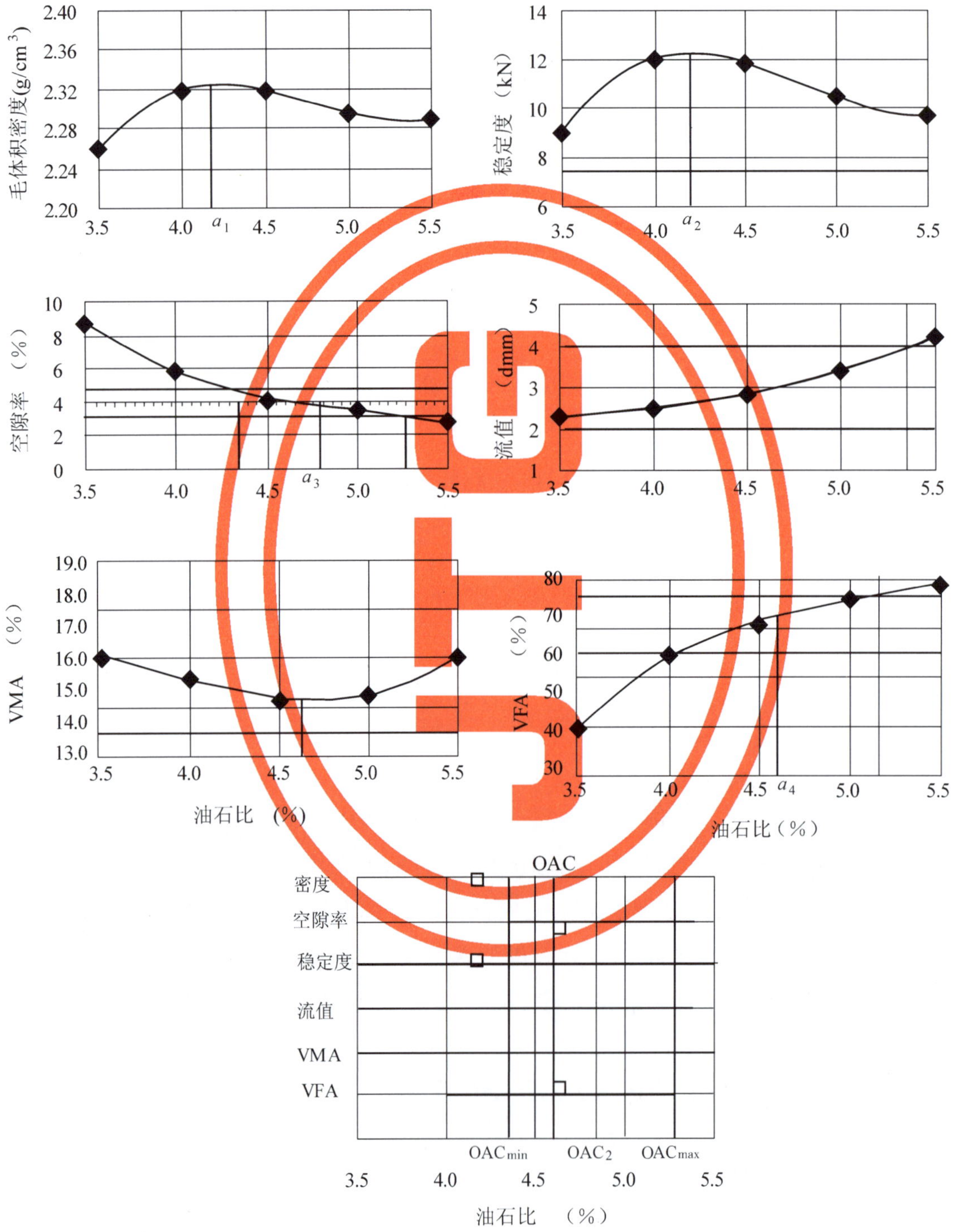

图 B.6.1 马歇尔试验结果示例

注:图中 $a_1 = 4.2\%$,$a_2 = 4.25\%$,$a_3 = 4.8\%$,$a_4 = 4.7\%$,$OAC_1 = 4.49\%$(由 4 个平均值确定),$OAC_{min} = 4.3\%$,$OAC_{max} = 5.3\%$,$OAC_2 = 4.8\%$,$OAC = 4.64\%$。此例中相对于空隙率 4%的油石比为 4.6%。

B.6.2 根据试验曲线的走势，按下列方法确定沥青混合料的最佳沥青用量 OAC_1。

1 在曲线图 B.6.1 上求取相应于密度最大值、稳定度最大值、目标空隙率(或中值)、沥青饱和度范围的中值的沥青用量 a_1、a_2、a_3、a_4。按式(B.6.2-1)取平均值作为 OAC_1。

$$OAC_1 = (a_1 + a_2 + a_3 + a_4)/4 \tag{B.6.2-1}$$

2 如果在所选择的沥青用量范围未能涵盖沥青饱和度的要求范围，按式(B.6.2-2)求取 3 者的平均值作为 OAC_1。

$$OAC_1 = (a_1 + a_2 + a_3)/3 \tag{B.6.2-2}$$

3 对所选择试验的沥青用量范围，密度或稳定度没有出现峰值(最大值经常在曲线的两端)时，可直接以目标空隙率所对应的沥青用量 a_3 作为 OAC_1，但 OAC_1 必须介于 $OAC_{min} \sim OAC_{max}$ 的范围内，否则应重新进行配合比设计。

B.6.3 以各项指标均符合技术标准(不含 VMA)的沥青用量范围 $OAC_{min} \sim OAC_{max}$ 的中值作为 OAC_2。

$$OAC_2 = (OAC_{min} + OAC_{max})/2 \tag{B.6.3}$$

B.6.4 通常情况下取 OAC_1 及 OAC_2 的中值作为计算的最佳沥青用量 OAC。

$$OAC = (OAC_1 + OAC_2)/2 \tag{B.6.4}$$

B.6.5 按式(B.6.4)计算的最佳油石比 OAC，从图 B.6.1 中得出所对应的空隙率和 VMA 值，检验是否能满足本规范表 5.3.3-1 或表 5.3.3-2 关于最小 VMA 值的要求。OAC 宜位于 VMA 凹形曲线最小值的贫油一侧。当空隙率不是整数时，最小 VMA 按内插法确定，并将其画入图 B.6.1 中。

B.6.6 检查图 B.6.1 中相应于此 OAC 的各项指标是否均符合马歇尔试验技术标准。

B.6.7 根据实践经验和公路等级、气候条件、交通情况，调整确定最佳沥青用量 OAC。

1 调查当地各项条件相接近的工程的沥青用量及使用效果，论证适宜的最佳沥青用量。检查计算得到的最佳沥青用量是否相近，如相差甚远，应查明原因，必要时重新调整级配，进行配合比设计。

2 对炎热地区公路以及高速公路、一级公路的重载交通路段，山区公路的长大坡度路段，预计有可能产生较大车辙时，宜在空隙率符合要求的范围内将计算的最佳沥青用量减小 0.1% ~ 0.5% 作为设计沥青用量。此时，除空隙率外的其他指标可能会超出马歇尔试验配合比设计技术标准，配合比设计报告或设计文件必须予以说明。但配合比设计报告必须要求采用重型轮胎压路机和振动压路机组合等方式加强碾压，以使施工后路面的空隙率达到未调整前的原最佳沥青用量时的水平，且渗水系数符合要求。如果试验段试拌试铺达不到此要求时，宜调整所减小的沥青用量的幅度。

3　对寒区公路、旅游公路、交通量很少的公路，最佳沥青用量可以在 OAC 的基础上增加 0.1% ~ 0.3%，以适当减小设计空隙率，但不得降低压实度要求。

B.6.8　按式(B.6.8-1)及式(B.6.8-2)计算沥青结合料被集料吸收的比例及有效沥青含量。

$$P_{ba}=\frac{\gamma_{se}-\gamma_b}{\gamma_{se}\times\gamma_{sb}}\times\gamma_b\times 100 \quad (B.6.8\text{-}1)$$

$$P_{be}=P_b-\frac{P_{ba}}{100}\times P_s \quad (B.6.8\text{-}2)$$

式中：P_{ba}——沥青混合料中被集料吸收的沥青结合料比例，%；

P_{be}——沥青混合料中的有效沥青用量，%；

γ_{se}——矿料的有效相对密度，按式(B.5.6-1)计算，无量纲；

γ_{sb}——材料的合成毛体积相对密度，按式(B.5.3)求取，无量纲；

γ_b——沥青的相对密度(25℃/25℃)，无量纲；

P_b——沥青含量，%；

P_s——各种矿料占沥青混合料总质量的百分率之和，即 $P_s=100-P_b$，%。

如果需要，可按式(B.6.8-3)及式(B.6.8-4)计算有效沥青的体积百分率 V_{be}及矿料的体积百分率 V_g。

$$V_{be}=\frac{\gamma_f\times P_{be}}{\gamma_b} \quad (B.6.8\text{-}3)$$

$$V_g=100-(V_{be}+VV) \quad (B.6.8\text{-}4)$$

B.6.9　检验最佳沥青用量时的粉胶比和有效沥青膜厚度。

1　按式(B.6.9-1)计算沥青混合料的粉胶比，宜符合 0.6 ~ 1.6 的要求。对常用的公称最大粒径为 13.2 ~ 19mm 的密级配沥青混合料，粉胶比宜控制在 0.8 ~ 1.2 范围内。

$$FB=\frac{P_{0.075}}{P_{be}} \quad (B.6.9\text{-}1)$$

式中：FB——粉胶比，沥青混合料的矿料中 0.075mm 通过率与有效沥青含量的比值，无量纲；

$P_{0.075}$——矿料级配中 0.075mm 的通过率(水洗法)，%；

P_{be}——有效沥青含量，%。

2　按式(B.6.9-2)的方法计算集料的比表面，按式(B.6.9-3)估算沥青混合料的沥青膜有效厚度。各种集料粒径的表面积系数按表 B.6.9 采用。

$$SA=\Sigma(P_i\times FA_i) \quad (B.6.9\text{-}2)$$

$$DA=\frac{P_{be}}{\gamma_b\times SA}\times 10 \quad (B.6.9\text{-}3)$$

式中：SA——集料的比表面积，m^2/kg。

P_i——各种粒径的通过百分率，%；

FA_i——相应于各种粒径的集料的表面积系数，如表 B.6.9 所列；

DA——沥青膜有效厚度，μm；

P_{be}——有效沥青含量，%；

γ_b——沥青的相对密度(25℃/25℃)，无量纲。

注：各种公称最大粒径混合料中大于 4.75mm 尺寸集料的表面积系数 FA 均取 0.0041，且只计算一次，4.75mm 以下部分的 FA_i 如表 B.6.9 所示。该例的 $SA=6.60m^2/kg$。若混合料的有效沥青含量为 4.65%，沥青的相对密度 1.03，则沥青膜厚度为 $DA=4.65/(1.03\times6.60)\times10=6.83\mu m$。

表 B.6.9　集料的表面积系数计算示例

筛孔尺寸(mm)	19	16	13.2	9.5	4.75	2.36	1.18	0.6	0.3	0.15	0.075	集料比表面总和 SA (m^2/kg)
表面积系数 FA_i	0.0041	—	—	—	0.0041	0.0082	0.0164	0.0287	0.0614	0.1229	0.3277	
通过百分率 P_i(%)	100	92	85	76	60	42	32	23	16	12	6	
比表面 $FA_i\times P_i$ (m^2/kg)	0.41	—	—	—	0.25	0.34	0.52	0.66	0.98	1.47	1.97	6.60

B.7　配合比设计检验

B.7.1　对用于高速公路和一级公路的密级配沥青混合料，需在配合比设计的基础上按本规范要求进行各种使用性能的检验，不符合要求的沥青混合料，必须更换材料或重新进行配合比设计。其他等级公路的沥青混合料可参照执行。

B.7.2　配合比设计检验按计算确定的设计最佳沥青用量在标准条件下进行。如按照 B.6.7 的方法将计算的设计沥青用量调整后作为最佳沥青用量，或者改变试验条件时，各项技术要求均应适当调整，不宜照搬。

B.7.3　高温稳定性检验。对公称最大粒径等于或小于 19mm 的混合料，按规定方法进行车辙试验，动稳定度应符合本规范表 5.3.4-1 的要求。

注：对公称最大粒径大于 19mm 的密级配沥青混凝土或沥青稳定碎石混合料，由于车辙试件尺寸不能适用，不宜按本规范方法进行车辙试验和弯曲试验。如需要检验可加厚试件厚度或采用大型马歇尔试件。

B.7.4　水稳定性检验。按规定的试验方法进行浸水马歇尔试验和冻融劈裂试验，残留稳定度及残留强度比均必须符合本规范表 5.3.4-2 的规定。

注：调整沥青用量后，马歇尔试件成型可能达不到要求的空隙率条件。当需要添加消石灰、水泥、抗剥落剂时，需重新确定最佳沥青用量后试验。

B.7.5　低温抗裂性能检验。对公称最大粒径等于或小于 19mm 的混合料，按规定方法进行低温弯曲试验，其破坏应变宜符合本规范表 5.3.4-3 要求。

B.7.6 渗水系数检验。利用轮碾机成型的车辙试件进行渗水试验检验的渗水系数宜符合本规范表 5.3.4-4 要求。

B.7.7 钢渣活性检验。对使用钢渣的沥青混合料,应按规定的试验方法检验钢渣的活性及膨胀性试验,并符合本规范 5.3.4 条 5 的要求。

B.7.8 根据需要,可以改变试验条件进行配合比设计检验,如按调整后的最佳沥青用量、变化最佳沥青用量 OAC ± 0.3%、提高试验温度、加大试验荷载、采用现场压实密度进行车辙试验,在施工后的残余空隙率(如 7% ~ 8%)的条件下进行水稳定性试验和渗水试验等,但不宜用规范规定的技术要求进行合格评定。

B.8 配合比设计报告

B.8.1 配合比设计报告应包括工程设计级配范围选择说明、材料品种选择与原材料质量试验结果、矿料级配、最佳沥青用量,以及各项体积指标、配合比设计检验结果等。试验报告的矿料级配曲线应按规定的方法绘制。

B.8.2 当按 B.6.7 调整沥青用量作为最佳沥青用量,宜报告不同沥青用量条件下的各项试验结果,并提出对施工压实工艺的技术要求。

附录 C　SMA 混合料配合比设计方法

C.1　一般规定

C.1.1　除本方法另有规定外，应遵照附录 B 热拌沥青混合料配合比设计方法的规定执行。

C.1.2　SMA 混合料的配合比设计采用马歇尔试件的体积设计方法进行，马歇尔试验的稳定度和流值并不作为配合比设计接受或者否决的惟一指标。

C.2　材料选择

C.2.1　对用于配合比设计的各种材料按附录 B 规定选择，其质量必须符合本规范第 4 章规定的技术要求。

C.2.2　除已有成功经验证明使用非改性的普通沥青能符合使用要求者外，SMA 宜采用改性石油沥青，且采用比当地常用沥青更硬标号的沥青。

C.3　设计矿料级配的确定

C.3.1　设计初试级配

1　SMA 路面的工程设计级配范围宜直接采用本规范表 5.3.2-3 规定的矿料级配范围。公称最大粒径等于或小于 9.5mm 的 SMA 混合料，以 2.36mm 作为粗集料骨架的分界筛孔，公称最大粒径等于或大于 13.2mm 的 SMA 混合料以 4.75mm 作为粗集料骨架的分界筛孔。

2　在工程设计级配范围内，调整各种矿料比例设计 3 组不同粗细的初试级配，3 组级配的粗集料骨架分界筛孔的通过率处于级配范围的中值、中值 ± 3% 附近，矿粉数量均为 10% 左右。

C.3.2　按附录 B 的方法计算初试级配的矿料的合成毛体积相对密度 γ_{sb}、合成表观相对密度 γ_{sa}、有效相对密度 γ_{se}。其中各种集料的毛体积相对密度、表观相对密度试验方法遵照附录 B 的规定进行。

C.3.3 把每个合成级配中小于粗集料骨架分界筛孔的集料筛除,按《公路工程集料试验规程》T 0309 的规定,用捣实法测定粗集料骨架的松方毛体积相对密度 γ_S,按式(C.3.3)计算粗集料骨架混合料的平均毛体积相对密度 γ_{CA}。

$$\gamma_{CA}=\frac{P_1+P_2+\cdots\cdots+P_n}{\dfrac{P_1}{\gamma_1}+\dfrac{P_2}{\gamma_2}+\cdots\cdots+\dfrac{P_n}{\gamma_n}} \tag{C.3.3}$$

式中:P_1、P_2、……P_n——粗集料骨架部分各种集料在全部矿料级配混合料中的配合比;

γ_1、γ_2、……γ_n——各种粗集料相应的毛体积相对密度。

C.3.4 按式(C.3.4)计算各组初试级配的捣实状态下的粗集料松装间隙率 VCA_{DRC}。

$$VCA_{DRC}=\left(1-\frac{\gamma_s}{\gamma_{CA}}\right)\times 100 \tag{C.3.4}$$

式中:VCA_{DRC}——粗集料骨架的松装间隙率,%;

γ_{CA}——粗集料骨架的毛体积相对密度;

γ_s——粗集料骨架的松方毛体积相对密度。

C.3.5 按本规范 B.5.5 的方法预估新建工程 SMA 混合料的适宜的油石比 P_a 或沥青用量为 P_b,作为马歇尔试件的初试油石比。

C.3.6 按照选择的初试油石比和矿料级配制作 SMA 试件,马歇尔标准击实的次数为双面 50 次,根据需要也可采用双面 75 次,一组马歇尔试件的数目不得少于 4~6 个。SMA 马歇尔试件的毛体积相对密度由表干法测定。

C.3.7 按式(C.3.7)的方法计算不同沥青用量条件下 SMA 混合料的最大理论相对密度,其中纤维部分的比例不得忽略。

$$\gamma_t=\frac{100+P_a+P_x}{\dfrac{100}{\gamma_{se}}+\dfrac{P_a}{\gamma_a}+\dfrac{P_x}{\gamma_x}} \tag{C.3.7}$$

式中:γ_{se}——矿料的有效相对密度,由 C.3.2 确定;

P_a——沥青混合料的油石比,%;

γ_b——沥青的相对密度(25℃/25℃),无量纲;

P_x——纤维用量,以矿料质量的百分数计,%;

γ_x——纤维稳定剂的密度,由供货商提供或由比重瓶实测得到。

C.3.8 按式(C.3.8)计算 SMA 马歇尔混合料试件中的粗集料骨架间隙率 VCA_{mix},试件的集料各项体积指标空隙率 VV、集料间隙率 VMA、沥青饱和度 VFA 按本规范附录 B 的方法计算。

$$VCA_{mix}=\left(1-\frac{\gamma_f}{\gamma_{ca}}\times\frac{P_{CA}}{100}\right)\times 100 \qquad (C.3.8)$$

式中：P_{CA}——沥青混合料中粗集料的比例，即大于 4.75mm 的颗粒含量，%；

γ_{ca}——粗集料骨架部分的平均毛体积相对密度，由式(C.3.3)确定；

γ_f——沥青混合料试件的毛体积相对密度，由表干法测定；

C.3.9 从 3 组初试级配的试验结果中选择设计级配时，必须符合 $VCA_{mix} < VCA_{DRC}$ 及 VMA > 16.5% 的要求，当有 1 组以上的级配同时符合要求时，以粗集料骨架分界集料通过率大且 VMA 较大的级配为设计级配。

C.4 确定设计沥青用量

C.4.1 根据所选择的设计级配和初试油石比试验的空隙率结果，以 0.2% ~ 0.4% 为间隔，调整 3 个不同的油石比，制作马歇尔试件，计算空隙率等各项体积指标。一组试件数不宜少于 4 ~ 6 个。

C.4.2 进行马歇尔稳定度试验，检验稳定度和流值是否符合本规范规定的技术要求。

C.4.3 根据期望的设计空隙率，确定油石比，作为最佳油石比 OAC。所设计的 SMA 混合料应符合本规范 5.3 规定的各项技术标准。

C.4.4 如初试油石比的混合料体积指标恰好符合设计要求时，可以省去此步骤，但宜进行一次复核。

C.5 配合比设计检验

C.5.1 除附录 B 规定项目外，SMA 混合料的配合比设计还必须进行谢伦堡析漏试验及肯特堡飞散试验。配合比设计检验应符合本规范 5.3 的技术要求。不符合要求的必须重新进行配合比设计。

C.6 配合比设计报告

C.6.1 配合比设计结束后，必须按附录 B 的要求及时出具配合比设计报告。

附录 D　OGFC 混合料配合比设计方法

D.1　一般规定

D.1.1　除本方法另有规定外，应遵照附录 B 热拌沥青混合料配合比设计方法的规定执行。

D.1.2　OGFC 混合料的配合比设计采用马歇尔试件的体积设计方法进行，并以空隙率作为配合比设计主要指标。配合比设计指标应符合本规范规定的技术标准。

D.1.3　OGFC 混合料配合比设计后必须对设计沥青用量进行析漏试验及肯特堡试验，并对混合料进行高温稳定性、水稳定性等进行检验。配合比设计检验应符合本规范的技术要求。

D.2　材料选择

D.2.1　用于 OGFC 混合料的粗集料、细集料以及石粉的质量应符合本规范第 4 章对表面层材料的技术要求。OGFC 宜在使用石粉的同时掺用消石灰、纤维等添加剂。

D.2.2　OGFC 宜采用高粘度改性沥青，其质量宜符合表 D.2.2 的技术要求。当实践证明采用普通改性沥青或纤维稳定剂后能符合当地条件时也允许使用。

表 D.2.2　高粘度改性沥青的技术要求

试验项目		单　位	技术要求
针入度(25℃,100g,5s)	不小于	0.1mm	40
软化点($T_{R\&B}$)	不小于	℃	80
延度(15℃)	不小于	cm	50
闪点	不小于	℃	260
薄膜加热试验(TFOT)后的质量变化	不大于	%	0.6
粘韧性(25℃)	不小于	N·m	20
韧性(25℃)	不小于	N·m	15
60℃粘度	不小于	Pa·s	20000

D.3 确定设计矿料级配和沥青用量

D.3.1 按试验规程规定的方法精确测定各种原材料的相对密度，粗集料按 T 0304 方法测定，机制砂及石屑可按 T 0330 方法测定，也可以用筛出的 2.36～4.75mm部分的毛体积相对密度代替，矿粉（含消石灰、水泥）以表观相对密度代替。

D.3.2 以本规范表 5.3.2-4 级配范围作为工程设计级配范围，在充分参考同类工程的成功经验的基础上，在级配范围内适配 3 组不同 2.36mm 通过率的矿料级配作为初选级配。

D.3.3 对每一组初选的矿料级配，按式（D.3.3-1）计算集料的表面积。根据希望的沥青膜厚度，按式（D.3.3-2）计算每一组混合料的初试沥青用量 P_b。通常情况下，OGFC 的沥青膜厚度 h 宜为 14μm。

$$A = (2 + 0.02a + 0.04b + 0.08c + 0.14d + 0.3e + 0.6f + 1.6g)/48.74 \qquad (D.3.3\text{-}1)$$

$$P_b = h \times A \qquad (D.3.3\text{-}2)$$

式中：A——集料总的表面积。

其中 a、b、c、d、e、f、g 分别代表 4.75mm、2.36mm、1.18mm、0.6mm、0.3mm、0.15mm、0.075mm 筛孔的通过百分率，%。

D.3.4 制作马歇尔试件，马歇尔试件的击实次数为双面 50 次。用体积法测定试件的空隙率，绘制 2.36mm 通过率与空隙率的关系曲线。根据期望的空隙率确定混合料的矿料级配，并再次按 D.3.3 的方法计算初始沥青用量。

D.3.5 以确定的矿料级配和初始沥青用量拌和沥青混合料，分别进行马歇尔试验、谢伦堡析漏试验、肯特堡飞散试验、车辙试验，各项指标应符合本规范 5.3 的技术要求，其空隙率与期望空隙率的差值不宜超过 ±1%。如不符合要求，应重新调整沥青用量拌和沥青混合料进行试验，直至符合要求为止。

D.3.6 如各项指标均符合要求，即配合比设计已完成，出具配合比设计报告。

附录 E　沥青层压实度评定方法

E.0.1　沥青路面的压实度采取重点进行碾压工艺的过程控制,适度钻孔抽检压实度校核的方法。钻孔取样应在路面完全冷却后进行,对普通沥青路面通常在第二天取样,对改性沥青及 SMA 路面宜在第三天以后取样。沥青面层的压实度按式(E.0.1)计算;

$$K = \frac{D}{D_0} \times 100 \tag{E.0.1}$$

式中:K——沥青层某一测定部位的压实度,%;

D——由试验测定的压实沥青混合料试件实际密度,g/cm^3;

D_0——沥青混合料的标准密度,g/cm^3。

E.0.2　施工及验收过程中的压实度检验不得采用配合比设计时的标准密度,应按如下方法逐日检测确定:

1　以实验室密度作为标准密度,即沥青拌和厂每天取样 1 ~ 2 次实测的马歇尔试件密度,取平均值作为该批混合料铺筑路段压实度的标准密度。其试件成型温度与路面复压温度一致。当采用配合比设计时,也可采用其他相同的成型方法的实验室密度作为标准密度。

2　以每天实测的最大理论密度作为标准密度。对普通沥青混合料,沥青拌和厂在取样进行马歇尔试验的同时以真空法实测最大理论密度,平行试验的试样数不少于 2 个,以平均值作为该批混合料铺筑路段压实度的标准密度;但对改性沥青混合料、SMA 混合料以每天总量检验的结果及油石比平均值计算的最大理论密度为准,也可采用抽提筛分的结果及油石比计算最大理论密度,计算法确定最大理论密度的方法按附录 B 的规定进行。

3　以试验路密度作为标准密度。用核子密度仪定点检查密度不再变化为止,然后取不少于 15 个的钻孔试件的平均密度为计算压实度的标准密度。

4　可根据需要选用实验室标准密度、最大理论密度、试验路密度中的 1 ~ 2 种作为钻孔法检验评定的标准密度。

5　施工中采用核子密度仪等无破损检测设备进行压实度控制时,宜以试验路密度作为标准密度,核子密度仪的测点数不宜少于 39 个,取平均值,但核子密度仪需经标定认可。

E.0.3　压实度钻孔频率、合格率评定方法等按第 11 章的要求执行。

E.0.4 在交工验收阶段，一个评定路段的压实度以代表值和极值评定压实度是否合格。

1 一个评定路段的平均压实度、标准差、变异系数按式(E.0.4-1)～式(E.0.4-3)计算。

$$K_0=\frac{K_1+K_2+\cdots+K_N}{N} \tag{E.0.4-1}$$

$$S=\sqrt{\frac{(K_1-K_0)^2+(K_2-K_0)^2+\cdots+(K_N-K_0)^2}{N-1}} \tag{E.0.4-2}$$

$$C_V=\frac{S}{K_0} \tag{E.0.4-3}$$

式中： K_0——该评定路段的平均压实度，%；

S——一个评定路段的压实度测定值的标准差，%；

C_V——一个评定路段的压实度测定值的变异系数，%；

K_1、K_2、…、K_N——该评定路段内各测定点的压实度，%；

N——该评定路段内各测定点的总数，其自由度为 $N-1$。

2 一个评定路段的压实度代表值按式(E.0.4-4)计算。

$$K'=K_0-\frac{t_\alpha S}{\sqrt{N}} \tag{E.0.4-4}$$

式中：K'——一个评定路段的压实度代表值，%；

t_α——t 分布表中随自由度和保证率而变化的系数见附表 E.0.4。当测点数大于100时，高速公路的 t_α 可取 1.6449，对其他等级公路 t_α 可取 1.2815。

表 E.0.4 $t_\alpha/\sqrt{N}$的值

测点数 N	高速公路、一级公路	其他等级公路	测点数 N	高速公路、一级公路	其他等级公路
2	4.465	2.176	20	0.387	0.297
3	1.686	1.089	21	0.376	0.289
4	1.177	0.819	22	0.367	0.282
5	0.953	0.686	23	0.358	0.275
6	0.823	0.603	24	0.350	0.269
7	0.734	0.544	25	0.342	0.264
8	0.670	0.500	26	0.335	0.258
9	0.620	0.466	27	0.328	0.253
10	0.580	0.437	28	0.322	0.248
11	0.546	0.414	29	0.316	0.244
12	0.518	0.393	30	0.310	0.239
13	0.494	0.376	40	0.266	0.206
14	0.473	0.361	50	0.237	0.184
15	0.455	0.347	60	0.216	0.167
16	0.438	0.335	70	0.199	0.155
17	0.423	0.324	80	0.186	0.145
18	0.410	0.314	90	0.175	0.136
19	0.398	0.305	100	0.166	0.129

注：本表适用于压实度、厚度等单边检验要求的情况。对高速公路、一级公路，保证率为95%；对其他等级公路，保证率为90%。

附录 F 施工质量动态管理方法

F.0.1 施工单位应以试验检测质量指标的变异系数(或标准差)作为施工水平的主要评价指标。施工单位应总结经验,自行建立各项施工质量指标变异系数的允许界限值,作为企业管理的目标。

F.0.2 高速公路、一级公路施工过程中,施工单位宜利用计算机建立工程质量数据库,随时输入各项数据,绘制逐次检测结果 X 或逐日检测结果平均值 $\bar{X}$ 的曲线。检查试验数据是否超出规范允许的误差范围,发现有不符要求的情况时应认真分析其原因并采取措施。同时分阶段(一定日期或距离)计算出逐日结果平均值的平均值 $\bar{\bar{X}}$ (期望值)、极差 R、标准差 S 及变异系数 C_v,汇总整理。记录的内容应包括取样地点、试验员、试验项目、试验方法、试验结果及合格与否的评定(合格率)等。

F.0.3 施工质量控制宜采取平均值和极差管理图 $\bar{X}-R$ 的方法,将试验结果逐次绘制管理图(图 F.0.3-1),同时随着施工的进展,绘制施工质量直方图正态分布曲线(图 F.0.3-2)。当发现标准差及变异系数有增大倾向时,应分析原因,研究对策。

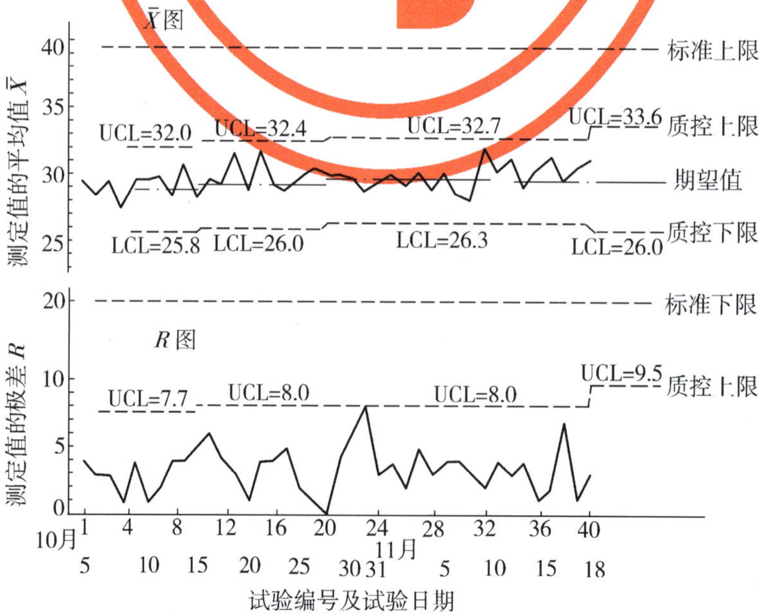

图 F.0.3-1 工程质量指标管理图示例(流值:mm)

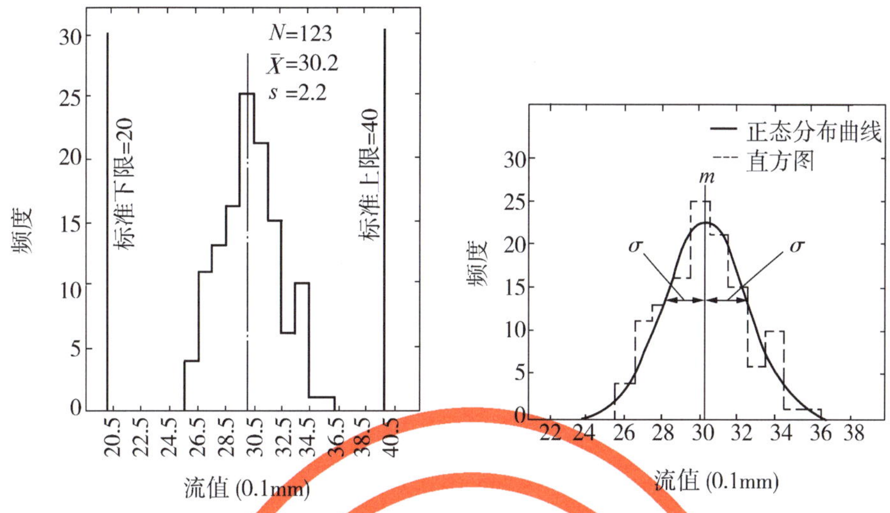

图 F.0.3-2 工程质量指标检测结果的直方图及正态分布曲线示例

F.0.4 在 $\bar{X}$-R 管理图中应以平均值 $\bar{X}$ 作为中心线 CL，并标出质控上限 UCL 和质控下限 LCL 表示允许的施工正常波动范围。当有超出质控上、下限范围时，应视为施工异常或试验数据异常。中心线、质控上限、质控下限按式(F.0.4-1)～式(F.0.4-6)计算。

$\bar{X}$ 图中：$CL=\bar{\bar{X}}$ (F.0.4-1)

$$UCL=\bar{\bar{X}}+A_2\bar{R} \quad (F.0.4\text{-}2)$$

$$LCL=\bar{\bar{X}}-A_2\bar{R} \quad (F.0.4\text{-}3)$$

R 图中：$CL=\bar{R}$ (F.0.4-4)

$$UCL=D_4\bar{R} \quad (F.0.4\text{-}5)$$

$$LCL=D_3\bar{R} \quad (F.0.4\text{-}6)$$

式中：CL——$\bar{X}$-R 管理图中的中心线(期望值)；

UCL——$\bar{X}$-R 管理图中的质控上限；

LCL——$\bar{X}$-R 管理图中的质控下限；

$\bar{\bar{X}}$——一个阶段各组检测结果平均值 $\bar{X}$ 的平均值；

$\bar{R}$——一个阶段各组检测结果的极差 R 的平均值；

A_2、D_3、D_4——由一组检测结果的试验次数决定的管理图用的系数，其值应按表 F.0.4 确定。

表 F.0.4 管理图用系数表

一组检测结果的试验次数 n	d_2	d_3	A_2	D_4	D_3
2	1.128	0.853	1.880	3.267	—
3	1.693	0.888	1.023	2.575	—
4	2.059	0.880	0.729	2.282	—
5	2.326	0.864	0.577	2.115	—
6	2.534	0.848	0.483	2.004	—
7	2.704	0.833	0.419	1.924	0.076

续上表

一组检测结果的试验次数 n	d_2	d_3	A_2	D_4	D_3
8	2.847	0.820	0.373	1.864	0.136
9	2.970	0.808	0.337	1.816	0.184
10	3.078	0.797	0.308	1.777	0.223
∞	—	—	$\frac{3}{d_2\sqrt{n}}$	$1+3\frac{d_3}{d_2}$	$1-3\frac{d_3}{d_2}$

F.0.5 在 $\bar{X}$-R 管理图和直方图中可标出本规范 11 章规定的质量标准或允许差范围。当有超出此范围,即施工不合格时,应予处理。

F.0.6 在 $\bar{X}$-R 管理图和直方图中可标出企业管理的目标的允许范围。当有超出此范围,即施工水平下降时,应研究对策。

F.0.7 施工质量动态管理工作宜借助于电子计算机进行。各级工程管理部门宜随时查询或检查所有的数据。

F.0.8 施工结束后,施工单位宜汇总全部数据,计算出平均值、标准差及变异系数,绘制整个工程的施工质量直方图或正态分布曲线,作为下一个工程的企业管理目标。数据库及动态质量管理的内容应制成光盘等以便于长期保存。

附录G　沥青路面质量过程控制及总量检验方法

G.0.1　为做好沥青混合料生产过程中的实时控制，及时发现各项生产参数是否符合配合比设计要求，高速公路和一级公路采用间歇式拌和机生产沥青混合料时，必须配备计算机自动采集及自记打印数据的装置，进行沥青混合料的“过程控制”（在线监测）和总量检验。

G.0.2　开始拌和前应设定每拌和一盘沥青混合料的生产量，各个热料仓、矿粉、沥青等的标准配合比用量，设定各项施工温度。拌和过程中计算机通过传感器采集每拌和一盘混合料的各项数据，由计算机自动处理或者逐盘打印这些数据，进行沥青混合料质量的在线监测。当计算机能够实时监测、自动处理、显示、保存所采集的各项数据时，也允许不逐锅打印数据，只打印汇总统计值。

注：拌和机的各种称重传感器必须逐个经过认真标定，自动采集、记录打印的结果应经过校验，如与实际数量有差值时应求出修正系数，保证各项施工参数的准确性。

G.0.3　计算机必须逐盘采集各项数据，按各个料仓的筛分曲线，逐锅计算出矿料级配，与工程设计级配范围及容许的施工波动范围进行比较，实时评定矿料级配是否符合要求。当发现有不合格的情况，必须引起注意，如果连续3锅以上都出现不合格情况时，宜对设定值适当调整。

注：各个料仓的筛分结果应按本规范的取样方法定期检测，施工过程中应经常检查是否有大的变化，利用新的筛分结果计算矿料级配，必要时适当调整配合比的设定值，以确保符合实际情况，达到标准配合比的要求。

G.0.4　计算机必须逐盘采集沥青结合料的实际使用量及沥青混合料的生产量，计算油石比（或沥青用量），与设计值及容许的波动范围相比较，评定是否符合要求。如果连续3锅以上不符要求时，宜对设定值适当调整。

G.0.5　计算机必须实时监测和采集与沥青混合料生产有关的各种施工温度，与本规范的要求进行比较，评定是否符合要求。

G.0.6　总量检验的报告周期可以是一个工作日或一个台班。施工停止时，计算机应自动计算并及时打印出各项数据的统计结果。其中沥青混合料的矿料级配可以是全部筛孔，但评定是否符合要求可只对5个控制性筛孔（0.075mm、2.36mm、4.75mm、公称最大粒径、一档较粗的控制性粒径等筛孔）。并按式（G.0.6-1）~式（G.0.6-3）计算全过程各种指标的平均值、标准差、变异系数,进行沥青混合料生产质量的总量检验。

$$K_0=\frac{K_1+K_2+\cdots+K_N}{N} \tag{G.0.6-1}$$

$$S=\sqrt{\frac{(K_1-K_0)^2+(K_2-K_0)^2+\cdots+(K_N-K_0)^2}{N-1}} \tag{G.0.6-2}$$

$$C_V=\frac{S}{K_0} \tag{G.0.6-3}$$

式中: K_0——该报告周期的平均值,%;

S——一个报告周期的测定值的标准差,%;

C_V——一个报告周期的测定值的变异系数,%;

$K_1,K_2,\cdots,K_N$——该报告周期内每一盘的测定值,%;

N——该报告周期内总的拌和盘数,其自由度为 $N-1$。

G.0.7 利用一个评定周期的沥青混合料总生产量、施工总面积、沥青混合料密度按式(G.0.7)计算该摊铺层的平均压实厚度:

$$H=\frac{\sum m_i}{A\times d}\times 1000 \tag{G.0.7}$$

式中:H——该评定周期沥青路面摊铺层的平均施工压实厚度,mm;

m_i——每一盘沥青混合料的质量,脚标 i 为依次记录的盘次,$\sum m_i$ 为一个评定周期内沥青混合料的总生产量,t;

A——该评定周期沥青路面摊铺层的总面积,当遇有加宽等情况时,铺筑面积应按实际计算,m^2;

d——评定周期内摊铺层的现场压实密度的平均值,由钻孔试件的干燥密度(即实验室标准密度乘以压实度)测定得到,t/m^3。

G.0.8 沥青混合料生产过程中的动态质量管理按附录 F 的方法进行。

G.0.9 一个沥青层全部铺筑完成后,应绘制出各个检测指标的变化过程,并计算总的平均值、标准差、变异系数。计算各个指标的总合格率,作为施工质量检验的依据。

G.0.10 计算机采集、计算的沥青混合料过程控制及施工质量总量检验的数据图表,均必须按要求随工程档案一起存档。

附录 H　本规范用词说明

为了准确地掌握规范条文，对执行规范严格程度的用词作如下规定：

一、表示很严格，非这样做不可的用词

正面词采用“必须”，反面词采用“严禁”；

二、表示严格，在正常情况均应这样做的用词

正面词采用“应”，反面词采用“不应”或“不得”；

三、表示允许稍有选择，在条件许可时首先应这样做的用词

正面词采用“宜”，反面词采用“不宜”；

表示有选择，在一定条件下可以这样做的，采用“可”。

附件：

公路沥青路面施工技术规范

（JTG F40—2004）

条　文　说　明

1 总则

1.0.1 本条规定制订本规范的目的，是为贯彻沥青路面“精心施工、质量第一”的方针，保证沥青路面的施工质量，使铺筑的沥青路面坚实、耐久、平整、稳定，提供安全、舒适、顺畅的交通条件。这也是评价沥青路面性能的标准。

1.0.4 沥青路面施工必须有详细的施工组织设计，施工组织设计不能仅仅为了应付招标，而应该真正按照设计去做。现在有的工程组织管理混乱，不按科学规律管理，建设“形象”工程、“业绩”工程，随便要求缩短工期，赶工、抢工，成为路面早期损坏的重要原因。因此在这一条专门提出了合理工期。本条还规定不得在低于最低气温和施工遇雨时施工，这也是十分重要的。由于赶工期的需要，硬性要求在当年完工，便不顾施工气温，在寒冷的气候条件下施工，严重影响了沥青路面的压实，往往导致早期损坏。

本规范规定“沥青路面不得在气温 10℃（高速公路和一级公路）或 5℃（其他等级公路）”的情况下施工，这是考虑我国施工季节太短的实际情况又放宽了国际上相关规定而制定的。美国 AASHTO 对不同层位及厚度的混合料施工温度规定如表 1-1。在我国接近冬季施工的往往是表面层，厚度更薄，要求应该更严。

表 1-1 不同层位及厚度的混合料施工温度

压实层厚度（mm）	表面层（℃）	中、下面层（℃）
<38	>15.6	>12.8
38～63.5	>10	>7.2
>63.5	>4.4	>1.7

1.0.5 沥青路面的层间污染，沥青层不成整体是沥青层早期损坏的重要原因。本条规定沥青面层宜连续施工，在没有特殊情况下，沥青面层和基层最好在一年内施工完毕，包括强化粘层油都是为了解决层间污染的问题。对柔性基层沥青路面，可以在级配碎石铺筑后过冬隔年施工沥青层，而半刚性基层过冬比较困难，基本上都是在铺筑沥青层下面层后过冬，第二年施工中面层，以后又要等到快交工验收前再铺筑表面层，一层与一层的铺筑间隔都很长，这样交出去的工程表面上很干净，实质各层之间的联结受到严重影响，这种情况必须改变。我国沥青路面设计所采用的弹性层状体系是严格按照层间连续的假定进行计算的，如果由于层间污染使沥青层不能成为一个整体，路面内部的受力状态将发生重大改变，路面的疲劳寿命会受到很大的影响。实践证明，缩短标段长度、各层连续施工，施工污染的顽疾是能够根治的。

1.0.6 本规范历来都有具体交通情况的分级,是为了对不同交通条件的沥青路面在配合比设计方法有不同的考虑和要求,其用途主要是为配合比设计使用的,按照不同的交通条件选择沥青混合料的级配类型,选择沥青的等级及是否需要改性,调整最佳沥青用量等等。它与路面设计时的交通量换算成当量轴次是两个不同的概念。1986 年的规范将交通量分成重交通、中轻交通两级,重交通量道路是指交通量大于 500 辆/日的道路。上次修订改为按公路等级划分,将重交通量道路的概念修订成高速公路、一级公路,中轻交通量道路即其他等级公路,如果工程需要,二级公路也可按照一级公路的要求执行。但是实际上同样是高速公路、一级公路,交通条件也有很大的差别,美国马歇尔配合比设计及 Superpave 在区分交通量时直接按换算当量交通量划分,以累计当量轴次小于 100 万辆的属轻交通路段,超过 1000 万辆的视作重交通路段,介于 100 万辆 ~ 1000 万辆之间的属中交通路段,对不同的交通量有不同的击实次数和搓揉压实次数的要求,技术指标的要求也不一样,对重载车辆比例大的路段及纵坡较大的慢速路段,可视情况作为重交通路段对待,提高高温等级。本规范没有明确提出交通量分级,只笼统地分成轻交通路段、中交通路段和重交通路段。在第 5 章配合比设计标准中本规范把累计交通量 1000 万辆以上的视为重载交通路段对待。

本条规定了我国沥青路面的气候分区按附录 A 执行。它与沥青路面设计的自然区划是完全不同的概念。我国的《公路自然区划标准》(JTJ 003)是“为区分不同地理区域自然条件中对公路工程影响的差异性,并在路基、路面设计、施工、养护中采取适当的技术措施和采用合适的设计参数,以保证路基、路面的强度和稳定性”。重点考虑了土壤冰冻、路基潮湿及气温高低、纬度等各种自然地理环境,是一个相当综合和详细的自然区划。本规范的沥青使用性能气候分区是按照高温、低温和雨量分别划分的三个分区。其目的是为了满足不同条件的沥青混合料矿料级配类型、沥青标号选择、沥青用量调整等为配合比设计所需要考虑的环境因素,两者不能混为一谈。

1.0.7 本条对施工安全问题作了明确的要求。关于石油沥青及煤沥青的毒性问题,1987 年国际癌研究结构(IARC)召开了关于评价致癌物质的国际会议,提出了煤沥青、煤焦油属于第 1 类“人体致癌物质”,而石油沥青并没有致癌性。因此,国际卫生组织(WHO)认为,石油沥青与煤沥青是截然不同的。

1.0.9 规范鼓励新技术、新材料、新工艺的使用,但必须是经试验和实践证明确实是有效的。规范是很严肃的,不能随便打着“新技术、新材料、新工艺”的幌子,无视规范的约束,这也是不慎重的。

1.0.10 本条规定“各省、市、自治区或工程建设单位可根据具体情况,制订相应的技术指南,但工程质量不宜低于本规范的规定。”这就明确了国家规范与地方性规范的关系。由于国家规范要照顾到全国不同地区的不同情况,不能要求太严。更不能顾及特殊地区的工程,所以各省、市、自治区应该制定适合于本地的地方性规范或补充规定,对具体的工程项目还应该制订更具体的、更详细的施工操作规程。

不过,有些地方性指南或招标文件随便提高技术要求,如对沥青和改性沥青指标、集料指标、沥青混合料设计指标、施工质量检验指标,提得太高也可能产生副作用。还有的原封不动地照搬其他国家的标准,这样做需要慎重,未必有好处。本规范的标准是经过国内外的经验总结充分考虑我国国情后提出的,而且大部分质量指标其实并不比国外标准低。过高的标准将给施工单位造成困难,甚至导致弄虚作假,那就事与愿违了。

2 术语、符号、代号

2.1.12 关于沥青混合料定义、分类及适用范围,我国以前分为沥青混凝土及沥青碎石,用 LH 及 LS 表示,后来改为 AC 及 AM,在 AC 中又根据级配粗细的不同分为 I 型和 II 型。沥青混凝土与沥青碎石的区别仅在于是否加矿粉填料及级配比例是否严格,其实质是混合料的空隙率不同。国际上对沥青混合料的分类也没有统一的方法,一般都按压实后的空隙率划分,有的分成密实式(空隙率等于或小于 5%)、半密实式(空隙率 5% ~ 10%)、半开式(空隙率 10% ~ 15%)、开式(空隙率大于 15%)。欧洲共同体 CEN 最新的分类按欧洲各国实际使用的类型分成:连续级配的沥青混合料(EN 13108-1,在各国都普遍应用)、超薄面层混合料(EN 13108-2,在法国等作为磨耗层使用)、软质混合料(EN 13108-3,在寒冷地区使用)、浇注式混合料(HRA,EN 13108-4,在德国等使用)、沥青玛蹄脂碎石混合料(SMA,EN 13108-5,在欧洲普遍使用)、沥青玛蹄脂混合料(EN 13108-6,在英国作为嵌压式混合料的载体)、排水性混合料(EN 13108-7,在欧洲普遍应用)等 7 种。本规范参照国际上近年来的发展,对沥青混合料进行多种分类,按公称最大粒径分为砂粒式、细粒式、中粒式、粗粒式、特粗式,按空隙率分为密级配(3% ~ 6%)、半开级配(6% ~ 12%)、开级配(排水式,18%以上),对密级配混合料参照美国的方法按照关键性筛孔的通过率分为粗型及细型,同时也有与欧洲相同的分类系统。

本规范对"沥青碎石"的定义需特别注意,同样按空隙率分为密级配、半开级配、开级配沥青碎石。"大粒径沥青混合料"是一种习惯性称呼,一般指公称最大粒径超过 25mm 或者 31.5mm 的沥青稳定碎石混合料。

2.2.57 Superpave 美国 SHRP 的重要研究成果,我国也有应用,不过译名比较乱。美国沥青协会 SP – 1 定义"Superpave(Superior Performing Asphalt Pavements) is a product of the SHRP asphalt research。Superpave is a trademark of Strategic Highway Research Program"。由此可知,它是一个注册商标,所以按字面直译高性能沥青路面是不合适的。配合比设计方法对沥青路面的性能仅仅是第一步,还取决于结构、材料、施工等都有关系。

3 基层

3.0.1 本规范本应包括沥青面层和基层的，但由于我国基层部分另有规范，所以本规范关于基层方面的条文非常简单。

3.0.2 长期以来，我国的沥青路面结构型式非常单一，高速公路、一级公路几乎千篇一律地使用半刚性基层沥青路面。本规范从实际出发，规定了4种基层类型：柔性基层、半刚性基层、刚性基层、混合式基层，以便于根据实际情况选择使用合理的基层结构。

4 材料

4.1 一般规定

4.1.1 在沥青路面建设过程中,材料起着至关重要的作用。有些新建高速公路沥青路面之所以出现早期损坏,材料问题是其中重要的原因。因此,这里特别强调要把好材料关,应该以试验为依据,严格控制质量,防止因使用不符合要求的材料而造成损失的情况发生。

4.2 道路石油沥青

4.2.1 原规范有两个石油沥青技术要求:“重交通道路石油沥青技术要求”和“中、轻交通道路石油沥青技术要求”。实际上“重交通道路沥青”就相当于国际上的普通沥青,而“中、轻交通道路石油沥青”只不过是质量达不到国际上通用水平的质量差的沥青。本次修改明确都称为道路石油沥青,废除这两个名称。

原规范颁布后的十余年来,正好国际上对道路沥青的标准进行了最深入的研究,其中最重要的是美国战略性公路研究计划(SHRP)制订 PG 规格及欧洲共同体的欧洲标准化组织 CEN 制订 EU 沥青标准的工作。

SHRP 的研究成果 SUPERPAVE™提出了一个按照路用性能分级(PG 分级)的沥青结合料规范(见表 4-1)。PG 分级直接采用设计使用温度表示适用范围。设计最高温度为 7d 最高平均路面温度,设计最低温度为年极端最低温度。根据道路等级、交通量确定保证率为 95%(平均值)或 98%。它采用 3 种样品:(1)原样沥青;(2)RTFOT 后的残留沥青;(3)RTFOT 后又经 PAV 老化的残留沥青,评价各种路用性能指标,包括高温时抵抗永久变形的能力、低温时抵抗路面温缩开裂的能力、抗疲劳破坏的能力、抗老化性能、施工安全性等。在确定沥青的 PG 等级时,要充分考虑气候条件及交通条件(交通量及车速、车辆停驻时间),有时需要提高一个或两个 PG 高温等级选择沥青的标号。在此基础上,各州交通部门都根据各地的具体情况,规定了常用的 PG 等级或再增加有些常规指标。不过,现在对 PG 分级能不能完全解释沥青质量与使用性能的关系,能不能适用于评价改性沥青还存在不少争议。例如,普通沥青的高温性能一般用动态剪切试验 DST 得到的车辙因子 $G^*/\sin\delta$ 来评价,但对聚合物改性沥青来说,普遍反映 $G^*/\sin\delta$ 并不能反映高温性能,而沥青结合料的零剪切粘度 ZSV 却在欧洲等许多国家引起了广泛的关注。

欧洲 CEN 则将沥青标准研究的工作分两步走,先提出一个为生产上所能执行的各国折衷的标准,然后正式开发制订与沥青路用性能相关的新标准。CEN 的新标准 EN 12591:

表 4-1　美国 SHRP 沥青路用性能规范(AASHTO MP1,1995)

沥青使用性能等级	PG 46			PG 52							PG 58					PG 64						PG 70						PG 76					PG 82				
	-34	-40	-46	-10	-16	-22	-28	-34	-40	-46	-16	-22	-28	-34	-40	-10	-16	-22	-28	-34	-40	-10	-16	-22	-28	-34	-40	-10	-16	-22	-28	-34	-10	-16	-22	-28	-34
平均 7d 最高路面设计温度,℃	< 45			< 52							< 58					< 64						< 70						< 76					< 82				
最低路面设计温度,℃	> -34	> -40	> -46	> -10	> -16	> -22	> -28	> -34	> -40	> -46	> -16	> -22	> -28	> -36	> -40	> -10	> -16	> -22	> -28	> -34	> -40	> -10	> -16	> -22	> -28	> -34	> -40	> -10	> -16	> -22	> -28	> -34	> -10	> -16	> -22	> -28	> -34
原样沥青																																					
闪点(COC,ASTM D92),min ℃	230																																				
粘度 ASTM 4402 max, 3Pa·s 试验温度,℃	135																																				
动态剪切,(TP5), $G^*/\sin\delta$,min, 1.0kPa 试验温度 @10rad/s ℃	46			52							58					64						70						76					82				
RTFOT 残留沥青(PP1 T240)																																					
质量损失,max %	1.00																																				
动态剪切,(TP5) $G^*/\sin\delta$,min, 2.2kPa 试验温度 @10rad/s,℃	46			52							58					64						70						76					82				
PAV 残留沥青(PP1)																																					
PAV 老化温度,℃	90			90							100					100						100(110)						100(110)					100(110)				
动态剪切,(TP5) $G^*\sin\delta$,max, 5000kPa 试验温度@10rad/s,℃	10	7	4	25	22	19	16	13	10	7	25	22	19	16	13	31	28	25	22	19	16	34	31	28	25	22	19	37	34	31	28	25	40	37	34	31	28

续上表

沥青使用性能等级	PG 46			PG 52							PG 58					PG 64						PG 70						PG 76					PG 82				
	-34	-40	-46	-10	-16	-22	-28	-34	-40	-46	-16	-22	-28	-34	-40	-10	-16	-22	-28	-34	-40	-10	-16	-22	-28	-34	-40	-10	-16	-22	-28	-34	-10	-16	-22	-28	-34
物理老化	实测记录																																				
蠕变劲度,(TP1) S,max,300MPa m 值,min,0.30 试验温度 @60s,℃	-24	-30	-36	0	-6	-12	-18	-24	-30	-36	-6	-12	-18	-24	-30	0	-6	-12	-18	-24	-30	0	-6	-12	-18	-24	-30	0	-6	-12	-18	-24	0	-6	-12	-18	-24
直接拉伸,(TP3) 破坏应变,min,1.0% 试验温度 @1.0mm/min,℃	-24	-30	-36	0	-6	-12	-18	-24	-30	-36	-6	-12	-18	-24	-30	0	-6	-12	-18	-24	-30	0	-6	-12	-18	-24	-30	0	-6	-12	-18	-24	0	-6	-12	-18	-24

注:1.路面温度由大气温度按 SUPERPAVE 程序中的方法计算,也可由指定的机构提供。

2.如果供应商能保证在符合所有认为安全的温度下,沥青结合料都能很好地泵送或拌和,此要求可由指定的机构确定放弃。

3.为控制非改性沥青结合料产品的质量,在试验温度下测定原样沥青结合料粘度,可以取代测定动态剪切的 $G^*/\sin\delta$。在此温度下,沥青多处于牛顿流体状态,任何测定粘度的标准试验方法均可使用,包括毛细管粘度计或旋转粘度计(AASHTO T201 或 T202)。

4.PAV 老化温度为模拟气候条件温度,从 90℃、100℃、110℃中选择一个温度,高于 PG64 时为 100℃,在沙漠条件下为 110℃。

5.物理老化:按照 TP1 规定的 BBR 试验 13.1 节进行,试验条件中的时间为最低路面设计温度以上 10℃延续 24h ± 10min,报告 24h 劲度模量和 m 值,仅供参考。

6.如果蠕变劲度小于 300MPa,直接拉伸试验可不要求,如果蠕变劲度在 300 ~ 600MPa 之间,直接拉伸试验的破坏应变要求可代替蠕变劲度的要求,m 值在两种情况下都应满足。

2000 建议稿如表 4-2 所列。与 2000 年以前的相比,明确增加蜡含量是一个特点。欧洲对 SUPERPAVE™也进行了深入的研究,现在还没有明确的看法。

沥青标准的修订是一件非常严肃且十分重要的工作,我国一直在研究和跟踪国际上沥青标准研究成果,20 世纪 90 年代的"八五"国家科技攻关专题"道路沥青及沥青混合料的路用性能"对我国的沥青技术指标进行了认真的研究,提出了适合于我国国情的"重交通道路沥青技术要求"的修改建议。研究证明,所提出的新的指标系列与 Superpave 的 PG 规格有相当好的相关性,多年来逐步在全国得到了广泛的应用。

这期间,我国许多高速公路招标文件对沥青指标作了调整。1999 年起中石化、中油、中海等部门的几大公司也相继提出了自己的企业标准,把 1 号标准的沥青蜡含量的指标提高到要求不大于 2%。在对国内外沥青标准比较的基础上,我国修订提出了"道路石油沥青技术要求",历时 4 年,多次发函,广泛征求了沥青生产、经销、使用部门,包括国外厂商的意见。

本规范对道路石油沥青技术要求的修改主要有以下内容:

(1)将原来的"重交通道路石油沥青"和"中、轻交通道路石油沥青"两个技术要求合并为一个"道路石油沥青技术要求",根据当前的沥青使用和生产水平,按技术性能分为 A、B、C 三个等级:B 级沥青与原规范"重交通道路沥青"相近,C 级沥青比原规范"中、轻交通道路石油沥青"技术要求稍有提高。一个国家的沥青标准中按质量水平分为几个等级的做法,国外也采用过(如日本)或者目前正在采用(如加拿大、美国 ASTM)。

(2)沥青质量要求充分照顾到气候条件,规定了各气候区适宜的的沥青针入度等级。尽管各气候区的差别甚小,但意义很大。

(3)增加了沥青的感温性指标针入度指数 PI 值,国外一般要求 PI 在 −1 ~ +1 之间,本规范根据大量的试验研究,适当有所降低。在规范修订过程中有些意见认为 PI 值的试验误差较大,或者应该按照欧洲新的标准中的方法采用针入度和软化点计算 PI 值。针对这些意见,规范要求严格按照试验规程的方法,可参照表 4-3 选用 5 个适宜的温度测定针入度计算,且要求相关系数不低于 0.997。同时参见表 4-2,表 4-3。至于计算方法,EN 12591:2000 标准确实已经由以前的采用 5 个温度的针入度计算的方法修改为按 Pfeiffer 和 Van Doormael 的方法由针入度和环球法软化点确定。

$$\mathrm{PI} = \frac{20 \times T_{\mathrm{RandB}} + 500 \times \lg P - 1952}{T_{\mathrm{RandB}} - 500 \times \lg P + 120}$$

此方法中显然是考虑到欧洲的道路沥青蜡含量普遍已经很低,当量软化点的概念已经失去意义,同时为照顾不同国家的要求,标准也由原来的 −1 ~ +1 放宽到 −1.5 ~ +0.7。

两种计算方法的 PI 值不同主要是由于蜡含量对软化点的影响所造成。图 4-1

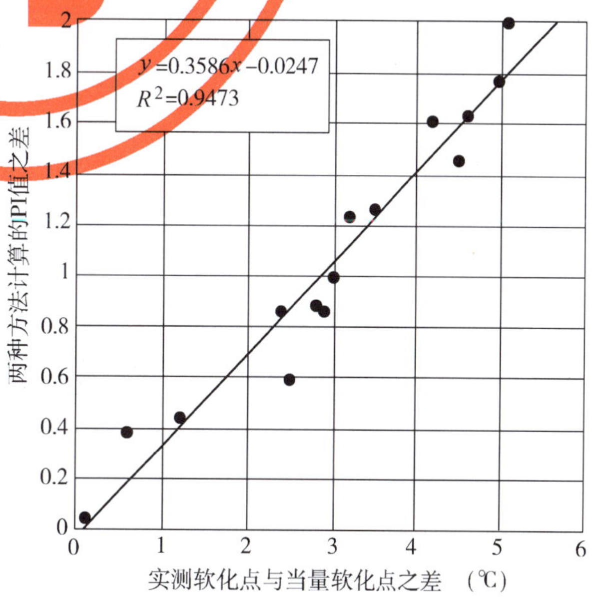

图 4-1 不同软化点测定方法与 PI 值计算结果的关系

的试验结果充分说明两种不同方法的计算结果之差来源于不同方法测定的软化点的差异，二者的相关系数达0.973。因此在我国目前的沥青蜡含量的水平情况下(包括B级沥青)，PI值的计算方法尚不宜改变。同时考虑到目前国产沥青和进口沥青的PI水平，将要求放宽到不小于－1.5(A级)或－1.8(B级)。

表4-2 欧洲CEN沥青标准(CEN TC19 SCI WGIN80，EN 12591:2000)**第一类**

指标	单位	试验方法	等级								
			20/30	30/45	35/50	40/60	50/70	70/100	100/150	160/220	250/300
通用性指标											
针入度(25℃，100g，5s)	0.1mm	EN1426	20～30	30～45	35～50	40～60	50～70	70～100	100～150	160/220	250/300
软化点(环球法)	℃	EN1427	55～63	52～60	50～68	48～56	46～54	43～51	39～47	35～43	30～38
RTFOT(163℃)老化后残留物的性质		EN 12607-1 或 EN 12607-3									
质量变化 max	%		±0.5	±0.5	±0.5	±0.5	±0.5	±0.8	±0.8	±1.0	±1.0
残留针入度比 min	%		55	53	53	50	50	46	43	37	35
老化后软化点 min	℃	EN 1427	57	54	52	49	48	45	41	37	32
闪点 min	℃	EN 22592	240	240	240	230	230	230	230	220	220
溶解度 min	%	EN 12592	99.0	99.0	99.0	99.0	99.0	99.0	99.0	99.0	99.0
不同国家选择使用的指标，选用的国家略											
含蜡量 max	%	EN 12606-1或	2.2								
		EN 12606-2	4.5								
动力粘度(60℃) min	Pa·s	EN 12596	440	260	225	175	145	90	55	30	18
运动粘度(135℃) min	mm^2/s	EN 12595	530	400	370	325	295	230	175	135	100
脆点(Fr) max	℃	EN 12593		－5	－5	－7	－8	－10	－12	－15	－16
RTFOT或RFT老化后残留物的性质，符合下列3个条件之一		EN 12607-1 或 EN 12607-3									
1.软化点升高 max	℃	EN 1427	8	8	8	9	9	9	10	11	11
2.软化点升高 max	℃	EN 1427	10	11	11	11	11	11	12	12	12
和脆点 max	℃	EN 12593		－5	－5	－7	－8	－10	－12	－15	－16
3.软化点升高* max	℃	EN 1427	10	11	11	11	11	11	12	12	12
和针入度指数PI min			－1.5	－1.5	－1.5	－1.5	－1.5	－1.5	－1.5	－1.5	
max			+0.7	+0.7	+0.7	+0.7	+0.7	+0.7	+0.7	+0.7	

注：在瑞典，60℃动力粘度按EN 12595方法测定，最小值要求如下表。

针入度(25℃，100g，5s)	0.1mm	EN1426	20～30	30～45	35～50	40～60	50～70	70～100	100～150	160/220	250/300
动力粘度(60℃) min	Pa·s	EN 12596	440	260	225	175	145	90	55	30	18

表 4-3 计算 PI 值的试验温度

针入度等级	试验温度(℃)								
30 号	45	40	35	30	25	—	—	—	—
50 号	—	40	35	30	25	20	—	—	—
70 号	—	—	35	30	25	20	15	—	—
90 号	—	—	—	30	25	20	15	10	—
110 号	—	—	—	30	25	20	15	10	—
130 号、160 号	—	—	—	—	25	20	15	10	5

(4)在适当提高软化点指标的基础上,A 级沥青增加了 60℃温度的动力粘度作为高温性能的评价指标。

(5)沥青的低温性能指标, A、B 级沥青改为 10℃延度,C 级沥青改为 15℃延度。这里需要注意的是,延度指标提得太高有可能影响其他指标。

(6)含蜡量仍然是标准中的重要指标。A 级沥青放宽到 2.2%将有利于国产沥青的应用。此含蜡量是按试验规程的方法测定的,与德国的 DIN 法有所不同。

(7)老化试验统一为薄膜加热试验(TFOT),也允许用旋转薄膜加热试验(RTFOT)代替。

本规范规定“经建设单位同意,PI 值、60℃动力粘度、10℃延度可作为选择性指标”是考虑到这些指标是初次列入标准,总有一个滞后时间。在 CEN 的标准中也有类似的做法,为了照顾不同国家的不同习惯,除规定了通用性指标外,还有一系列的选用性指标。对这些指标,希望各地积累数据,制订符合本地区实际情况的技术要求。

4.2.2 关于沥青等级及标号的选用至关重要。近年来,国际上使用的沥青有向稠的方向发展的趋势,以增强抗车辙能力。尤其是中下面层和基层,例如法国有两种基层,GB 采用的沥青等级为 35/50 或 50/70 号,HMAC(EME)采用的沥青结合料是硬质沥青 10/20 或 15/25,20/30 或 35/50+ 改性剂(天然沥青、聚乙烯)。

我国许多地方的沥青针入度偏大,无论在南方、北方,甚至东北地区都出现了严重的车辙。对比国际上气候条件相当的地区,我国许多地方宜使用 70 号或 50 号沥青,这一点特别应该引起各地重视和注意。法国在南部通常使用 40/50 级沥青,而在北部使用 80/100 沥青。日本只有北海道采用 80~100,在本州的北部靠近日本海一侧采用 60~80 号,靠近太平洋一侧重点考虑夏季流动变形,中轻交通量路段采用 60~80 号,重交通路段(大型车一方向 3000 辆/日以上)采用 40~60 号沥青。美国沥青学会的 MS-2 对沥青标号按年平均气温(MAAT)选择, 当 MAAT≤7℃时, 适用于 85/100 及 120/150 级; 当 MAAT 在 7~24℃时适用于 60/70 及 85/100 级; 当 MAAT≥24℃时适用于 40/50 及 60/70 级。与此相比,对热拌沥青混合料,我国大部分地区宜用针入度 50 级及 70 级的沥青,只有在很少寒冷地区适用于 90 级沥青,110 级沥青适用于中轻交通的公路上。而且,这是相应于国外的荷载情况决定的,我国的重载交通比例大,甚至有严重的超限超载情况,应适当选择针入度更小的沥青,努力扩大 AH-50 号沥青的适用范围。在美国 Superpave 确定沥青的 PG 等级时,除考虑温度条件外,还要视交通情况调整对 PG 等级的要求。例如对速度小于 20km/h 的停滞交通要求提高 1 ~ 2 个等级,对速度为 20 ~ 70km/h 的慢速交通可以提高 1 个等级,而对速度大于 70km/h 的高速交通在特殊情况下如交通量大于 3000 万辆的特重交通可以提高 1 级。本规范 4.2.2 条 1 中也是这样考虑的。

4.3 乳化石油沥青

4.3.1 原规范关于乳化沥青的技术要求,主要是参照日本的标准制订的,日本在 2001 年对 JIS 及 JEAAS 乳化沥青标准进行了全面的修改。为适应我国高速公路的发展以及各种新的需求,交通部列了“乳化沥青技术要求的修订”课题,对此进行了研究。

4.3.2 本规范根据课题研究成果对乳化沥青技术要求进行了修改,要点如下:

(1)将乳化沥青分为阳离子、阴离子、非离子等,按电荷性质和用途重新进行了分类,分别制订了标准并规定了各自的用途。

(2)将乳化沥青的筛上剩余量指标修改为 1.18mm 筛,要求不大于 0.1%。

(3)关于乳化沥青的粘度测定方法,美国采用赛波特粘度计,日本和法国采用恩格拉粘度计,我国原规范有恩格拉粘度计和道路沥青标准粘度计。研究课题的成果认为,这两种粘度计的结果有较好的相关关系,故同时保留。但今后应努力推广恩格拉粘度计,以便下次修订与国际上一致,取消标准粘度计。

(4)通过对几种提取乳化沥青蒸发残留物的方法,如美国 ASTM D244 的蒸馏法和蒸发法,美国加州方法,以及 60℃及 105℃加热鼓风法蒸发等进行了试验对比。认为我国原试验规程的方法操作简单,结果差别不大,故仍予以保留。对蒸发残留物的性质测定也进行了适当的修订。

4.3.3 本条强调乳化沥青的适用范围应考虑各自的特点,千万不要搞一刀切。有些学者对规范提出意见希望取消阴离子乳化沥青,编写组调查几乎所有的国家都有阴离子和阳离子乳化沥青标准,虽然其指标值没有两样,但还是分成两个标准,意味着这是两类性质完全不同的标准。实际上在美国、欧洲,规范规定和实践中阴离子乳化沥青始终都在使用。日本尽管使用很少,但日本乳化沥青学会 JEAAS 也有阴离子乳化沥青标准,规定在与水泥等共同使用时宜用阴离子乳化沥青。因此我们应根据实际经验选择,在炎热地区或夏季、干旱地区、碱性石料地区,阴离子乳化沥青仍然是可以使用的,在石灰岩地区和干旱地区,使用阴离子仍有其价值。据 2002 年 9 月第 3 届世界乳化沥青会议资料,阴离子乳化沥青还应用于粘结层(含粘层油)。

4.4 液体石油沥青

4.4.1 液体石油沥青的技术要求这次没有变化。国外规范普遍规定透层油使用稀释沥青,我国因稀释剂汽油、柴油价格昂贵,使用很少。近年来许多工程在半刚性基层上喷洒稀释沥青透层油取得了良好效果,这时要注意选用沥青本身针入度较大的沥青,以节省煤油比例。

4.5 煤沥青

4.5.2 道路用煤沥青技术要求这次没有修改,但明确规定了煤沥青的适用范围。由于煤沥青是国际上明确的强致癌物质,所以严禁在热拌热铺沥青混合料中使用煤沥青,并取消了可作为粘层油使用。国外除了在旧路面修复作辅助用的渗透剂外,已经很少使用。考虑到我国的实际情况,仍然允许在中低级公路的表面处治及贯入式路面中使用,但使用时必须十分谨慎,注意做好身体保护,不要直接接触皮肤,最好带防毒面具。由于煤沥青的渗透性极好,故常用于半刚性基层上洒透层油,在旧路面的软化剂、补缝中也时有使用。

4.6 改性沥青

4.6.1 本规范合并了原《公路改性沥青路面施工技术规范》的主要内容,因为各地在技术、经济水平、目的要求上有很大差别,所以在规范中很难对改性沥青的适用范围作出明确的规定。改性沥青在世界各国发展都很快,我国的用量近年来也得到了大幅度增加。日本 2001 年《路面结构技术指针》中以塑性变形作为路面性能指标,对干线公路,采用直馏沥青时即使在级配和沥青用量上下功夫,动稳定度的上限约为 1500 次/mm,但交通量在 3000 辆/日以上时需要的动稳定度下限为 3000 次/mm,故交通量在 3000 辆/日以上时必须采用改性沥青,在 3000 辆/日以下时根据情况也需要采用改性沥青。2002 年 NCAT 试验路的试验表明,非改性沥青增加 0.5%的油石比将使车辙增加 54%,改性沥青的抗车辙性能对沥青用量的敏感性大为降低。但是我们必须明确,有许多高速公路并没有使用改性沥青的使用情况也很好,说明并不是一定要使用改性沥青才能铺好沥青路面的。因此,工程上首先还是要重视提高施工水平,减小施工变异性,仅仅因为使用改性沥青会增加初期投资就不用当然是不对的,但不顾情况盲目使用改性沥青而忽视其他材料、设计、施工工艺更是不对的。

4.6.2 原《公路改性沥青路面施工技术规范》的聚合物改性沥青技术要求是参照国际上代表性国家的标准及我国的实践制订的,经多年使用证明基本上是合理的。3 类聚合物改性沥青性能的评价指标,针对其不同特点,都有几种是重点评价指标。SBS 改性沥青的高温、低温性能都好,且有良好的弹性恢复性能,所以采用软化点、5℃低温延度、回弹率作为主要指标。离析是一个量化的控制指标。SBR 改性沥青的低温性能较好,所以以 5℃低温延度作为主要指标。另外粘韧性试验对评价 SBR 改性沥青特别有价值。EVA 及 PE 改性沥青的特点是高温性能改善明显,以软化点作为主要指标。离析是一个量化的控制指标。由于 PE 不溶于三氯乙烯,对溶解度不要求。

在修改过程中许多单位认为现有SBS改性沥青标准偏低,要求提高软化点、5℃延度、弹性恢复等,但是本次修改并没有动。这是因为近年来我国使用的SBS剂量普遍偏高,大部分在4.5%~5.0%左右,实际上国外很多情况下只用到3%,其实没有必要无论什么情况都采用那么高的剂量,为适应剂量较低的情况,这次基本上没有变化。考虑到普遍反映PI值试验误差较大,经常发生争议,这次普遍降低了0.2。因为SBS改性沥青用RTFOT做质量损失有困难,且国外正在修订RTFOT试验方法,故老化试验改为以TFOT为准。

在SBS改性沥青标号的选择上:我国大部分地区高速公路宜选择I-D级;西北和东北地区可选择I-C级;I-B级适用于非常很寒冷的地区;I-A级除特殊情况外很少使用。

4.6.4 本规范增加了天然沥青作改性剂使用的一些要求。在美国、英国、日本等众多国家的规范中,除了聚合物改性沥青外,一般都有特立尼达湖沥青的质量要求,为适应我国的实际需要,参照英国BS 3690、美国ASTM D 5710 、特立尼达和多巴哥TTS 590:2002,TTS 593:2002及日本沥青路面设计指南等,制订的特立尼达湖沥青(TLA)及湖沥青改性沥青的质量宜符合表4-4及表4-5的要求。

表4-4 特立尼达湖沥青质量技术要求

检验项目	单位	技术要求	试验方法
针入度25℃	0.1mm	0~5	T 0604
软化点 $T_{R\&B}$,不小于	℃	90	T 0606
灰分	%	33~38	T 0614
25℃密度	g/cm^3	1.3~1.5	T 0603
TFOT后残留针入度比,不小于	%	50	T 0604

表4-5 特立尼达湖沥青改性沥青质量技术要求

指标	单位	针入度等级				试验方法
		TMA-30	TMA-50	TMA-70	TMA-90	
针入度25℃,100g,5s	0.1mm	20~40	40~60	60~80	80~100	T 0604
粘度135℃,不大于	Pa·s	4.0	3.8	2.7	2.1	T 0625 T 0619
闪点,不小于	℃	240				T 0611
溶解度(三氯乙烯)	%	77~90				T 0607
灰分	%	7.5~19.5				T 0614
TFOT后残留物针入度比25℃,不小于	%	58	55	52	47	T 0610 T 0604

4.7 改性乳化沥青

4.7.1 改性乳化沥青在我国是一项空白。为满足高速公路建设和维修养护的需要,我国改性乳化沥青也得到了长足的进步，并得到了相当的应用。本规范在参照国外改性乳化沥青标准和我国实践的基础上，首先对目前应用较多的用作粘层油及下封层的喷洒型改性乳化沥青，以及微表处用的拌和型改性乳化沥青作出了规定。

在改性乳化沥青技术中，与普通乳化沥青一样，标准中并列了恩格拉粘度和道路标准粘度剂两种方法，筛上剩余量规定筛孔 1.18mm，其他关于蒸发残留物的含量、针入度、软化点、延度指标等，也与国外要求相近。但将延度的测定温度按我国聚合物改性沥青的标准修改为 5℃。对作粘层、封层、防水层使用的喷洒型的改性乳化沥青 PCR 的标准是参照国外标准制定的。

4.8 粗集料

4.8.2 集料质量差是目前公路建设中特别严重的问题，突出的表现是：材料脏、粉尘多、针片状颗粒含量高、级配不规格等，经常不能达到规范要求。我国公路部门的集料多半取自社会料场，国有企业、乡镇企业、个体生产都有，各料场质量、规格参差不齐，使用时离析严重，导致实际级配与配合比设计有很大的差距，这是造成沥青路面早期损坏的重要原因。

购买集料首先要讲究规格，本规范关于集料规格有明确要求，但往往不够重视，尤其是对较细的集料，细粉含量控制不严，很可能是含泥量大，而这是保证路面质量的重要一环。

在规范关于集料的技术要求中，按其性质可分为两类：一类是反映材料来源的“资源特性”，或称为料源特性、天然特性，它是石料产地所决定的，如密度、压碎值、磨光值等；另一类是反映加工水平的“加工特性”，如石料的级配组成、针片状颗粒含量、破碎砾石的破碎面比例、棱角性、含泥量、砂当量、亚甲蓝值、细粉含量等。属于“资源特性”的指标往往受到产地和成本的制约，可选择和变更的余地不大。但是一些工程对石料的资源特性要求很严，不惜跨省到数千公里外远运，但对加工特性，尤其对规格、含泥量、针片状颗粒含量不重视，对就地取材根本不考虑，这是很错误的。

现在还有一种倾向是过分迷信玄武岩，认为表面层非玄武岩不能使用，当地没有就去外地买，对当地的石料如辉绿岩、安山岩、闪长岩、石灰岩等质量很好的石料视而不见，更不必说花岗岩、砂岩等酸性岩石了。实际上，只要采取掺加消石灰等技术措施，即使酸性石料在国外也是普遍应用的。而且，玄武岩也未必都好，有的吸水率很大，有许多孔隙，受热稳定性不好。在德国应用最多的是辉绿岩，很少使用玄武岩，认为玄武岩长期处在高温阳光照射下，表面会出现斑点和裂纹，最终导致与沥青剥离。欧洲的集料标准中有一个专门针对玄武岩的 sonnenbrand 试验（EN 1367－3，EN 1097－2），它是反映玄武岩自身风化变质的试验方法，要求水煮后的质量损失小于等于 1%，水煮后的冲击值损失增加小于等于 5%，水煮后的洛杉矶磨耗损失增加小于等于 8%。日本应用最多的是砂岩，美国有许多地区只产花岗岩（与我国南方一样），都在使用着（掺消石灰），美国有的高速公路的表面层也用石灰岩铺筑。近年来，磨光值符合要求的石灰岩已经开始在我国用作高速公路的表面层,辉绿岩等使用就更多,这对充分利用当地材料,降低造价是很重要的。

本规范的粗集料技术要求是根据我国的具体情况制订的,经过这些年的使用,证明基本上是合理的,所以并没有修改。事实上,我国的集料标准并不比国外的要求低,相反还比许多国家都高。但工程上实际使用的质量却经常不满意,问题还是生产和管理水平不高。

在规范规定的技术指标中,加工性指标具有双重作用。首先它是针对采石场生产的每一个集料规格的产品的,用以检验集料是否合格,达不到要求的就是不合格品。但对工程单位来说可理解是对工程所使用的集料混合料而言的。美国 SUPERPAVE 也规定“集料标准不是针对个别集料而是针对集料混合料的”。只要综合的指标合格,也容许在工程上使用。因为对针片状颗粒含量、砂当量等指标,有的集料规格难以达到要求,有的则容易符合要求,工程上允许采用按实际比例配制的集料混合料评价这些指标是否合格。

在集料指标中,视密度和吸水率是集料的综合指标,石质坚硬致密,吸水率小的集料比较耐磨、耐久性好。试验表明,集料密度与许多性质都有一定的相关关系。但是,这并不是说集料密度越大越好,集料表面必须粗糙,而过分致密的集料破碎面可能比较光滑,缺乏粗糙的凹凸表面,不能吸附较多的沥青结合料,使沥青膜的厚度变薄,又影响混合料的耐久性。配合比设计不能到达满意的效果,这种情况在好几个省都发生过。所以集料的多种性质都需要综合平衡考虑。

在粗集料的质量指标中,我国特别重视压碎值,其实世界上使用最多的是洛杉矶磨耗值,压碎值是以前英国标准 BS 812 中的老方法,在欧洲新标准 EN 13043:2002 及英国 BS EN 1097-2:1988 方法中,都已经取消了压碎值,改为洛杉矶磨耗值及冲击值指标是值得注意的变化。冲击值的试验方法与我国的有所不同。

集料在进入拌和机前,需经 200℃以上的高温,有些常用的石料,如花岗岩、玄武岩、石灰岩等,都有可能因此发生质量上的变化。对这些集料,最好对其烘后质量进行测定。

4.8.5 关于粗集料的磨光值等抗滑性能的要求是按照“高速公路抗滑性能指标的研究”的课题成果提出的。由于冲击值与磨光值有较好的相关性,本规范不再要求。

4.8.6 集料和沥青的粘附性指标是我国特有的,在国外一般没有,只要求沥青混合料满足水稳定性指标即可。所以粘附性仅仅是初选集料品种的参考性指标,不能看得太重,更不要迷信,而且它很可能提供一种假象。例如,只要一掺加抗剥落剂就能使粘附性提高到 5 级,但并不能说明使用中的水稳定性就好。我国有许多地区盛产花岗岩,它与沥青粘结性较差,但其他性质都较好,是国外大量使用的材料,通常采取掺加消石灰、水泥等措施,有时为了保险也同时掺加抗剥落剂,在抗剥落剂的前面都加上“耐热的、具有良好长期性能的”条件。关于使用消石灰的效果已经为国内外的大量研究证实。SHRP 研究成果对长期以来使用了胺类抗剥落剂的沥青混合料的耐久性再次提出了异议后,更重视采用消石灰和水泥作为主要的抗剥落剂。掺加胺类表面活性剂确实会使粘附性的室内试验结果十分满意,但这种材料的耐热性差和水溶性的缺点将随使用时间的延长,致使长期效果受到影响，甚至会使沥青乳化而随水流走。一些国家提出，即使使用石灰岩也需要掺加消石灰。需要注意的是，当掺加消石灰或水泥后，由于其比表面要比石粉大得多，设计的最佳沥青用量通常需要增加0.2%~0.4%左右，为此需要重新进行配合比设计。

4.8.9 国外普遍使用钢渣铺筑沥青面层，且被认为是很好的粗集料。但钢渣的吸水率较大，要多用沥青约1%以上。尤其是要注意钢渣的质量，日本规定用于沥青混合料的钢渣存放期不少于3个月，浸水澎胀率不大于2%。欧洲CEN标准要求测定钢渣沥青混合料的膨胀性，同时对钢渣要求测定MgO含量（EN 196-2:1994），包括总MgO含量（不得大于5%）及游离MgO含量，但没有要求测定游离CaO含量。我国建设行业标准《钢渣石灰类道路基层施工及验收规范》（CJJ 35—90）规定应使用堆存一年以上的陈渣。游离CaO含量应小于3%。钢渣出炉后必须破碎后使之接触空气雨水存放，严格按照规范规定存放期不少于半年。

4.9 细集料

4.9.1 细集料包括机制砂、天然砂、石屑。工程上配合比设计时经常对究竟采用石屑和天然砂有不同的看法，不少工程对石屑情有独衷，盲目排斥天然砂。其实砂和石屑各有其优缺点。首先必须明确石屑与人工破碎的机制砂是有本质不同的。机制砂是由制砂机生产的细集料，粗糙、洁净、棱角性好，应该推广使用。而石屑是石料破碎过程中表面剥落或撞下的棱角、细粉，它虽然棱角性好、与沥青的粘附性好（如果不是石灰岩石屑也不一定好），但石屑中粉尘含量很多，强度很低、扁片含量及碎土比例很大，且施工性能较差，不易压实，路面残留空隙率大，在使用中还有继续细化的倾向。因此，国外标准大都限制石屑，而推荐采用机制砂。天然砂与沥青的粘附性较差，呈浑圆状，使用太多对高温稳定性不利；但使用天然砂在施工时容易压实，路面好成型是其很大的优点，所以石屑和天然砂共同使用往往能起到互补的效果。原规范规定石屑的用量不宜超过细集料总量的一半，就是考虑石屑质量较差的实际情况提出的。但实际上并没有认真执行，却片面排斥使用砂。这次修订规范时对石屑的质量有了新的要求，要求生产时采用抽吸的措施，0.075mm通过率不得超过10%，故去掉了限制石屑用量的规定，改为限制天然砂不超过20%，使用时必须全面的认识。

另外，高速公路沥青路面的表面层往往选用非碱性石料（包括玄武岩）作粗集料，此时应采用石灰岩的石屑。如果也使用相同类型的石屑，而石屑中含有较多的0.075mm以下成分，那就等于使用了非石灰岩成分的矿粉，那是不能允许的。

随着我国对环境保护的日益重视，一些地方开始对无序开采河砂加以限制，这是十分正确的。为了保证细集料的质量，采用机制砂是个方向。可以预料，我国沥青路面使用的细集料将会发生大的变化。

4.9.2 细集料的质量要求规定甚少，其中最重要的是洁净。针对不同的细集料，本规范采用了不同的指标,分别使用0.075mm通过率、砂当量、亚甲蓝试验,这是参考国际上的新规定修改的。我国原来使用的砂当量是参照欧洲和美国的方法制订的。试验发现,土和细石粉都会影响砂当量。所以,欧洲CEN 13043对细集料的含泥量改为采用甲基兰试验。这方面的试验必须强化。

细集料的棱角性指标对沥青混合料的施工性能和使用性能起着至关重要的作用。美国SUPERPAVE的细集料的棱角性利用细集料的毛体积相对密度计算的间隙率表示,高速公路一般要求不小于45%。欧洲一些国家的棱角性一直采用流值试验(EN 933-6:2001),其指标为流动指数(flow coefficient)。其实两种方法的意义是一样的,我国《公路工程集料试验规程》中两种试验方法都有。但欧洲的方法非常简单,而美国的方法需要测定毛体积密度,方法有不少争议,美国正在研究中,测定比较困难。为此本规范选用欧洲的流动指数作为棱角性评价指标。

对细集料的棱角性进行测定就会发现,石屑中的细粉量太多,会严重影响粗糙度,甚至还不如天然砂,中粗砂的棱角性未必不如石屑,所以笼统地讲石屑的嵌挤性能比天然砂好是没有根据的。对不同规格细集料的棱角性试验可知,(0.15~0.3)mm及(0.3~0.6)mm部分的棱角性最小,这可能就是国外忌讳在这部分"驼峰"级配及SUPERPAVE设定级配限制区的原因所在。

4.9.3 天然砂的规格中,细度模数对沥青混合料实际上并没有什么用处,所以本次修订予以删除,仍按我国习惯分为粗、中、细砂。在通常情况下,偏粗的中砂是较好的材料,细砂千万要控制0.3~0.6mm的量不要太多,避免出现"驼峰"级配。在美国、澳大利亚等国家都对水泥混凝土及沥青路面用细集料的规格作了不同的规定。美国AASHTO与ASTM规定的细集料(含天然砂、人工砂、石屑等)规格如表4-6所列,表中No.1与No.4几乎相同。

表4-6 美国细集料规格(通过各筛孔的百分率,%)

筛孔(mm)	AASHTO M 6规定的水泥混凝土用细集料规格	AASHTO M 29及ASTM D 1073规定的沥青路面用细集料规格			
		No.1	No.2	No.3	No.4
9.5	100	100	—	—	100
4.75	95~100	95~100	100	100	80~100
2.36	80~100	70~100	75~100	95~100	65~100
1.18	50~85	40~80	50~74	85~100	40~80
0.6	25~60	20~65	28~52	65~90	20~65
0.3	10~30	7~40	8~30	30~60	7~40
0.15	2~10	2~20	0~12	5~25	2~20
0.075	—	0~10	0~5	0~5	0~10

4.9.4 石屑在我国使用相当普遍，这是材料中最薄弱的一环。本规范对其生产工艺和质量指标进行了修改，尤其是将 0.075mm 通过率由原来的 15%改为 10%，即使这样仍然比美国的宽。同时本规范着重对其生产过程作了明确要求，以减少石屑中的粉尘含量。这样，如果加工时不进行抽吸，是很难做到的，希望各地严格管理。

4.10 填料

4.10.1 在沥青混合料中，矿质填料(Mineral Filler)通常是指矿粉，其他填料如消石灰粉、水泥常作为抗剥落剂使用，粉煤灰则使用很少，在我国由于粉煤灰的质量往往不稳定，一般不允许在高速公路上使用。矿粉在沥青混合料中起到重要的作用，矿粉要适量，少了不足以形成足够的比表面吸附沥青，矿粉过多又会使胶泥成团，致使路面胶泥离析，同样造成不良的后果。

与国外的标准相比，我国对矿粉的要求几乎只有细度指标。欧洲 CEN 标准对矿粉规定了大量的指标，除细度、含水量外，还要求进行亚甲蓝试验、压实干矿粉的孔隙率、环球法软化点差值 $\Delta T_{R\&B}$、矿粉的水溶性、水敏感性、碳酸钙含量、氢氧化钙含量，高质量的矿粉要求碳酸钙含量大于等于 90%，氢氧化钙含量大于等于 25%。CEN 还采用矿粉的"沥青数(Bitumen number)评价它与沥青的粘附性。矿粉密度不仅测定对水的表观相对密度，还要测定在煤油中的浸渍密度，要求为 0.5～0.9 kg/m^3，矿粉的比表面要求不大于 $140m^2/kg$。有的国家还采用矿粉贯入度试验评定沥青矿粉结合料性能。在日本，矿粉还要求进行遇水膨胀、抗剥离性能、受热变质及流值等多种试验。相比之下，我国对矿粉的技术要求是较少的，故应重视对矿粉的研究。

4.10.3 不少国家的规范(如日本、美国)规定可以使用粉煤灰做填料。考虑到我国的粉煤灰的质量有很大差异，工程上很难控制，故只允许在二级及二级以下的其他等级公路中使用。

4.11 纤维稳定剂

4.11.1 纤维目前普遍使用于 SMA 混合料，在一般沥青混合料中也可以使用。目前常用木质素纤维，主要是絮状纤维。我国早期也使用石棉纤维，由于石棉粉尘属致癌物质，对人体有害，污染环境，绝大部分国家已禁止使用，我国使用也越来越少。近年来美国有一种观点认为木质素纤维拌制的沥青混合料不能再生使用，矿物纤维(大部分是玄武岩纤维)与集料品种一样，能再生使用，所以矿物纤维用量大为增加。一些州甚至规定不能再使用木质素纤维，这是一个值得重视的新动向。本规范没有列入聚合物化学纤维，例如聚酯纤维(涤纶)和丙烯酸纤维(腈纶)等，一方面，国外很少使用，究竟效果如何还不清楚；另一方面，目前价格过于昂贵，性能价格比严重不合理，故规范暂时未作规定，各地在选择时要慎重。

5 热拌沥青混合料路面

5.1 一般规定

5.1.1 关于热拌沥青混合料(HMA)的分类,不同的场合也有不同的分法,已在第2章作了说明。本规范表5.1.1是根据我国的习惯,并参照国际上的分类方法制订的。其中的设计空隙率允许根据具体情况作适当调整。其中沥青碎石混合料的名称需要注意,务必不要混淆。原规范中的沥青碎石(AM),是一种半开式的沥青混合料;而用作柔性基层的沥青稳定碎石混合料(ATB)一般都是密级配(粒径较大的也称为大粒径沥青碎石);还有一种大孔隙的排水式沥青碎石(OGFC及ATPB)。

原规范对如何根据公路等级及各层的功能选择混合料类型和结构组合作了一系列规定,本次修改已移入设计规范中。多年来,设计文件对路面的结构层和沥青混合料类型都有规定,但工程建设单位在审查设计文件时,经常有异议,经常要通过专家论证提出进行修改,施工单位也经常有不同看法。为此,作为施工的一环,本规范明确了"工程建设单位、监理、施工单位需对路面结构的合理性予以认可,如发现设计明显不适合工程的交通条件时,可提出意见要求修改"。这是施工阶段的一项重要工作,实践证明,这样做能避免许多由于设计不合理造成的早期损坏。

5.1.3 本条对沥青混合料的压实厚度与集料的公称最大粒径的关系作了明确的规定。原规范规定"上面层沥青混合料的集料最大粒径不宜超过层厚的1/2,中下面层及联结层的集料最大粒径不宜超过层厚的2/3",这是沿用原来的上拌下贯式路面的提法。对热拌热铺沥青混凝土路面,此规定明显不合适。实践证明,我国通行的中下面层的层厚较薄,采用的公称最大集料粒径往往偏大,混合料离析严重,它不仅达不到增强抗车辙能力的目的,相反还会造成沥青层透水,导致局部早期水损坏。

对粒径与层厚关系的认识,国外也在不断发展中。以前,美国一般规定沥青层的最小厚度不小于最大集料粒径的2倍;后来,Superpave提出沥青层厚度宜为公称最大粒径的3倍。这个变化主要考虑到特别容易离析的粗粒式和特粗式沥青混凝土,而且主要是针对连续级配的密级配沥青混凝土。对SMA、OGFC等以嵌挤为主的沥青混合料,由于相对来说容易碾压,且不容易造成离析,此标准都作了放宽。澳大利亚规定沥青层厚度宜为公称最大粒径的2.5倍;对SMA,公称最大粒径为7、10、14(mm)的适宜层厚分别定为20~30、25~35、35~50(mm)。在法国,沥青稳定基层的厚度,对GB类,0/14级配的最小厚度为6cm,通常8~14 cm;而0/20级配的最小厚度为8cm,通常10~16 cm;对高模量的EME基层，不同的级配如0/10、0/14、0/20其铺装厚度分别为6～10 cm、7～12 cm、10～15 cm。我国对集料粒径与压实层厚度的关系也作了不少试验研究。例如某高速公路用AC-25I型混合料铺筑了50、60、70、80(mm)不同厚度的沥青层。在同样的压实条件下，对于50mm和60mm厚的段落，碾压过程中石料压碎情况严重，压实后的空隙率都在8%以上；而70mm和80mm厚的段落，石料压碎情况明显减轻，空隙率分别减小到8%及6%以下，这说明AC-25混合料适宜层厚在80mm。本规范参照了这些经验，根据我国的具体情况和实践经验，对压实层厚度与公称最大粒径的关系作出了新的规定。

有的沥青路面厚度较薄，为了满足层厚与集料粒径的要求，除选择粒径较细的混合料外，最好是考虑减少路面的层次。

5.2 施工准备

5.2.2 施工温度是沥青路面施工的重要参数，本规范首先规定施工温度根据按粘温曲线确定，但它对改性沥青及SMA混合料是不适用的。实践证明，如果按照粘温曲线并采用相同的等粘温度确定改性沥青的施工温度，实际上将会太高。图5-1绘出了AH－70普通沥青及SBS改性沥青(PG70－28)的粘温曲线。

在图5-1中，普通沥青混合料的拌和温度为155～161℃，碾压温度为144～149℃，基本上是合理的。而对SBS改性沥青，从粘温曲线得到的适宜的拌和温度和碾压温度分别为202～208℃及189～194℃，显然是太高了。

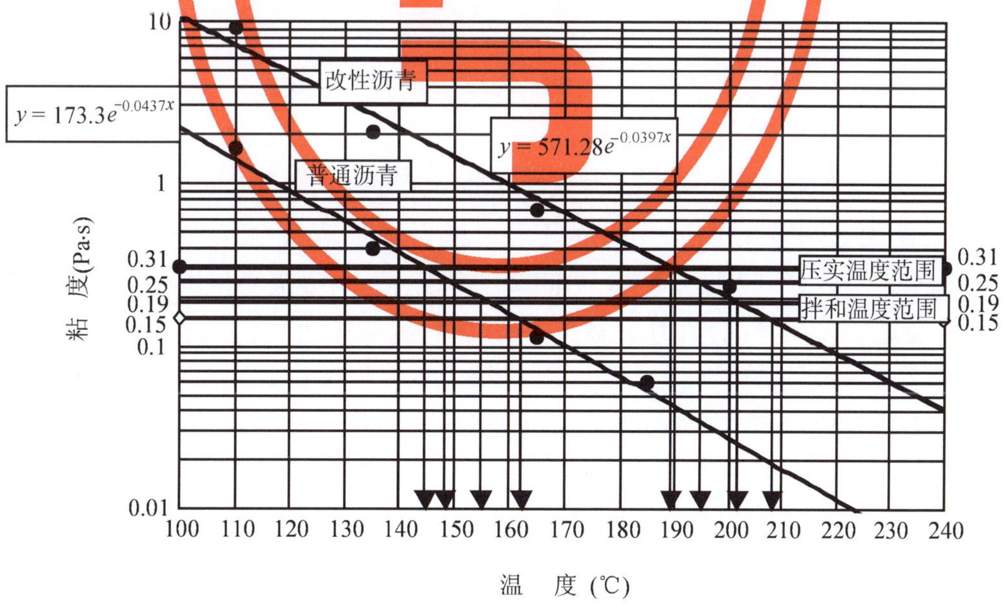

图5-1 普通沥青及改性沥青的粘温曲线

本规范考虑到无法测量压实后路面的实际温度，将施工各环节温度修改为摊铺的“最低温度”、开始碾压的“混合料内部最低温度”、碾压终了的“路表面最低温度”、开放交通的“路表温度”，这样更具有可操作性。

5.3 配合比设计

5.3.1 沥青混合料的配合比设计是施工过程中一件十分重要的工作,是本规范的核心内容之一。配合比设计不能满足于达到规范的技术要求,满足规范指标只是一个起码要求,并不一定是最优化的设计。一个好的设计应该具有良好的使用性能,施工操作性好及变异性小、容易压实,尤其是经得起实践考验,确保沥青路面不产生损坏。

目前各种沥青混合料的配合比设计仍然是狭义的体积指标设计,只要求选定材料、确定矿料级配、沥青用量。至于如何评价沥青混合料的使用性能,世界各国都还在探索之中。我国的配合比设计已经建立了几项沥青混合料的性能检验指标,但仅仅是很初步的,并不一定能完全反映沥青路面的使用性能。

国家规范规定的指标是最基本的要求。规范必须兼顾全国各种不同的情况,有不同的气候及交通条件、不同的道路等级、不同的经济基础、不同的材料资源、不同的技术水平。将那么多的不同都统一到一个规范中,规范就不可能有很好的针对性,很难满足每一个具体工程的要求。所以执行规范的时候,必须考虑到当地的实际情况,必要时对技术要求作适当的调整。各地应该根据当地的材料、施工水平、经济实力、习惯,尤其是使用多年的成功的经验,规定更具体的指标。

工程上存在的一个普遍问题是施工使用的材料与配合比设计使用的材料不一样,所以承包商施工采用材料应尽可能保证与配合比设计所使用的材料一样。材料和用量总是在一个允许的范围内波动的,混合料性能应保持相对的稳定。

5.3.2 本规范对沥青混合料的矿料级配根据"沥青混合料矿料级配和配合比设计方法的修订"课题的研究成果作了较大的修改。

根据研究成果,沥青混合料的矿料级配范围包含有三个层次:

第一,规范规定的级配范围,即规范5.3.2条各表的级配范围。由于它适用于全国,适用于不同道路等级、不同气候条件、不同交通条件、不同层次等情况,所以这个范围必然只能规定得很宽。尤其是沥青面层,在同一个级配范围中可以配制出不同空隙率的混合料,以满足各种需要。这样,可以给设计单位和工程建设单位有充分选择级配的自由。相比原规范直接为工程规定一个级配范围,配合比设计时尽可能接近中值是很大的改进。对最常用的密级配沥青混合料,本规范参照美国的方法分为粗型和细型,它与原规范根据空隙率分为I型和II型的性质不同,粗型和细型都属于密级配,空隙率都在3%~6%之间。之所以这样分成两种型号,主要是供不同的气候和交通条件选择级配范围时作参考。日本规范也一直都将级配分为粗型和细型。

第二,工程设计级配范围。这是设计单位在对条件基本相同的工程建设经验的调查研究的基础上,针对具体所设计的工程,符合工程的气候条件、交通条件、公路等级、所处的层位提出的,是施工的指针。本规范附录B提出了如何确定和调整工程设计矿料级配范围的原则。工程设计级配范围一般在规范规定的级配范围内,但必要时也允许超出除了密级配沥青混合料以外的混合料，如各种类型的沥青稳定碎石（ATB、AM、OGFC、ATPB）及沥青玛蹄脂碎石（SMA）可直接采用规范级配范围作为工程设计级配范围。

第三，施工质量检验时允许波动的级配范围。经过三阶段配合比设计确定标准配合比和级配曲线后，按施工质量检验允许的波动值得到施工质量检验级配范围。同样，标准级配曲线也可能不一定接近工程设计级配范围的中值，施工波动范围也可能超出工程设计范围。

本规范所列各种沥青混合料的级配范围是在对原规范级配范围的使用情况进行大量调查研究的基础上，充分参考国外和近年来各地成功的研究和应用成果，经过反复征求意见确定的。经调查发现原规范的Ⅰ型密级配沥青混合料对于二级及二级以下公路基本上是适用的，但对渠化交通的高速公路和一级公路，用于表面层时高温稳定性和抗滑性能存在不足。中面层历来以 AC－20I 型为主，对密水性起到一定作用，但对重载公路及长大坡度路段，抗车辙能力明显不足。下面层近年来逐步改用 AC－25I 型沥青混合料，大部分是适用的，但是对较薄的沥青层，重载车荷载能影响到下面层产生车辙，如果厚度太薄，容易产生离析，密水性能也难保证。原规范的Ⅱ型沥青混合料空隙率普遍偏大，不适用于多雨潮湿地区的路面使用，基本上已经停止使用。原规范要求"多雨潮湿地区"采用 AK 类抗滑表层混合料，采用 AK－13A 型的工程，除部分由于片面追求平整度或过分担心构造深度而导致空隙率偏大发生了早期损坏外，大部分使用尚可。近年来，不少工程仍在 AK－13A 型级配范围进行配合比设计，但是不再采用中值，适当减少了最粗的粗集料数量及最小的细集料数量，调整成 S 型级配，使空隙率有所改善，使用效果较好。所以总的来说，这些级配仍然是适用的。对于 AK－13B 及 AK－16A 型，大部分反映离析比较严重，局部空隙率较大。对于 AK－16B 型，沥青混合料渗水严重，成功者寥寥。

由于规范的级配范围是针对全国不同地区、不同等级公路、不同层次、不同气候和交通条件提出的，所以各地在使用时千万不能像对待原规范级配范围一样，原封不动地套用，并把标准配合比尽量接近中值。课题各参加单位在确定符合当地实际情况的工程级配范围时作了大量的工作。尤其是针对多雨潮湿地区、炎热地区、行驶重载交通的高速公路和一级公路，充分吸收国外的经验，逐渐改为采用粗型的密级配沥青混合料，并配合成平坦的 S 型的级配曲线。调整级配时，适当减少靠近最大粒径的粗集料和细集料中较细部分的比例，控制矿粉比例，适当增加中间档次的粗集料（如 5～10mm、10～15mm）。这种 S 型级配的沥青混合料属于嵌挤密实型级配，具有适宜的空隙率，渗水性小，有较好的高温稳定性，表面还具有较大的构造深度。从而改进了原规范Ⅰ型密级配沥青混凝土粗集料悬浮和原抗滑表层渗水性较大的缺点，取长补短，这种级配已经在许多高速公路工程大规模使用，证明具有较好的使用性能。但必须注意的是，这种 S 型混合料特别需要加强压实，提高压实度，才能取得良好的效果。

课题参加单位对适用于各地沥青路面的矿料级配进行了认真的调查和试验研究，在此基础上提出了适合于本地区的矿料级配范围。下表 5-1～表 5-3 列举几个单位推荐的工程级配范围供参考，由于各地所用的材料不同，不同地区使用时需根据情况作适当调整。

表 5-1　交通部公路科学研究所推荐的工程级配范围

级配类型	通过下列筛孔(mm)的质量百分率(%)												
	31.5	26.5	19	16	13.2	9.5	4.75	2.36	1.18	0.6	0.3	0.15	0.075
表面层 AC-13	—	—	—	100	90~100	68~80	43~53	28~40	15~26	10~19	7~15	5~12	3~7
表面层 AC-16	—	—	100	90~100	78~90	65~76	42~52	26~38	15~26	10~19	7~15	5~12	3~7
中面层 AC-20	—	100	90~100	76~92	64~80	54~70	35~47	22~34	13~24	8~18	6~13	5~10	3~7
下面层 AC-25	100	90~100	75~90	62~80	53~73	43~60	30~43	20~32	13~24	8~18	6~13	5~10	3~7

表 5-2　山东省交通科学研究所推荐的工程级配范围

级配类型	通过下列筛孔(mm)的质量百分率(%)												
	31.5	26.5	19	16	13.2	9.5	4.75	2.36	1.18	0.6	0.3	0.15	0.075
表面层 AC-13	—	—	100	95~100	88~96	72~83	42~55	28~38	20~28	15~20	10~14	6~10	4~6
中面层 AC-20	—	100	90~100	83~95	73~86	56~70	35~48	22~33	15~23	10~16	6~11	5~9	4~6
下面层 AC-25	100	90~100	76~89	68~82	60~74	47~62	28~41	18~28	11~20	8~15	6~10	4~7	3~5

表 5-3　江苏省交通科学研究院推荐的工程级配范围

级配类型	通过下列筛孔(mm)的质量百分率(%)												
	31.5	26.5	19	16	13.2	9.5	4.75	2.36	1.18	0.6	0.3	0.15	0.075
表面层 AC-13	—	—	—	100	90~100	60~80	30~53	20~40	15~30	10~23	7~18	5~12	4~8
中面层 AC-20	—	100	93~100	75~92	64~81	53~67	36~50	24~37	15~26	10~19	7~14	5~10	3~7
下面层 AC-25	100	93~100	75~87	66~79	58~71	48~61	34~46	22~35	15~26	10~19	6~13	4~10	3~7

表 5-4 ~ 表 5-8 列举一些国家规范的矿料级配范围，供各地在配合比设计时参考。

表 5-4　美国 ASTM D3515 密级配沥青混凝土矿料级配范围(1995 年版 MS – 2)

公称最大粒径(mm)	通过下列筛孔(mm)的质量百分率(%)														沥青用量(%)
	63	50	37.5	25	19	12.5	9.5	4.75	2.36	1.18	0.6	0.3	0.15	0.075	
50	100	90~100	—	60~80	—	30~65	—	17~47	10~36	—	—	3~15	—	0~5	2~7
37.5	—	100	90~100	—	56~80	—	—	23~53	15~41	—	—	4~16	—	0~6	3~8
25	—	—	100	90~100	—	56~80	—	29~59	19~45	—	—	5~17	—	1~7	3~9
19	—	—	—	100	90~100	—	56~80	35~65	23~49	—	—	5~19	—	2~8	4~10
12.5	—	—	—	—	100	90~100	—	44~74	28~58	—	—	5~21		2~10	4~11
9.5	—	—	—	—	—	100	90~100	55~85	32~67	—	—	7~23		2~10	5~12
4.75	—	—	—	—	—	—	100	80~100	65~100	40~80	25~65	7~40	3~20	2~10	6~12
2.36	—	—	—	—	—	—	—	—	—	—	—	—	—	—	7~12
1.18	—	—	—	—	—	—	—	100	95~100	85~100	70~95	45~75	20~40	9~20	8~12

表 5-5　日本沥青路面设计施工指针的矿料级配范围(2001 年)

混合料类型		类型及公称最大粒径										
		1	2	3	4	5	6	7	8	9	10	11
		粗粒式(20)	密级配(20)	密级配(13)	细粒式(13)	断级配(13)	密级配(20F)	密级配(13F)	断级配(13F)	细粒式(13F)	密级配(13F)	开级配(13)
最大粒径(mm)		20	20	13	13	13	20	13	13	13	13	13
通过各筛孔(mm)的质量百分率(%)	26.5	100	100	—	—	—	100	—	—	—	—	—
	19	95～100	95～100	100	100	100	95～100	100	100	100	100	100
	13.2	70～90	75～90	95～100	95～100	95～100	75～95	95～100	95～100	95～100	95～100	95～100
	4.75	35～55	45～65	55～70	65～80	35～55	52～72		60～80	75～90	45～65	23～45
	2.36	20～35	35～50		50～65	30～45	40～60		45～65	65～80	30～45	15～30
	0.6	11～23	18～30		25～40	20～40	25～45		40～60	40～65	25～40	8～20
	0.3	5～16	10～21		12～27	15～30	16～33		20～45	20～45	20～40	4～15
	0.15	4～12	6～16		8～20	5～15	8～21		10～25	15～30	10～25	4～10
	0.075	2～7	4～8		4～10	4～10	6～11		8～13	8～15	8～12	2～7
沥青用量(%)		4.5～6	5～7		6～8	4.5～6.5	6～8		6～8	7.5～9.5	5.5～7.5	3.5～5.5
压实厚度(cm)		4～6	4～6	3～5	3～5	3～5	4～6	3～5	3～5	3～4	3～5	3～4

澳大利亚的矿料级配原来有一个范围，如表 5-6 所示。后来经过对 Superpave 的研究，澳大利亚标准 AS 2150 改为只提出了每一个级配类型的目标级配，即原规范表的中值。

表 5-6　澳大利亚原规范规定的矿料级配范围

混合料(mm)		通过下列筛孔(mm)的质量百分率(%)												
		53	37.5	26.5	19	13.2	9.5	6.7	4.75	2.36	1.18	0.6	0.3	0.15	0.075
密级配	5	—	—	—	—	—	—	100	85～100	55～75	38～57	26～43	15～28	8～18	4～11
	7	—	—	—	—	—	100	80～100	70～90	45～60	35～50	22～35	14～25	8～16	5～8
	10	—	—	—	—	100	90～100	70～90	58～70	40～53	27～44	17～35	11～24	7～16	4～7
	14	—	—	—	100	85～100	70～85	65～75	53～70	35～52	24～40	15～30	10～24	7～16	4～7
	20	—	—	100	95～100	80～90	65～80	52～65	45～55	30～43	20～35	14～27	9～21	7～15	3～6
	28	—	100	95～100	82～97	70～80	56～71	45～60	38～50	25～40	17～33	13～26	8～20	6～14	3～6
	40	100	90～100	80～95	65～85	—	44～60	—	30～45	18～35	13～20	10～25	7～18	5～12	2～5
开级配	10	—	—	—	—	100	90～100	40～70	30～50	10～30	5～20	0～15	0～10	0～7	0～4
	14	—	—	—	100	90～100	70～90	35～65	20～40	5～20	0～15	0～12	0～9	0～5	0～3
断级配	7	—	—	—	—	—	100	95～100	80～90	65～75	52～62	37～47	25～35	10～15	5～7
	14	—	—	—	100	75～100	70～80	—	62～72	—	60～70	55～65	50～60	4～28	5～12

表 5-7　西班牙沥青混合料的矿料级配范围

类型		通过下列筛孔(mm)的质量百分率(%)											沥青用量(%)	空隙率(%)
		40	25	20	12.5	10	5	2.5	0.63	0.32	0.16	0.08		
D	D8	—	—	—	—	100	70~90	45~70	18~34	12~25	8~17	6~10	4.75~5.5	3~6
	D12	—	—	100	80~95	72~87	50~65	35~50	18~30	13~23	7~15	5~8		
	D20	—	100	80~95	65~80	60~75	47~62	35~50	18~30	13~23	7~15	5~8		
S	S12	—	—	100	80~95	71~86	47~62	30~45	15~25	10~18	6~13	4~8	4.25~5.0	3~8
	S20	—	100	80~95	65~80	60~75	43~58	30~45	15~25	10~18	6~13	4~8		
	S25	100	80~95	75~88	60~75	55~70	40~55	30~45	15~25	10~18	6~13	4~8		
G	G20	—	100	75~95	55~75	47~67	28~46	20~35	8~20	5~14	3~9	2~6	3.75~4.5	5~9
	G25	100	75~95	65~85	47~67	40~60	26~44	20~35	8~20	5~14	3~9	2~6		
A	A12	—	—	100	65~90	50~75	20~40	5~20				2~4	3.0~4.0	12~15
	A20	—	100	65~90	45~70	35~60	15~35	5~20				2~4		
P	P12	—	—	100	75~100	60~80	32~46	10~18	6~12			3~6	4.5~5.5	18~20
PA	PA12	—	—	100	70~100	50~80	18~30	10~22	6~13			3~6	4.5~5.5	20~22

表 5-8　德国热拌沥青混凝土技术要求

沥青混凝土	0/16 S*	0/11 S	0/11	0/8	0/5	单位
矿　料	优质石屑、优质机制砂、天然砂、石粉					
<0.09mm	6.0~10.0	6.0~10.0	7.0~13.0	7.0~13.0	8.0~15.0	%
>2.0mm	55~65	50~60	40~60	35~60	30~50	%
>5.0mm	—	—	—	≥15	≤10	%
>8.0mm	25~40	15~30	≥15	≤10	—	%
>11.2mm	≥15	≤10	≤10	—	—	%
>16.0mm	≤10	—	—	—	—	%
机制砂与天然砂比例	≥1:1	≥1:1	≥1:1[1]	≥1:1[1]	—	—
沥青标号[4]	B65(B80)	B65(B80)	B80(B65)	B80(B65)	B80(B200)	—
沥青含量	5.2~6.5	5.9~7.2	6.2~7.5	6.4~7.7	6.8~8.0	%
空隙率(马氏)	3.0~5.0	3.5~5.0	2.0~4.0[3] 1.0~3.0[2]	2.0~4.0[3] 1.0~3.0[2]	— 1.0~3.0[3]	VOL.-% VOL.-%
压实度	≥97	≥97	≥97	≥97	≥96	%
施工时空隙率	≤7.0	≤7.0	≤6.0	≤6.0	≤6.0	VOL.-%

注：* 只适用于特殊情况。

1.适用于 III 级公路。

2.只适用于 V、VI 级和轻交通的公路。

3.适用 III、IV 级公路。

4.适用 II、III 级公路以及在特殊荷载特殊情况下，可以使用具有相应粘度的聚合物改性沥青。

美国在采用了 SUPERPAVE 的配合比设计方法后，一段时间内，似乎已见不到级配范围的规定了，取而代之的是控制点和限制区。但后来的研究又有了很大的变化和发展，许多州的规范又开始规定配合比设计级配范围。例如，乔治亚州运输部 2002 年新规范提出了 Superpave9.5~25 的各种规格混合料的级配范围(见表 5-9)，一方面其范围比原来的控制点范围窄得多，另一方面不少级配范围通过了限制区。例如 Superpave-25，0.075mm 通过率由控制点 1%~7%，改为实用的 3%~6%，2.36mm 通过率 25%~30%，几乎都在限制区内。而且，规范规定的级配范围非常窄，2.36mm 通过率的范围只有 5%，它是用来确定标准级配曲线的，实际施工允许波动范围要大得多。筛孔 25、19、12.5、9.5、4.75、2.36、0.075mm 通过率的允许波动范围规范分别规定为 ±8%、±8%、±6%、±5.6%、±5.6%、±4.6%、±2%。

表 5-9　美国乔治亚州 2002 年规范的矿料级配范围

公称最大粒径(mm)	通过下列筛孔的百分率(%)											
	37.5	25	19	12.5	9.5	4.75	2.36	1.18	0.6	0.3	0.15	0.075
25	100	90~100	55~89	50~70	—	—	25~30	—	—	—	—	3~6
19	—	100	90~100	60~89	55~75	—	29~34	—	—	—	—	3.5~6
12.5	—	—	100	90~100	70~85	—	34~39	—	—	—	—	3.5~7
9.5(水平 A)	—	—	—	100	90~100	55~75	42~47	—	—	—	—	4~7
9.5(水平 B、C、D)	—	—	—	100	90~100	65~85	53~58	—	—	—	—	4~7
4.5	—	—	—	100	90~100	75~95	60~65	—	—	20~50	—	4~12

至于密级配沥青碎石基层的级配，也是在参考众多国家规范级配的基础上，经过近年来的试验路验证确定的。表 5-10~表 5-16 列出了京津塘高速公路和部分国家密级配沥青稳定碎石基层的级配范围。

表 5-10　京津塘高速公路沥青碎石基层配合比设计结果

材料品种	20~40mm		5~20mm		石屑		粗砂		特细砂		矿粉	
配合比(%)	30		32		10		19		5.5		3.5	
混合料	通过下列筛孔(圆孔筛，mm)的质量百分率(%)											
	50	40	30	25	20	10	5	2.5	1.2	0.6	0.3	0.15	0.075
LS-40 范围	100	95~100	75~95	—	60~80	40~60	24~46	15~35	—	9~20	5~15	—	2~6
实际	100	100	87	—	70	60	50	25	20	15	10	—	4

表 5-11　美国 FHWA 沥青混凝土技术要求(基层、联结层、面层)

级配类别	37.5	25	19	12.5	9.5	4.75	2.36	0.6	0.3	0.075
A	100	97~100	—	—	53~70	40~52	25~39	12~22	8~16	3~8
B	—	100	97~100	76~88	—	49~59	36~45	20~28	13~21	3~7
C	—	100	97~100	—	—	—	—	—	—	3~8
D	—	—	100	97~100	-	57~69	41~49	22~30	13~21	3~8
E	—	—	100	97~100	—	—	—	—	—	3~8
F	—	—	—	100	33~47	7~13	—	—	—	2~4

表 5-12 美国 FHWA 沥青稳定基层级配

筛孔尺寸(mm)	50	37.5	25	19	9.5	4.75	0.425	0.075
通过率(%)	100	97 ~ 100	—	67 ~ 81	—	33 ~ 47	10 ~ 19	4 ~ 8
	—	100	97 ~ 100	—	56 ~ 70	39 ~ 53	12 ~ 21	4 ~ 8
	—	—	100	97 ~ 100	67 ~ 79	47 ~ 59	12 ~ 21	4 ~ 8

表 5-13 美国德克萨斯州沥青混凝土基层级配范围

筛孔尺寸(mm)	37.5	31.5	25	22.4	16	12.5	9.5	4.75	2	0.425	0.18	0.075
通过率(%)	100	95 ~ 100	—	70 ~ 90	—	50 ~ 70	—	30 ~ 50	20 ~ 34	5 ~ 20	2 ~ 12	2 ~ 8
	—	—	100	95 ~ 100	75 ~ 95	—	60 ~ 80	40 ~ 60	27 ~ 40	10 ~ 25	3 ~ 13	2 ~ 8

表 5-14 德克萨斯州沥青稳定基层级配范围

级配类型	45	37.5	25	9.5	4.75	0.425
1	—	100	90 ~ 100	45 ~ 70	30 ~ 55	15 ~ 30
2	100	90 ~ 100	—	—	25 ~ 55	15 ~ 40
3	100	—	—	—	—	15 ~ 40

表 5-15 英国 RBI 沥青碎石基层级配

BS 筛孔(mm)		50	37.5	28	14	6.3	3.35	0.3	0.075
RB1	范围	100	95 ~ 100	70 ~ 94	56 ~ 76	44 ~ 60	32 ~ 46	7 ~ 21	2 ~ 8
	中值	100	97.5	82	66	52	39	14	5

表 5-16 日本沥青稳定碎石基层级配

粒径(mm)	53	37.5	19	2.36	0.075	设计空隙率(%)
通过率(%)	—	100	90 ~ 100	45 ~ 70	30 ~ 55	3 ~ 12

SMA 的标准级配基本上就是工程设计级配范围,它摘自《公路沥青玛蹄脂碎石路面技术指南》,但对 SMA-10 根据一些工程的实际情况适用作了个别调整。

5.3.3 本条规定沥青混合料配合比设计的技术标准,也是本规范最核心的内容之一。

原规范实施多年来,各地对混合料的各项体积指标及其测定方法提了不少意见,尤其是强烈呼吁测定方法必须统一。

为此,根据“沥青混合料配合比设计方法及矿料级配的修订”课题的研究成果,对原规

范的马歇尔试验配合比设计方法和技术标准进行了部分修改,其主要内容如下:

(1)明确了我国沥青混合料的配合比设计方法,仍然以马歇尔试验方法标准的设计方法,同时也允许采用其他设计方法。当采用其他设计方法时,应按照马歇尔设计方法进行检验,由于设计方法的不同,设计指标也可能不一样,表5.3.3-1至表5.3.3-4的技术标准是指马歇尔试验配合比设计的设计标准。

(2)沥青混合料的各种配合比设计方法都以体积设计为主,但是必须进行高温抗车辙性能、水稳定性、抗裂性能、渗水性检验以验证设计的合理性。这些性能检验向"性能设计"迈出了重要的一步。

(3)统一了计算沥青混合料空隙率等各项体积指标的测定方法和计算方法,具体方法详见附录B。这是配合比设计的基础,如果各行其是地测定或者计算,不仅指标不能相互比较,对数据的真实性也受到怀疑。有的工程采用非标准的方法测定计算,尽管自己声称空隙率为4%,但路面渗水情况严重,并造成严重的水损坏。

在沥青混合料的体积指标的计算方面,本规范首次引进了美国等国家历来考虑集料吸收部分沥青这个重要的概念。由此,总的沥青用量分为沥青被集料吸入的部分和有效沥青用量两部分,集料的相对密度计算时,必须扣除集料内部被沥青占去的一部分体积,成为有效相对密度。沥青混合料试验规程也将随着修改,具体的计算方法参见附录B。这样马歇尔指标也跟着变化,空隙率、VMA、VFA的技术要求也作了相应的修改,概念也有所不同。

沥青混合料配合比设计时,最重要的指标莫过于空隙率了。对于如何确定设计空隙率,各国都有不同的做法。大部分国家是规定一个范围,而且普遍为3%~5%,或3%~6%。美国以前采用马歇尔方法设计时也是这样规定的,后来采用Superpave方法后,统一采用空隙率4%,据说这是通过路面残余空隙率调查从压实度反算得出的。但须注意该结论是建立在具有合理的VMA、适应于该国的汽车荷载的前提下的。如果不管什么样的温度、交通条件,也不管矿料级配的VMA是否合理,仅仅通过调整沥青用量来弥补VMA的差别,笼统地保持4%的相同设计空隙率,将显然是不合适的。现在普遍认为,不仅交通荷载增大,压路机也在加重,沥青用量也应该跟着变化,设计空隙率也应该随着气候、交通条件有所变化。通过研究认为,为适应压路机加重的情况可通过适当提高压实度解决,对重载交通可以通过适当提高设计空隙率和减少沥青用量的方法解决。因为增加压实功最直接的影响是使最佳沥青用量减少,例如某混合料击实次数为50、75、85、100次时得到的最佳油石比分别为4.1%、3.9%、3.8%、3.6%;GTM的成型压强为0.7MPa、0.9MPa、1.1MPa时,最佳油石比分别为4.4%、4.0%、3.7%。澳大利亚最新的设计指南采用Superpave方法,但是相应于不同的交通量、不同的层位,选用不同的搓揉压实次数和设计空隙率如下表5-17。结合我国实际情况,规范上还是规定一个空隙率范围更能够适应于不同的需要,而且这个范围也与公路等级、气候、交通条件有所不同。后来美国Superpave对高速公路高速开放性交通所要求目标空隙率应为4%左右。对慢速及静止交通,要考虑石料压碎问题,如果环境条件许可,目标空隙率对搓揉压实机可提高为4.5%~5%,对马歇尔试验可提高为5%~5.5%,并要求粉胶比控制在0.8~1.6范围内。

表 5-17 澳大利亚混合料设计参数的选择

适用场合	交通条件	SGC 旋转压实次数	设计空隙率(%)	结合料粘度等级
密级配沥青磨耗层	轻交通	50	4.0	170、320
	中交通	80	4.0	170、320
	重交通	120	4.0	320、600,广域沥青 或 改性沥青
	超重交通	120 或 350	5.0	320、600,广域沥青 或 改性沥青
密级配沥青中间层和基层	中交通	80	4.0	170、320
	中、重交通	80 或 120	3.0注	320
	重交通	120	4.0	320、600,广域沥青或 改性沥青
	超重交通	120 或 350	5.0	600, 广域沥青或 改性沥青

注:专门用于高沥青含量的底基层,以得到高抗疲劳性能。

在配合比设计时,VMA 是非常重要的参数。美国沥青协会 MS-2 及联邦公路局 FHWA 的最新研究成果的 VMA 要求如表 5-18 和表 5-19。对相同的公称最大粒径和设计空隙率,FHWA 比 MS－2 的 VMA 要求要大 1%。本规范的 VMA 与 MS－2(1995)马歇尔法、最新的 Superpave 的规定相同。原规范的 VMA 是按集料最大粒径取值,现在改为按公称最大粒径后,相当于空隙率 4%条件下的 VMA 值。

表 5-18 1995 年 MS－2 马歇尔试验配合比设计标准

马歇尔试验标准	重交通量 EAL(>10^6)	中交通量 EAL(10^4~10^6)	轻交通量 EAL(<10^4)
击实次数	75	50	35
稳定度(N)	>8006	>5338	>3336
流值(mm)	2~3.5	2~4	2~4.5
空隙率(%)	3~5		
VFA	65~75	65~78	70~80

空隙率(%)	相应于以下公称最大粒径的最小 VMA 值(%)									
	63	50	37.5	25	19	12.5	9.5	4.75	2.36	1.18
3	9	9.5	10	11	12	13	14	16	19	21.5
4	10	10.5	11	12	13	14	15	17	20	22.5
5	11	11.5	12	13	14	15	16	18	21	23.5

表 5-19 美国 FHWA 关于 VMA 最小值的要求

配合比设计方法		空隙率(%)	相应于以下公称最大粒径的最小 VMA 值(%)											
			63	50	37.5	31.5	25	19	16	12.5	9.5	4.75	2.36	1.18
FHWA FP－96	马歇尔	4	—	11.5	12	—	13	14	—	15	16	18	21	—
	SUPERPAVE	4	—	10.5	11	—	12	13	—	14	15	—	—	—

我国对 VMA 值的研究很少，仅有几年的工程实践经验，对其本质还缺乏了解。所以本规范只能根据几年来的使用实践，参照国外的标准，主要是在美国标准的基础上进行了调整。在上表的基础上，将我国常用的 31.5mm 及 16mm 内插进去。从我国大量工程实践中的反映可见，VMA 值的指标经常是配合比设计时最难以满足的指标，因此，本规范采用 MS－2(1995)马歇尔法的建议。当设计的空隙率并非整数时，可以按四舍五入的方法选用设计空隙率，取用最小 VMA 值。

同样，计算 VFA 时不再采用总的沥青用量，而改为有效沥青用量，所以本规范对 VFA 的技术要求也适当作了调整。以前我国计算沥青混合料的沥青饱和度 VFA 都是先计算总的沥青用量的体积百分率 VA，然后计算 $VFA=\frac{VA}{VA+VV}\times 100$，但这没有考虑沥青被集料吸入中的部分，VA 是总的沥青用量，沥青混合料试件的间隙率 $VMA\neq VA+VV$。当考虑由于沥青吸入集料内部的损失，有效沥青才是真正占用 VMA 的那部分沥青，则有效沥青饱和度 $VFA=\frac{VMA-VV}{VMA}$。有效沥青用量肯定小于总的沥青用量，所以本规范的 VFA 要比原规范规定得小，与原规范中 II 型差不多。在日本，计算体积指标时仍然保留以前的方法，即我国原规范的方法，但首次引入了对 VMA 及马歇尔模数的要求。最大粒径 20mm 的 VMA 不小于 15%，最大粒径 13mm 的 VMA 不小于 16%。日本的最大粒径即为公称最大粒径(见表 5-5)，计算 VMA 时不考虑沥青吸入集料的部分，以 VMA = VA + VV，故 VMA 要比 FHWA 的 VMA 值相应大 1%～2%。马歇尔模数对一般地区为 2000～4900kN/m，对寒冷地区为 1500～4400kN/m。同时本规范还要求对有可能出现车辙的路段的最佳沥青用量应该位于比最小 VMA 对应的沥青用量少的一侧，在马歇尔模数较大的一侧。

在体积设计时，首先是设计一个合理的 VMA 值，然后向 VMA 中填充沥青结合料，除去有效沥青含量后剩下的部分就是空隙率。所以如果不管 VMA 多大，都通过填充沥青来控制混合料的设计空隙率均为 4%，沥青用量就可能过多或者过少，这是不合适的。为此，检查 VFA 也十分重要。正因如此，本规范附录 B 对体积指标的计算方法规定极严，不允许随便修改。

关于密级配沥青稳定碎石基层混合料的马歇尔设计技术标准，基本上参照以往经验和国外标准，并通过近年来的施工实践验证提出的。其中一个重要的问题是试件尺寸，按照以往的马歇尔试验的标准方法，它适用于公称最大粒径不大于 26.5mm 的混合料，即 ATB30 及其更粗的混合料是不适用的。我国原规范规定采用以小于 26.5mm 的集料代替的方法，现在国际上开始研究使用大尺寸马歇尔试件，我国试验规程也已经有了同样的规定。大型马歇尔试验将击实锤重改为 10.2kg，直径 149.4mm，击实时落高 457mm；试件直径 152.4mm，高 95.2mm；击实次数增加为 1.5 倍，即相应于普通试件 50 次、75 次时，改为 75 次和 112 次；而试验结果的标准，国外资料显示大型马歇尔的稳定度为小型马歇尔的 1.5～2.25 倍，如美国 NCAT 认为是 2.25 倍，流值则提高 1.5 倍，其他体积指标基本上不变。对此本规范编写组进行了大量试验，认为这些关系是合理的。表 5-20 是其中的一组数据，表中数据明显表明大型马歇尔的稳定度较高，而流值指标差别不大。美国 AI MS－2(1995 年版)提出了对于非标准高度大型马歇尔试件的稳定度值，要求调整为标准高度

95.2mm 值时的换算系数如表 5-21。

表 5-20　ATB－25 不同尺寸试件不同击实次数下试验数据

击实次数(次)		毛体积相对密度	VB(%)	VMA(%)	VFA(%)	空隙率(%)	稳定度(kN)	流值(mm)
大马歇尔	75	2.502	8.35	12.5	66.7	4.16	17.56	2.50
	112	2.519	8.41	11.9	70.6	3.50	20.98	2.71
	127	2.521	8.42	11.8	71.2	3.41	21.16	2.90
小马歇尔(直接)	50	2.522	8.4	11.8	71.3	3.38	8.26	2.27
	75	2.527	8.4	11.6	72.5	3.20	8.76	2.38
	85	2.539	8.5	11.2	75.6	2.73	10.09	2.51
小马歇尔(替代法)	50	2.515	8.4	12.0	69.7	3.64	11.00	2.08
	75	2.526	8.4	11.6	72.5	3.20	11.45	2.62
	85	2.539	8.5	11.2	75.8	2.71	11.60	2.75

表 5-21　大型马歇尔试件稳定度换算系数

试件高度(mm)	试件体积(cm^3)	比　值	试件高度(mm)	试件体积(cm^3)	比　值
88.9	1608～1626	1.12	96.8	1753～1781	0.97
90.5	1637～1665	1.09	98.4	1782～1810	0.95
92.1	1666～1694	1.06	100.0	1811～1849	0.92
93.7	1695～1723	1.03	101.6	1840～1868	0.90
95.2	1724～1752	1.00			

对 SMA 混合料,基本上按照《公路沥青玛蹄脂碎石路面技术指南》(SHC F40—01—2002)制订,但根据我国国情,取消了对最小沥青用量的规定。

5.3.4　本条规定了在马歇尔试验配合比设计的基础上进行的各种配合比混合料的性能检验,包括高温稳定性检验、水稳定性检验、低温性能检验等。同时根据“沥青路面透水测定方法及指标要求”的研究成果增加了渗水系数检验。由于试件尺寸适用性的原因,对需要用轮碾成型机制作的板式试件的车辙试验、弯曲试验、渗水试验等均适用于公称最大粒径等于或小于 19mm 的混合料,也没有对沥青碎石混合料提出性能检验的要求。对 SMA 还有其他一些特殊要求的检验。

沥青路面破坏的模式有多种,沥青路面的车辙、水损害破坏主要通过沥青混合料的配合比试件检验得到保证。车辙试验的动稳定度、浸水马歇尔试验的残留稳定度、冻融劈裂试验的残留强度比在国际上得到广泛的应用。低温开裂性能主要取决于沥青结合料的性能和沥青用量,与集料级配的关系较小,低温弯曲试验的破坏应变并不是太满意的检验指标,所以在进行试验数据分析时,除了依据破坏强度、破坏应变及破坏劲度模量值外,还应对应力应变曲线的形状进行综合评价其低温性能。当沥青混合料成脆性破坏时,应力—应变曲线成明显的直线关系;而不完全是脆性破坏接近柔性破坏的现象时,破坏曲线有一定程度的曲线形状，显示了改性剂使沥青混合料的低温性能由脆性向柔性转变。渗水系数与空隙率有一定关系，但又是不同性质的指标，它主要是针对开空隙的，所以是有其特殊的用途。由于低温开裂性能的弯曲试验并不很完善，而渗水试验是初次提出，所以本规范对这两项检验规定是“宜”，而车辙试验、浸水马歇尔试验及冻融劈裂试验是“必须”，显得尤为重要。

对沥青混合料的各项性能指标的要求经常是矛盾的，而且它与石料品种的关系很大，各地有很大的差别。例如，原规范要求动稳定度不低于 800 次/mm，大部分工程认为很低，很容易达到，但确实有一些工程怎么调整级配也难以达到。有时表面层使用玄武岩时动稳定度很高，而用了石灰岩就不易达到。一些工程在配合比设计的油石比减少后动稳定度大幅度提高，但有可能影响水稳定性、渗水系数、低温抗裂性能指标。所以在进行配合比设计检验时，对各项指标需辩证、综合判断。

另外，规范的标准主要是针对密级配沥青混凝土混合料的，对改性沥青主要是针对聚合物改性沥青的。规范说这是配合比设计“检验”指标，并不直接说的混合料性能指标，是有差别的。例如，它对与同一类型材料组成的混合料，可以通过这些指标反映级配是否合理，但不同类型材料之间作横向比较，往往不一定合适。

车辙试验被认为是沥青混合料性能检验中最重要的指标。车辙大小受混合料自身影响外，与荷载、温度、时间（含车速）的关系很大。根据 2002 年 NCAT 试验路的观测，车辙发生在路面连续 7d 的平均最高气温在 28℃以上的日子里，我国绝大部分地区夏季高温季节都在此温度以上，所以都有可能发生车辙。如果还有超载车重载交通的同时作用，尤其是连续上坡的慢速路段，很可能在短短的几天里发生很大的车辙，而且经常发生在中面层或下面层。中面层虽然温度会略低于表面层，但剪应力比表面层更大，所以对动稳定度的要求不能降低。其实下面层也一样重要，不过下面层（或基层）的公称最大粒径一般较大，车辙试验对它们不太合适。

车辙试验必须按照试验规程的要求进行，例如试件密度必须达到马歇尔标准密度的 100%，试验规程中的碾压次数对 S 型嵌挤密实型混合料、改性沥青混合料、SMA 可能难以达到 100%压实度的要求。此时，需对成型温度、荷载大小、碾压次数进行调整。有的意见认为按照实际情况，试件应该在压实度 96%的情况下进行试验，更符合路面通车初期的实际情况。但是，降低密度后，如果仍然在 60℃和 0.7MPa 条件下进行试验，车辙试验时的变形将非常大，动稳定度会很小。

车辙试验方法和设备对试验结果有很大的影响。国际上车辙试验机的类型很多，各有特点。有人主张采用德国汉堡车辙试验机、美国的沥青路面分析仪 APA 等，作为研究使用都是不错的，但荷载、温度等试验条件不同，试验结果是不一样的。汉堡试验机在水中进行试验，温度较低，与在空气中试验不一样。我国的车辙试验之所以不采用总变形，是因为开始阶段的几次占有相当比例，预压也不好处理，所以采用国际上所有蠕变试验都采用变形速率，即动稳定度的倒数。

水稳定性试验也一样，冻融劈裂试验方法是根据我国的研究成果制订的，实际上是美国 AASHTO T 283 Lottmen 方法简化而成的。由于 AASHTO T 283 的方法采用马歇尔击实成型方法很难得到要求空隙率的试件,真空饱水率也不好控制,故简化为冻融劈裂试验。“沥青混合料水稳定性指标”课题及山东等许多省的研究证明,这两个试验方法的结果有良好的相关性。工程上采用 T 283 的方法代替冻融劈裂试验不是不可以,但随便否定我国的冻融劈裂试验也是不科学的。

有人认为配合比设计检验达到了规范指标,路面就不应该发生车辙或者出现坑槽等水损坏了。这是对配合比设计“检验”的一种误解。配合比设计“检验”是检验配合比设计是否合理的指标,但路面发生车辙或水损坏更重要的是受施工质量与均匀性、设计(如路面结构组合)、气温、荷载等的影响。动稳定度高不等于路面不会发生车辙,水稳定性检验指标达到要求不等于路面不会发生水损坏。但若防止路面破坏,这些检验指标是起码应该达到的,所以应该辩证地认识这些指标:既要按规范检验符合要求,同时又不能过分扩大其作用。车辙试验是在温度 60℃、荷载 0.7MPa、速率 42 次/min 标准条件下试验的,工程中发生车辙的实际条件(荷载、温度、车速)与此并不对应,除了沥青混合料自身的因素外,温度、荷载、速度对高温性能的影响大得多,而这些因素是车辙试验所解决不了的。而不同的温度、荷载、车速与标准条件之间不存在固定的换算模式,不同沥青品种、不同混合料的换算公式相差较大,个别研究得到的换算关系并没有通用性。在这几个影响因素中,高温还不是最主要的,不少国家的内陆地区,温度也很高,未必有多大的车辙,汽车超载的影响要比高温的影响还大,而影响最大的因素是由于重载车的车况不好,在长大纵坡的上坡路段,车速降低极大,致使荷载作用时间成 10 倍地增加。一辆轴载 100kN、轮压 0.7MPa、车速 100km/h 的车辆,与一辆轴载 200kN、轮压 1.2MPa、在上坡路段车速降到 10km/h 的重载车相比,即使温度条件相同,也相当于动稳定度降低了几十倍,这就是为什么标准条件下沥青混合料动稳定度达到了要求,并不能避免沥青路面在高温、超载及上坡路段产生车辙变形的原因。

对改性沥青混合料和 SMA 混合料,在某些性能上有明显的优势,所以提出了较高的指标要求。有人认为对某一项性能,无论对普通沥青和改性沥青,或者对任何类型的沥青混合料,指标要求应该是相同的,这也是不合适的。很显然如果指标相同,对普通沥青混合料将会非常困难,甚至无论如何也达不到,而对改性沥青混合料则可能轻而易举就能满足。所以本规范的检验指标反映了不同沥青结合料和混合料级配类型,在配合比设计合理的情况下它一般可能达到的水平,所以仅仅是检验配合比设计是否合理的指标,并不是路面不再损坏的指标。

5.3.5 沥青混合料的配合比设计方法,保留了实践证明是十分重要的配合比设计三阶段设计方法。在实践过程中,有三种错误的倾向必须引起注意:

有的工程单位很重视马歇尔试验目标配合比设计,但是从料堆上取样缺乏代表性,其实配合比设计的结果并不能代表真正拌和机拌和的实际级配。

有的工程单位直接做生产配合比设计,认为控制了热料仓的材料比例,目标配合比设计没有意义。这种做法实际上无法严格控制各料仓中不同材料的比例,因为不同冷料仓中的料可能进入同一个热料仓,而目标配合比设计是控制冷料仓的依据。

有的单位不重视试拌试铺阶段,误认为试拌试铺主要是检验施工工艺。实际上只有通过混合料拌和、摊铺、碾压,仔细观察才能判断配合比设计的合理性。

因此,这三阶段配合比设计是一个完整的整体,必须通过设计找到一个平衡点,材料、性能、经济各方面都满意,然后得出一个标准配合比,取得监理、业主的批准,方可在生产中使用。

5.4 混合料的拌制

5.4.2 国际上通用间歇式和连续式两类沥青拌和设备,经我国的试验和使用实践证明,采用间歇式拌和机更符合我国国情。这是因为我国目前使用的材料品种较杂,变异性大,再加上拌和厂大都是露天料场,材料含水量受天气影响较大,所以主张采用间歇式拌和机。近年来一些地方引进了美国的连续式拌和机,须注意必须确保原材料是均匀一致的,否则很难保证配合比。

5.4.7 本规范把高速公路和一级公路施工用的间歇式拌和机配备计算机设备,由原规范的"宜"改为"必须",而且要求拌和过程中逐盘"采集并打印"实际使用的材料用量、沥青混合料数量等,进行沥青混合料生产的过程控制和总量检验。这一条是本规范的重要修改,所以十分重要。现在计算机已经十分普及,各个国家生产的沥青拌和楼都已经配置了计算机采集数据和记录、打印设备,按本条规定进行总量检验已经没有困难,为此在附录G规定总量检验的具体方法,要求各地严格执行。目前尚不具备此功能的要立即改进,此要求需在招投标时明确。

5.4.12 拌和机热料筛分用的振动筛应根据混合料的规格选用。筛子的筛分能力(即每小时通过的集料量)与混合料级配、集料品种、类型、集料的洁净程度、筛孔、筛子的倾角和振荡力都有关系,这些一般在拌和楼制造时有所考虑,美国《Asphalt Plant Manual》(MS-3)列出的振动筛的筛分能力,表5-22的等效筛孔的建议可供参考。

表5-22 间歇式拌和机用振动筛的等效筛孔(方孔筛,mm)

标准筛筛孔(mm)	2.36	4.75	9.5	13.2	16	19	26.5	31.5	37.5	53
振动筛筛孔(mm)	3~4	6	11	15	19	22	30	35	41	60

5.5 混合料的运输

5.5.3 为了解决沥青路面施工过程中的交叉污染,本规范作了一系列规定。对运料车的轮胎要求干净是首次列入本规范,这在国外似乎是常识,但我国许多工程往往达不到要求,必须努力去实现。

5.5.4 本条对转运机的规定是根据筑路机械的最新进展增加的。近年来在美国等发达国家,一种称为转运机的装置已经开始越来越多地出现在沥青路面施工中,我国有的省也已经开始使用。它介于运料车与摊铺机之间,运料车将混合料卸在转运车上,转运车一边对混合料进行二次拌和,一边与摊铺机完全同步前进,向摊铺机供料。由于运料车的混合料不直接卸在摊铺机上,可有效地改善混合料的离析和温度不均的问题。同时在国外,随着运转车的出现,对摊铺机也在改进,一些摊铺机加设了再次拌和的功能,这些都是为减少离析、提高沥青路面综合质量的重要措施。

5.6 混合料的摊铺

5.6.2 原规范根据国外的经验,推荐采用两台以上摊铺机成梯度方式进行摊铺,但当时主要是考虑拌和楼的生产能力经常跟不上,所以又规定"当混合料供应能满足不间断摊铺时,也可采用全宽度摊铺机一幅摊铺。"但是后来一些高速公路采用全幅摊铺作为提高平整度的重要措施,盲目追求平整度成了施工中的一个通病,造成了不良后果。宽幅摊铺机是应我国要求专门生产的,在欧美、日本一般不用,且对铺筑宽度有所限制,如日本通常限制为 7m;欧洲一般是 6m,不超过 9m;美国基本上是一个车道的宽度,即 3.5~4m。

采用全幅摊铺能提高平整度的说法也是一种误解。全幅摊铺的缺点主要有:

螺旋布料器运送混合料距离过长,不可避免地会造成粗、细集料的离析,越往边上温度下降多,导致温度不均和压实度不一样。

摊铺机的重量和马力是一定的,摊铺宽度越大,平均振捣力越小,铺筑后的初始压实度越小。而初始压实度越大,混合料铺筑后的温度下降越慢,可以采用较重型的压路机靠近摊铺机碾压,并争取到更长的压实时间,压实更好。

摊铺机接长部分只是悬挂在摊铺机上的,没有与中间部分相同的振捣装置,表面上看起来很平整,实际上压实程度不一样,反而影响横向平整度。

两台摊铺机的接缝很容易调整得一点都看不出来,相反宽幅摊铺机的摊铺面倒经常可见有不少纵向的离析印痕存在。

万一拌和机供料跟不上,两台摊铺机可以只停一台,比全幅摊铺停止摊铺影响小。

美国沥青杂志 2001 年在《Compaction Principles for Heavy-duty HMA》中介绍,为了提高重载路面的压实度,首要的因素是利用摊铺机进行初始压实。这就要求摊铺机的速度要慢,摊铺宽度要窄,这是铺筑重载路面的重要措施。

有的工程认为表面层混合料粒径较细,即使全幅摊铺也不会离析。其实表面层最薄,越薄的层次越需要防止降温太快,以争取更长的压实时间。

5.6.4 "摊铺机必须缓慢、均匀、连续不间断地摊铺,不得随意变换速度或中途停顿,以提高平整度,减少混合料的离析"是摊铺的核心。1998 年 11 月美国第六届全美热拌沥青混合料会议上,500 多家施工单位一致认为要想提高铺筑时的平整度,首先要做到摊铺时的两个不要:不要停下摊铺机;不要碰撞摊铺机。

在沥青路面施工工序中，厚度、压实度及平整度是3个最重要的指标。这里需要摆正平整度和压实度的关系，一定要在确保压实度的前提下努力提高平整度。一些工程由于片面追求平整度，造成压实不足，导致路面早期损坏，其教训是惨痛的。同时平整度十分重要，需要努力提高平整度，问题是不能牺牲压实度，应从以下方面入手提高平整度：

(1)从基层做起，逐层提高平整度。

(2)保证充分供料，摊铺机均匀、连续地摊铺，避免间隙和停顿。

(3)采用比较长的平衡梁控制方式的自动找平装置，有条件时尽量采用非接触式平衡梁。

(4)控制摊铺宽度，避免全幅摊铺，做好摊铺机接缝。

(5)科学地安排压路机，均衡地跟在摊铺机后面及时碾压。碾压时保持直线方向、均衡慢速，折返时关闭振动，渐渐地改变方向，折返点错开不得在同一个断面上。对轮胎压路机和振动压路机要采取合理的组合排序，通常是轮胎压路机在前，压实效果好，平整度通过振动压路机弥补。

(6)压路机的对桥涵、通道等构造物的接头以及各种特殊部位，特别要注意接缝的平整度，要仔细操作以避免造成跳车。

(7)除了迫不得已的情况外，要避免摊铺后人工修正。

(8)所有机械不能在未冷却结硬的路面上停留。

有的工程在摊铺机后面出现明显的离析拖痕，主要是摊铺机没有调整好。现在许多资料说明，这种离析是路面出现纵向表面裂缝的原因之一。

5.6.5 平整度是沥青路面的最重要的指标之一。每铺筑一层能使平整度减小标准差0.2～0.3mm，但分层多了将影响沥青层的整体性，很可能得不偿失。因此提高平整度不能寄希望于增加分层，能2层铺筑的最好不要分3层。本条规定了摊铺机的自动找平方式，现在大都采用越来越长的平衡梁，但平衡梁太多太重会粘结沥青，形成压痕和凹陷。近年来，越来越多在高速公路上使用非接触式的平衡梁，实践证明有良好的使用效果。这种非接触式的平衡梁是利用声纳系统检测路面高程，调整摊铺层厚度的。例如丹麦的TF-Trading A/S的超声波测量系统，发射频率为200kHz，发射周期为5微秒，所对应的的距离变化仅0.825mm，高频对于测试精度特别重要。它特别适用于粘度大的改性沥青和SMA混合料，以及转弯半径小、起步、终点、匝道等特殊的路段，使用非接触式平衡梁的平整度能比接触式的提高5%以上。

5.7 沥青路面的压实及成型

5.7.1 我国沥青路面发生早期损坏，经常是由于压实不足造成的。改善压实工艺，保证混合料充分压实是提高沥青路面建设质量的关键。尤其是当沥青层层厚较薄，采用的混合料中的粗集料含量较多时，混合料温度下降更快，可供碾压的时间更短，对压实的要求更高。本节一系列修改都是围绕着提高压实度进行的。

5.7.2 热拌沥青混合料压实层的最大厚度,与压路机的类型及吨位有密切的关系,随着压路机吨位不断加重,允许的压实层厚度也放宽了。对密级配沥青混合料,美国沥青协会规范 MS－8 规定不得大于 100mm,日本规定一般不大于 70mm(沥青稳定碎石基层不大于 100mm)。但对大粒径沥青稳定碎石基层,由于沥青结合料数量较少,压实阻力也小,容许厚一些,工程中可以通过实验论证,通常以不超过 120mm 为好。

5.7.3 我国历来的规范对压实都强调碾压遍数,但究竟何为一遍谁也说不清楚,更说不清楚到底碾压了几遍,所以本规范去除了碾压遍数的规定,而把重点放在碾压工艺上。如果认真的按要求碾压,即压实工艺已经尽了最大努力,压实度肯定能达到,如果再达不到,实际上也就再没有办法了。

其中最重要的是压路机的数量和配置。需要的压路机台数可根据与铺筑速度匹配的原则,由压路机宽度、速度、要求的碾压遍数计算确定。本规范首次提出了高速公路铺筑双车道沥青路面的压路机数量不宜少于 5 台的要求。

5.7.4 压路机的折返很有技巧,要密切注意在折返过程中会不会产生推移拥包。有的压路机是在前进多靠近摊铺机时曲线拐弯,然后倒退错轮,这样容易在未碾压段落产生横向推移。

5.7.5 在高温下紧跟压路机碾压是提高碾压效果的重要手段。错过了时机将使压实很难进行。在美国 SUPERPAVE 的施工指南(SR 180)及一些论文中,提出了一个沥青混合料施工难于碾压的"敏感区(Tender Zone)",或称为"不稳定区",此温度范围约为 93～115℃。很明显它是针对非改性沥青混合料而言的。在此温度下,混合料的碾压犹如土基含水量过大时的弹簧情况一样,不过没有那么明显。沥青结合料在高温碾压时是一种润滑剂,沥青的粘度不足以使变位的集料回到原位便可以得到压实。如果沥青结合料的温度下降到一定温度以下,它的粘性恰好处于压路机的压力能够使集料位置变化而压路机一离开又足以使变位的集料拉后来,它成了集料内部的橡皮筋,便不能得到很好的压实了。在这种情况下,必须改用轮胎压路机碾压,使同一位置的碾压时间延长,并产生搓揉,达到压实的目的。由此可知,在温度下降至不稳定区之前完成碾压是十分重要的。但是如果在温度下降至不稳定区以下碾压,这实际上是利用压路机的压力产生的剪切应力使集料强制变位,而达到稳定和密实的状态。很显然,它对于集料的破碎也是十分不利的,所以应该尽量避免,尤其是不要采用振动压路机在低温下碾压。

混合料在碾压过程中发生推移是密级配沥青混合料的一种常见的现象,那是因为集料的嵌挤作用不足以抵抗压路机碾压过程中的水平力而造成的,这时只能将温度降下一些再碾压。

5.7.7 复压是整个压实过程中的关键,采用什么样的压路机十分重要。不同的压路机具有不同的特点，它与压实层厚度关系很大，薄压实层适宜于采用静态的刚性碾，不宜用振动压路机。轮胎压路机可以适宜于不同厚度的压实层，使用最“皮实”。对沥青粘度较大、或者较厚的压实层，静态的刚性碾可能难以达到要求的压实度。近年来国外不断出现一些较重型的压路机，甚至有30t以上的振动压路机。有的压路机吨位太大，为了防止石料压碎，在压路机上套上靴子。在法国，要求轮胎压路机的吨位保证每个轮胎不小于5t，日本为了增加轮胎压路机的压强，减少轮胎的数目到只有5～7个。相比之下，我国国产的轮胎压路机吨位轻，轮数多，压实效果将受到影响。

国内外的文献和实践证明，轮胎压路机具有几大优点：具有特别好的搓揉作用，密水性效果好，碾压均匀，不需要洒水，不会出现发裂，能比钢性碾达到更大的密实度，不如振动碾那么操作难度大，有较大的温度适应范围等。所以在欧洲和日本，轮胎压路机使用最普遍。近年来，我国开始重视采用大吨位轮胎压路机，或者采用轮胎压路机和振动压路机组合碾压，对防止水损坏已经起到了明显的效果。但对于粗集料含量多、粒径大的混合料，尤其是大粒径沥青稳定碎石基层，以及SMA混合料，采用轮胎压路机碾压的效果将不及振动压路机。对SMA混合料，由于沥青含量高，采用轮胎压路机碾压可能使沥青玛蹄脂胶浆挤出来，所以通常不能使用轮胎压路机。

美国比较习惯选用振动压路机，但2001年的文章也介绍，“通常用于HMA的振动压路机的振幅应该为0.25～1mm，频率为33.3～70Hz，对应于不同情况调整不同的频率和振幅，以调整压实的冲击力。但是它没有像轮胎压路机那样对路面有好的搓揉作用，轮胎压路机可用于复压和终压，它特别适用于厚的碾压层，而且碾压成型的路面的密水性特别好，轮胎压路机的应力接触时间较长，压实效果也好”。这说明美国对压路机类型有了新看法。

轮胎压路机和振动压路机同时使用时谁前谁后的问题，各地的做法不尽相同。通常情况下，振动压路机在开始阶段比轮胎压路机好，而轮胎压路机的后期搓揉压实效果好。但为使轮胎压路机的轮胎尽快发热，应放在最前面趁高温碾压使轮胎发热，再调到后面。为了减少有风天气轮胎容易降温发生粘附沥青的情况，给轮胎压路机做围裙是国外一种常用的方法。工程上经常反映轮胎压路机轮迹不容易清除，对此要客观分析，有的看似轮迹，实际上并不是轮迹；另一方面即使有极轻微轮迹，通车后也很快消除，不必计较。

5.7.9 对SMA等严格按集料嵌挤设计的混合料，由于集料的嵌挤作用，在碾压过程中不会发生推移，所以在技术指南中提出“能不能在高温情况下采用重型压路机振动碾压而不产生推移是鉴别是否真正的SMA的重要标志”。

5.8 接缝

5.8.2 由于沥青路面的纵向接缝不好造成纵向开裂的情况屡见不鲜，严重影响了路面寿命。沥青路面的纵缝,对二级及二级以下公路缺乏摊铺机或旧路罩面不能中断交通等情况而言,半幅施工的冷接缝就无法避免。对高速公路和一级公路等有中央分隔带的路面来说,冷接缝通常是不允许的。如在旧路上加铺罩面不能中断交通而不得不采用半幅摊铺的冷接缝时,国外常采用在压路机上安装一个圆盘式切刀,碾压边缘时放下来将边缘切齐(如图5-2)。这种切割方法比冷却以后用切割机切割要好。

图5-2 带切刀的压路机

5.8.5 目前沥青路面的横向接缝仍是一个薄弱环节,接缝跳车或开裂是一种常见病。对横向接缝常用平接缝还是斜接缝,不能一概而论。平接缝固然容易做好平整度,但连续性较差,易在此开裂;反之斜接缝则不易搭接得好,容易形成接头跳车。在高速公路施工时,我国习惯于采用切缝,目的是整齐美观。实践证明,切缝两侧不容易粘结成为一个整体,尤其是在切割后不用水清洗干净,或者清洗后未等水分干燥,或者未涂刷粘层油,铺筑混合料很难与老沥青层粘结。在接缝上钻孔往往可以发现接缝两侧是分开的。相比国外,如美国等一些国家,常采用凿岩机在尚未硬化的沥青层上凿成凹凸不平的横向缝,便于工作缝的接茬牢固,不易开裂。

5.9 开放交通及其他

5.9.1 沥青路面可以在施工后待沥青混合料冷却即可开放交通,这是沥青路面的一大优点。对有些工程,等不及冷却就需要开放交通,这时必须洒水加速冷却。

6 沥青表面处治与封层

6.1 一般规定

6.1.1 本条概述了沥青表面处治及封层的分类及用途。

沥青表面处治是我国早期沥青路面的主要类型，广泛使用于砂石路面提高等级解决晴雨通车作简易式沥青路面。现在除了三级公路以下的地方性公路上仍然继续使用外，已逐渐为更高等级的沥青路面类型所代替。本规范根据我国具体情况，仅列入沥青表面处治及乳化沥青表面处治(单层或多层)，并没有包括改性沥青表面处治或改性乳化沥青表面处治。

近年来，封层的使用越来越多，做法也五花八门。封层实际上也属于表面处治，功能也差不多。本规范把表面处治特指沥青层表面层的一种结构形式，而封层的含义及用途比较广泛，且分为上封层、下封层等。

我国的高速公路一般只做上面层，而不做磨耗层，这在经济上是很大的浪费。近年来各种石屑封层、微表处、超薄磨耗层层出不穷，很快受到广大工程单位的青睐，是值得注意的。众所周知，沥青路面的表面功能希望有较大的构造深度，对抗滑、减噪都有意义，但往往又与密水、耐久有矛盾。我国许多地方缺乏优质的、高磨光值的硬质石料，可仍然千篇一律地要求铺筑40mm的表面层，经常不得不远距离运输硬质集料而增加工程造价，而且这一层很难解决抗滑与密水的矛盾。如果采用当地盛产的石灰岩铺筑面层，上面只加铺一层8~10mm的微表处或者厚度仅仅20mm的超薄磨耗层，所需的硬质石料便可以减少1/3~1/2，便可以使成本大为降低，在密实的面层上铺筑薄磨耗层不失为一种良好的解决方法。

6.2 层铺法沥青表面处治

6.2.1 本条规定沥青表面处治采用的集料最大粒径应与处治层的厚度相等，说明了沥青表面处治的受力特点，它是通常所说的“一石到顶”的结构，荷载主要由集料承担，沥青结合料只起集料稳定的作用。多层撒布集料和喷洒沥青的目的是将集料之间填充嵌挤紧密。原规范规定的材料规格与用量在使用中没有异议，维持不变。

6.2.6 洒油管的高度应使同一地点接受两个或三个喷油嘴喷洒的沥青，如图6-1所示。

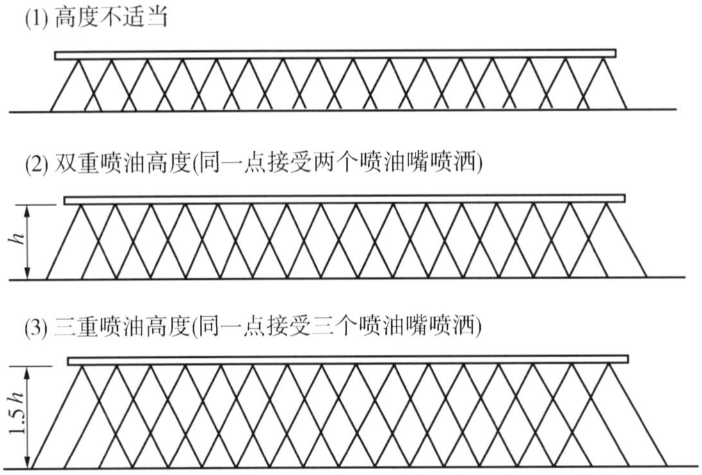

图 6-1　沥青洒布车喷油嘴的高度

6.3　上封层

6.3.1　上封层是铺设在沥青层上面,起封闭水分及抵抗车轮磨耗作用的层次,实际上也是表面处治的一种。通常认为表面处治的厚度一般较厚,而封层通常较薄,其实微表处的厚度可能比表面处治还要厚,所以严格的说,仅不过是一种习惯叫法而已。根据情况可选择乳化沥青稀浆封层、改性沥青集料封层、改性乳化沥青微表处,也可采用其他适宜的材料。

6.4　下封层

6.4.1　必须严格地区分下封层与透层油的区别:下封层的目的在于封闭表面,不一定要求透下去;透层油要求渗透到一定深度。同时,其作用和目的也有很大的区别。现在一些工程因为在半刚性基层上喷洒透层油透不下去,便将透层油上撒集料和砂作为下封层,因此,它也许能够起到封闭的作用,但不能代替透层油。

6.5　稀浆封层和微表处

6.5.1　稀浆封层和微表处有许多相似之处,但是两种完全不同的类型,必须严格区别。二者的差别主要在于施工机械、施工要求与质量。

本规范明确提出了预防性养护的概念。它不同于通常的日常性维修养护,而是以恢复路面使用功能为目的,防止进一步损坏的维修养护。它与已经具有大面积损坏罩面的路面矫正性养护(抢救性养护、中修)、路面翻修(大修)、路面重建、改建的性质是不同的。对高速公路、一级公路需要不失时机地进行预防性养护,防止发展到破坏十分严重后才列入维修计划,这就错过了时机,这是最重要的原则。许多工程“重建轻养”,一直到拖不过去了只能"抢救性养护",结果是花钱多、效果差。所以各地在沥青路面的养护工作中必须认真转变观念。

6.5.3 对稀浆封层和微表处来说,乳化沥青和改性乳化沥青无疑是最重要的材料。铺筑稀浆封层时,各地选择阳离子或阴离子乳化沥青,都能够满足要求。在石灰岩地区,阴离子乳化沥青同样得到了广泛的应用。微表处目前基本上都是采用 SBR 胶乳作改性剂,剂量一般在 3%以上。

6.5.4 稀浆封层和微表处成败与否的关键是集料。由于它们的功能是制造一个封闭、粗糙的表面,所以石料的耐磨耗性特别重要。实验证明,集料质量指标中最重要的是洁净程度(砂当量),工程上一点都不能迁就,含泥量高的石屑会在雨水作用下迅速破坏。

6.5.5 国际上稀浆封层和微表处的级配范围基本上是一样的,目前大部分与国际稀浆封层协会 ISSA 的规定相近。但微表处通常使用 II 型、III 型,没有 I 型。在日本规定是 I 型和 II 型,没有 III 型。下表列出了 ISSA 及美国一些州的微表处矿料级配范围供参考。

筛孔(mm)	ISSA II	ISSA III	PA B	OK II	OH –	TX GR – 2	TN –	VA C	AZ III
9.5	100	100	95 ~ 100	99 ~ 100	100	99 ~ 100	100	100	90 ~ 100
4.75	90 ~ 100	70 ~ 90	65 ~ 85	80 ~ 94	85 ~ 100	86 ~ 94	64 ~ 100	70 ~ 95	55 ~ 75
2.36	65 ~ 90	45 ~ 70	46 ~ 65	—	50 ~ 80	45 ~ 65	40 ~ 75	45 ~ 70	45 ~ 55
2.0	—	—	—	40 ~ 60	—	—	—	—	—
1.18	45 ~ 70	28 ~ 50	28 ~ 45	—	40 ~ 65	25 ~ 46	25 ~ 60	32 ~ 54	25 ~ 40
0.6	30 ~ 50	19 ~ 34	19 ~ 34	—	25 ~ 45	15 ~ 35	16 ~ 39	23 ~ 38	19 ~ 34
0.4	—	—	—	12 ~ 30	—	—	—	—	—
0.3	18 ~ 30	12 ~ 25	10 ~ 23	—	13 ~ 25	10 ~ 25	8 ~ 29	16 ~ 29	10 ~ 20
0.22	—	—	—	8 ~ 20	—	—	—	—	—
0.15	10 ~ 21	7 ~ 18	—	—	—	7 ~ 18	5 ~ 20	9 ~ 20	7 ~ 18
0.075	5 ~ 15	5 ~ 15	4—10	5 ~ 15	5 ~ 15	5 ~ 15	2 ~ 14	5 ~ 15	5 ~ 15
油石比(按沥青残留物计)	5.5 ~ 9.5	5.5 ~ 9.5	5.5 ~ 7.5	6 ~ 9	6 ~ 8	6 ~ 9	5 ~ 9	5 ~ 7.5	6 ~ 11.5
填料	0 ~ 3	0 ~ 3	0.5 ~ 2.5	1.5 ~ 3.0	0.5 ~ 2.5	0.5 ~ 3.0	0.5 ~ 3.0	0.25 ~ 3.0	0.1 ~ 1.0
用量(kg/m^2)	5.4 ~ 10.6	8.1 ~ 16.2	13.3 ~ 21.3	13.3	11.7 ~ 16.2	13.3	10.6 ~ 16.2	10.6 ~ 18.7	—

6.5.6 本条规定的稀浆封层和微表处混合料的技术指标是配合比设计的依据,是根据我国的研究成果,并参照 ISSA 的要求制订的。其中可拌和时间是为生产提供的时间,乳液如果在这个时间以内破乳,将无法铺筑均匀,粘聚力试验是供交通开放时能够承受汽车作用的最低要求,负荷轮碾压试验的砂粘附量及湿轮磨耗试验的磨耗值则是评价稀浆混

合料的使用性能的,反映混合料的耐久性,稀浆封层和微表处要求值有相当的差别。现在对微表处的性能评价指标仍然是研究的重点。例如,微表处往往很薄,被荷载掀起是常见的破坏模式,即微表处与老路面的粘结力不足以抵抗汽车荷载的剪切力,至今并没有满意的试验方法。为此,正在开发一些新的试验方法,例如 HCT(Hill Cohesion Test),及 SCREG (Surface Cohesion Test)。HCT 试验的原理是按照试验确认的配合比,制作试件,将其放在一块板上,半幅用重物压住,半幅自然下垂,记录试件下垂直到破坏的时间。对同一种乳化沥青结合料,HCT 越大,微表处混合料的弯曲强度越高。试验可在不同温度下进行。SCREG (Surface Cohesion Test)是将通常的湿轮磨耗试验 WTAT 的胶管改为 2 个车轮,测定其磨耗量。

7 沥青贯入式路面

7.1 一般规定

7.1.1 沥青贯入式路面在我国的使用已经越来越少。它的优点是当缺乏沥青拌和机及摊铺机等设备时,可以施工沥青路面。而且,沥青贯入式路面充分利用粗集料之间的嵌挤,所以它的抗车辙能力较强。但是,相比起热拌沥青混合料来说,它的渗水性较大,且沥青用量也大,尤其是施工质量管理较困难,所以国外一般作为简易路面看待。我国国土面积大,各地的经济条件相差比较大,尤其是在经济相对不够发达的西部地区,简易公路、乡村道路,使用沥青贯入式或者乳化沥青贯入式路面仍然是可行的,不能一刀切。但总的来说,我国热拌沥青混合料已经有了很大普及,所以本规范规定沥青贯入式路面仅适用于三级及三级以下公路。由于在使用过程中,并未发现原规范有什么需要改进的地方,故这次基本上没有修改。

7.2 材料规格和用量

7.2.1 本规范对贯入式路面各层的材料用量未作变更。

7.4 施工方法

7.4.1 对沥青贯入式路面来说,施工的关键是按要求的数量撒布集料和喷洒沥青,然后就是加强压实。不过此种路面还需要行车过程中汽车的重复碾压。因为贯入式路面一般采用钢筒式压路机碾压,它不可能很快形成稳定的嵌挤模式,主层集料需要在汽车轮胎的作用下达到一个稳定的位置,同时在行车过程中使沥青在集料之间重新发布,逐步向上泛油。所以在使用过程中必须不断注意撒布细集料或砂进行养护,防止泛油导致使用性能下降。

8 冷拌沥青混合料路面

冷拌沥青混合料,它可以在常温或者加热温度很低的条件下拌和,所以只能使用乳化沥青或稀释沥青。用于补坑的常温沥青混合料比较简单,国内外的成品也已经不少,所以本规范列入了有关内容。

乳化沥青混合料路面施工过程中的碾压是最困难的事,在何时碾压?采用何种压路机?碾压到何种程度为止?这都是没有很好解决的技术难题,也是影响常温沥青混合料路面发展的最大的障碍。首先,碾压效果取决于铺设以后至可以开始碾压的时间。掌握开始碾压的时机是最重要的。因为在尚未破乳时,乳液中的水分还在混合料中间,碾压过程不能使水分跑出来,即使认为是压"实"了,其中还有好多水分占据的空间,一旦水分挥发,将成为孔隙,路面的空隙率将会很大。通常情况是抢在破乳开始以后碾压,但由于水分蒸发需要一定的时间,尤其是内部的水分不可能很快蒸发掉,只能在这个时间内碾压,一边将水分挤出去,一边使混合料压实,这个时机非常重要。根据国外的研究,较薄的路面宜采用高频的振动压路机(70Hz)或水平振荡的压路机效果较好,它可以一边碾压一边将水分振出来。采用大直径的刚性碾也能取得较好的效果。而较厚的路面,采用振幅较大的振动压路机能取得最好的压实效果。根据挪威的研究,常温沥青混合料的使用性能与压实度、空隙率的关系十分密切。常温沥青混合料由于内部有水分,与热拌沥青混合料内部的空隙结构不一样。通过对常温沥青混合料内部孔分布的研究表明,内部有无数的微细空隙,而微细的闭空隙中的水分更难逸出,而热拌沥青混合料内部的空隙则比较大,几乎不存在微细空隙。所以常温沥青混合料的空隙率通常比较大,这也是影响常温沥青混合料性能的一个因素。

关于补坑用的冷拌沥青混合料及相关的施工工艺,是参照近年来国内外的成品质量检查、国外的相关标准,结合我国的实践经验编制的。

9 透层、粘层

9.1 透层

9.1.2 原规范这一章是“透层、粘层及封层”，由于封层与表面处治更接近，归入第6章。近段时间以来，我国在使用中常常将下封层与透层混淆，其实两者是有严格区别的，每一种材料应该具有所要求的功能，起到一定的作用。为此本条规定无论对何种基层，都必须喷洒透层沥青(俗称透层油)，即使铺设沥青面层下封层的基层，也不能省却喷洒透层沥青。

透层油要渗透入基层，这是个先决条件。至于要求透入多深？国际上没有一定的规定，通常认为至少应该有5～10mm以上。如果不能透入基层，只洒在表面形成了一层油膜(或油皮)，它并不能起到固结、稳定、联结、防水等作用，就不是真正意义上的透层油。这一层油皮很容易在施工过程中被运料车、摊铺机粘起、推掉。有的工程认为，只要钻孔时沥青层与基层有了粘结，就算成了整体。其实不然，由于粘结层太薄，在路面使用过程中，油皮是很容易与基层脱开，或被下面层的粗集料刺破的。由于基层类型的不同，喷洒透层油的难易程度有很大不同，为此本规范对不同情况作了不同的要求。

由于在固化的半刚性基层上洒布透层油不好透，现在不少工程改作下封层，但是它不能代替透层油。下封层能与下面层成为一个整体，但它不可能与基层成为一个整体。如果它挡不住半刚性基层开裂的反射缝，仍不能解决水的渗入逐渐引起界面分离的问题。

采用什么作为透层油一直是工程上为之困惑的问题。本规范只提选用适宜的材料，是给工程中留出自由选择的余地。美国沥青协会MS－22对透层油的叙述只谈到“采用中凝液体沥青和乳化沥青可以渗入未处治基层材料至足够的深度”，包括其他的规范及乳化沥青的专著(MS－19)都没有关于适用于水泥稳定基层的透层油的描述。在不少国家，用作透层油的乳化沥青，阴离子的更多，因为它要便宜得多。通过我国长期以来的实践摸索，由于水泥、石灰、粉煤灰类的半刚性基层材料具有强碱性，采用普通的阳离子乳化沥青的渗透效果较差，有些地方认为阴离子乳化沥青可以渗入半刚性基层，但有些地方又否定这种做法。有的厂商鼓吹“一遍不透洒两遍，两遍不透洒三遍”，结果仍然是一层油皮，在运料车和摊铺机行走时就被大面积地粘走。

从渗透性来说，煤沥青的效果最好，但是煤沥青的毒性较强。现在的煤焦油产品大都是比较稠在T-4、T-5，需掺配一定数量的煤焦油系列的稀释剂调稀到要求的标号T-1、T-2之后才好使用。有的单位用工业粗苯回配稀释，由于苯的燃点很低，是很危险的。有的委托焦化厂或炼油厂在厂内先行掺配，由于厂家的油种很杂，如洗苯塔洗涤后的废洗油，使组分发生了变化,会影响到渗透性和固结效果。当然,煤焦油的最大的问题还是人身安全问题,因此一般并不推荐采用煤焦油作透层油。

近年来,许多地方开始转向稀释沥青作透层油,它是采用汽油、煤油、柴油等稀释剂掺配到石油沥青中得到的,其中尤以煤油回配的 AL(M)-1、2 效果最佳,可透入半刚性基层 5~10mm的深度。液体沥青作透层油在国外最普遍,用量比乳化沥青大得多。

9.1.4 透层油的用量,根据实践经验确定,只要能透下去,需要量肯定是越多越好,但实际上渗透也都是有一定限度的。需要量与基层类型、透层油品种的关系极大,各地都有一些经验。各个国家也都有规定。例如美国路易斯安那州 2000 年《道路和桥梁标准规范》标准规定透层油使用稀释沥青 MC-30,MC-70 或 AEP 改性乳化沥青,其用量为 1.15~1.35 L/m^2。这里应该注意的是,该规范没有推荐普通的乳化沥青。我国原规范规定的液体沥青、乳化沥青的用量也是指总量,但是没有表达清楚,有的理解成基质沥青的用量是不对的。本规范仍然采用国外通常的方法,以沥青乳液和稀释沥青的总量表示,但是因为乳化沥青的浓度不同,在半刚性基层上洒布时可能要进一步稀释,所以表中说明用量是按标准浓度 50%计算的,如果残留物含量浓度不一样,需通过浓度进行换算。规范中粒料基层的用量参照国外的规范稍稍作了调整,对半刚性基层上的用量适当减少。

9.1.5 本条规定了两个问题:一是透层油什么时间洒?二是洒了透层油以后不能马上铺筑沥青层时采取什么措施?

柔性基层的透层油何时喷洒一般都没有疑问,时间上也不太讲究。半刚性基层因为有一个强度形成和增长的问题,铺筑后什么时间洒透层油?什么时间可以铺筑沥青面层?是施工单位经常提出的问题。原规范要求"透层宜紧接在基层施工结束表面稍干后浇洒",经过近年来的专题研究,是非常重要的,规定是正确的。有些工程在施工养生 1 周后喷洒,这是错误的做法。为什么必须在半刚性基层碾压以后立即喷洒呢?这是因为经过养生将逐步产生强度,内部结构将越来越致密。试验可知,半刚性基层在水泥尚未结硬的时候喷洒透层油透入的深度最深,随着龄期的增长及强度的增长,透层油越来越难以透入。而且及时洒透层油对基层中的水分有良好的保护作用,基层表面也不容易松散,透层油还起保护半刚性基层不受太阳暴晒开裂的作用。

《美国高速公路施工规范及其应用手册》即 AASHTO 第八版"Guide Specifications for Highway Construction"关于水泥稳定基层一节明确规定"在完成最终碾压之后立即应用稀释沥青或乳化沥青养护封层。在封层之前要保持表面潮湿。用连续膜作养护封层(推荐用量为 0.7~1.4L/m^2)"。

为了保护透层油不被运输车辆破坏,通常是在上面撒一层石屑或粗砂,这种做法在京津塘高速公路就已经采用了证明有良好的效果。京津塘高速公路北京段的阳离子乳化沥青中残留物沥青含量为 50%~55%,乳化沥青的实际喷洒量是 1.8~2.0kg/m^2,数量较多是考虑需要撒布石屑而增加的。喷洒透层油后一破乳立即撒布用量为 2m^3/1000m^2 的石屑保护。原规范基本上是按照京津塘的经验编写的,这并不是下封层。

9.2 粘层

9.2.1 本条将粘层油的喷洒由“宜”改为“必须”,这是本规范的一项重要修改,而原规范没有坚持要求洒粘层油是一个失误。

粘层的作用在于使上、下沥青层或沥青层与构造物完全粘结成一整体。国外规范规定层与层之间必须洒粘层沥青。原规范定稿时仅仅从经济考虑,同意下层是连续摊铺并未产生污染时可省去粘层,当已遭污染时必须扫除干净,再洒布粘层油。实际上对于“尚未产生污染”有不同的理解,北京市以往认为第二天就接着摊铺的可以不洒。但绝大部分地区则是对看起来路面并不太脏的都可以不洒,或者即使脏了,甚至污染已很严重,只要用高压水冲、扫把扫了,也可以不洒;还有一种情况是即使洒粘层油,也不是满洒,而是洒成一条一条间隔的;甚至还有人担心粘层油会导致层间滑动,产生车辙变形。以上说明在喷洒粘层油的问题上,认识十分混乱。

沥青路面的结构设计以弹性层状体系理论为基础,结构层之间完全连续是一个整体,只有这样才能符合完全连续的界面条件。如果几层沥青层没有粘结好,在使用过程中进入水分,则沥青层与沥青层之间的界面条件将变成不完全连续,甚至完全不连续,就如三合板在使用过程中逐渐脱胶一样,导致沥青路面的受力状态发生质的变化。沥青层施工不衔接,不洒粘层油时,虽然钻孔试件是连在一起的,但并不是一个整体,因为两层之间是大量的点点接触。现在不少工程在钻孔时都利用改锥或斧子劈开钻孔试件分层测定密度和压实度,这本身就说明几层之间并不连续,因此粘层油是必须喷洒的。

9.2.2 粘层油通常采用乳化沥青或改性乳化沥青,但采用什么类型的乳化沥青,各国做法有所不同。美国 AASHTO 及各州的规范都规定用慢裂型乳化沥青作粘层,这是因为他们使用的乳化沥青的粘度大,残留物浓度较高。在法国通常采用快裂型乳化沥青,我国的实践经验也证明慢裂型乳化沥青在洒布后流淌严重,用快裂型的较为适宜。

9.2.3 各种粘层沥青品种和用量应根据粘结层的种类通过试洒确定。本规范的规定与国外大体相同。日本规定是采用 PK-4,用量 0.3 ~ 0.6 L/m^2。法国大部分是阳离子乳化沥青,也用阴离子乳化沥青,在沥青层上洒布量为 0.2kg/m^2(沥青残留分),铺装厚度超过 5cm 的需 0.25 kg/m^2。作防水层作用的粘结层需比粘层油多,洒布 1.2 kg/m^2(残留分),然后撒布 4 ~ 6mm 石屑。薄层路面为与旧路面粘结的乳液洒布量需 0.4 kg/m^2。当大型车超过 350 辆以上/车道时,需使用聚合物改性乳化沥青。美国路易斯安那州 2000 年《道路和桥梁标准规范》标准规定粘层油可以使用改性或非改性的阳离子乳化沥青 CRS-2P、CSS-1,或阴离子乳化沥青 SS-1、SS-1L、SS-1P,其使用量如表 9-1 所示。

表 9-1　粘层的用量

表面类型	粘层油用量(L/m^2)	表面类型	粘层油用量(L/m^2)
拌和法表面处治	0.09	水泥混凝土路面	0.32
干燥表面处治	0.14	磨耗层	0.23
新沥青混合料	0.14	冷铺路面	0.36
旧沥青混合料	0.32		

10 其他沥青铺装工程

10.1 一般规定

10.1.1 原规范将本章称为附属工程。附属工程的概念是相对于主体工程而言的，其含义并不明确。本规范将行人道路、重型车停车场、公共汽车站、桥面沥青铺装、隧道沥青路面、路缘石等归入其他沥青铺装工程类，实际上是一些特殊的沥青路面工程。

10.4 水泥混凝土桥面沥青铺装

10.4.1 我国建设了大量的大跨径桥梁，非常雄伟、美观，许多桥梁是当地的标志性建筑。但十分遗憾的是，无论水泥混凝土桥梁还是钢桥，其桥面铺装往往都不能令人满意，成为早期损坏的通病。而且，至今仍然缺乏有效的措施来确保桥面铺装的使用年限。

水泥混凝土桥面的沥青铺装层基本上都是水危害造成的水损坏。主要原因有：

(1)桥面水泥混凝土层(防水层、三角层、整平层等)的施工不好。桥面水泥混凝土与桥面铺装分开由两个承包商施工，要求脱节，施工水泥混凝土层的单位，盲目要求表面光滑平整，整平时挤出很多浮浆，表面甚至洒水泥，低洼处也用水泥浆填补，交活时只看表面是否好看，不管与上部沥青铺装层的连接问题，由此造成的后患在铺筑桥面铺装时很难弥补。所以，现在有些工程已经改变承包方式，将水泥混凝土板的整平及铺筑防水层、三角层的任务交与沥青路面铺筑单位一起完成，这样就能综合考虑如何粘结成为一体的问题。

(2)桥面水泥混凝土板施工的平整度不好，高差有时能达数厘米，沥青层本来就不厚，使得沥青层厚度很不一致，有的地方会很薄，混合料的离析比厚的层次更严重。桥面铺装施工时不敢按照正常方法碾压，压实度难以保证。混凝土表面的凹陷部分在使用过程中很容易成为积水的地方，渗入的水排不出去，在高温时化成水汽，使沥青层与混凝土板脱离。

(3)铺装层与桥面板的粘结不好是导致铺装层损坏的最根本的原因。原规范称为防水层，其实设置该层的目的除防水外，更重要的是使沥青铺装层与水泥桥面板粘结成为一个总体。防水粘结层破损、漏空、脱离，水渗入防水粘结层与水泥混凝土板的界面上，影响与桥面板的粘结强度，甚至成为滑动的界面状态，桥面铺装成为一个单独受力的层次，就会出现很大的水平剪应力和底部的弯拉应力，桥面铺装就必然导致迅速破坏。从现在的情况看，防水粘结层的损坏主要是施工质量问题。无论哪一种防水粘结层，都能做好，但如果不认真施工，都有可能造成损坏。

(4)桥面铺装层内部的排水不畅,被侧面的栏杆路缘石阻挡。桥面的泄水孔不能排走沥青层内部的水。有相当一部分桥面在雨后有积水现象,导致沥青层长时间处于被水浸泡的状态下。

(5)铺筑前桥面混凝土没有处于完全干燥的状态,在潮湿和有水汽的情况下铺设防水粘结层和沥青混合料,可能在施工或使用过程中遇热变成水汽使防水粘结层产生鼓包脱离。

(6)桥面沥青混合料的空隙率过大,残余空隙率超过6%~8%,在汽车荷载作用下产生很强的动水压力,加速了铺装层的水损害破坏。

(7)桥梁的受力结构是水泥混凝土构件和桥面板,其局部变形本来是非常小的,沥青层不可能有大的应变,但是当沥青层与桥面板脱开成为滑动的界面条件时,沥青层的层底拉应力和剪应力大幅度增加,尤其在重载车的作用下将造成迅速的破坏。

因此,桥面铺装要做好,首先要有一定的厚度,混凝土板的表面要平整但不要光滑,一定要除净浮浆,彻底干燥,千方百计地使沥青层与桥面板粘结得非常好,保证桥面铺装与混凝土桥面板协同变形,不成为独立的受力结构层。

10.4.9 高速公路桥头跳车是路面使用质量不好的一个通病,主要原因是设计问题与路基、桥头搭板的问题等,本条没有对此作更多的规定。从理论上讲,桥头填土的不均匀沉降是不可避免的,桥头应该有一个预留量,但沥青面层经常是连续施工,很难在沥青层施工时考虑。这些主要是在路基和桥头搭板施工过程中采取措施解决。

10.5 钢桥面铺装

10.5.1 由于当时我国极少应用钢桥面,所以原规范没有列入钢桥面铺装的内容。近年来,大跨径钢桥越来越多,钢桥面铺装的问题也受到了普遍关注。我国已经铺筑了世界上普遍使用过的浇注式沥青混凝土结构、环氧沥青混凝土结构、以及我国自行研制的双层SMA结构的钢桥面铺装,都取得了长足的进步,有了一定的经验;但也有许多失败的教训,一些钢桥面铺装在超载超限车辆作用下,影响了使用寿命,发生了早期损坏。本规范仅提出对钢桥面沥青铺装的一般功能性要求,各个结构层的作用及共性的技术要求,更详细的内容还有待于编制专门的钢桥面铺装技术指南。

10.6 公路隧道沥青路面

10.6.1 本节基于我国目前有相当数量的公路隧道,当隧道长度较短时,常常采用沥青路面的现实情况增加的内容。隧道沥青路面的技术关键是施工过程中地方狭窄,使用过程中维修困难,需要照明等特点,尤其是隧道开挖经常会使底部产生涌水而产生水损害破坏。但是隧道内的温度要比外部均匀,这是有利的一面。本节内容是参考国外的规范文献编写的。

10.7 路缘石与拦水带

10.7.1 实践表明,路面结构层以及沥青层与基层界面的水不能顺畅地排出是路面产生早期损害的主要原因之一。因此,为了沥青层内部的侧向排水,路面结构层的边缘排水需要认真设计。美国 AASHTO 于 2002 年提出了 3 种沥青路面结构层边缘排水的方案都是在边缘设置渗水沟和排水管,渗水沟可以用大孔隙水泥混凝土或粗粒径碎石铺筑,见图 10-1。我国近年来设置纵向渗水沟的也越来越多,渗水沟的宽度通常为 25cm 左右。深度从中面层表面直至半刚性基层基层表面,最好是再将基层挖下去 10cm 左右,下方有一根纵向的带孔的排水管,每隔 3～5m 设置一个横向排出口。不过如果是级配碎石基层的话,深度需直至基层底部。为防止渗水沟过早被泥浆堵塞,外侧需设一层土工布。

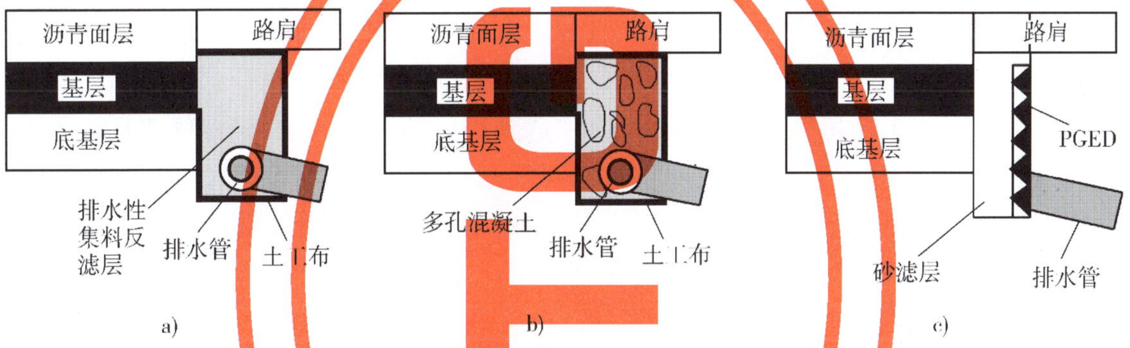

图 10-1 AASHTO 沥青路面结构层边缘排水方案

a)类型 A;b)类型 B;c)类型 C

10.7.2 沥青路缘石在国外很常用,我国在京津塘等高速公路等使用后效果良好,施工也方便。美国路缘石规范(SS-3)对路缘石的式样及施工作了详细规定,表 10.7.3 等有关规定参照 SS-3 编写。

10.7.4 现在不少高速公路工程将埋置式路缘石的设置安排在沥青层铺筑过程中,成为沥青层的污染源,所以本条规定埋置式路缘石必须在沥青层施工前或结束后安装,严禁在铺筑两层沥青层的间隙期间开挖、埋设路缘石导致沥青层污染。

11 施工质量管理与检查验收

11.1 一般规定

11.1.1 施工质量的管理与检查验收在国外通常称为“质量控制/质量保证”(简称为QC/QA),是工程项目保证质量的手段,因每一项检查都是与支付挂勾的,因此在这方面,我国还需要认真研究。在施工的各个阶段,业主、承包商、监理及监督单位各有各的责任。由于本规范没有涉及有关管理模式、程序或方法方面的内容,仅对与工程质量有关的管理与检查验收相关的技术方面作出了要求,它是本规范的重要内容,也是这次修订的重点。

本条指出了施工质量管理的基本目的是“达到规定的质量标准,确保施工质量的稳定性”。但往往大家都注重于达到规范要求,而对质量稳定不重视,其实,保持稳定、减小变异性才是最主要的目的。沥青路面之所以会造成局部的早期损坏,就是因为有局部的原因,而最主要的就是变异性。所以,我们在整个施工质量管理过程中,都必须抓住减小变异性这个关键。

施工质量管理的变异性是各种变异性的总和,它包括取样的不均匀(缺乏代表性),试验方法的问题以及材料和施工过程的变异性等。按照美国的理论,总的变异性可以下式表示:

$$S_{QC/QA}^2 = S_S^2 + S_t^2 + S_{mat./con.}^2$$

式中:$S_{QC/QA}$——检测指标的总的变异性;

S_S——取样代表性不足造成的变异性;

S_t——试验方法精度方面造成的变异性;

$S_{mat./con.}$——材料及施工过程本身的变异性。

据美国的一项研究指出,在总的变异性中,取样占23%,试验方法占43%,材料和施工本身只占34%。所以,为了减小施工质量检验指标的变异性,首先需要认真取样,认真按试验规程试验。

11.1.2 近年来,各国对施工质量的“过程控制”及“动态质量管理”十分重视,它是在连续的生产线上及时发现不合格的工序和单元,防止它流入下一个工序和单元,这样可以保证最后的产品是合格品。“过程控制”首先是工艺控制,即所采用的施工工艺不致产生不合格产品。同时需要提供一种可靠的施工过程中的检测方式,以降低承包商生产的混合料和铺筑的路面产品被拒收的风险。本规范在“过程控制”这方面做了一些努力,如连续不间断的材料检验,沥青拌和厂的计算机管理和“总量控制”,施工过程中的自动压实度检测和无破损检测等,但现在真正能做到“过程控制”的项目还很少。纵观我国的工程质量管理体制、方法,包括监理制度在内,除了目测凭经验判断及注意施工工艺外,材料可以在选料、生产、进场之前或开工时对其质量进行试验,将不合格的材料拒之门外。绝大部分都是对产品进行事后“质量检查”,还不能说是过程中进行“质量控制”。施工一开始,由于材料的变异性,连材料质量也不能做到在线控制了。规范规定的做法基本上是施工过程中按规定的频度取样、试验,事后得出数据对施工质量评价是否符合指标要求,合格的进行检查验收,不合格的责令返工。每天抽检的项目都是在事后得到结果,即使知道不合格,也已经用到工程上了,有时连用在什么部位都搞不清楚,想返工都不可能。在拌和厂,沥青混合料的质量采用取样抽提、筛分或者进行马歇尔试验,现场铺筑的路面的压实度、平整度、厚度等所有的试验数据,都是在“事后”甚至 2 ~ 3d 之后才得出,工程已经向前推进了一大截。也就是说,这些试验结果仅仅起到一个记录和事后反省的作用。

11.1.4 目前,由于种种原因造成部分素质不高的试验员“编造”数据,“弄虚作假”。有的工程保留的施工数据 100% 合格,路面依然发生严重的早期损坏,有的工程刚拿到“优质工程”的奖状,路面已开始破坏。结果是评分越来越高,“优质工程”不优质,这也反映现行质量检验和评定方面存在的缺陷或弊端。因此,建设单位决不能仅仅满足于规范规定的抽检试验数据合格,要努力在施工过程中加强“过程控制”的研究,提出切实可行的“过程控制”方法,使施工质量管理提高到一个新的水平。

11.2 施工前的材料与设备检查

11.2.1 材料是为保证沥青路面建设质量的第一个,也是最重要的一个环节。规范规定了保证质量的三个环节:首先是招标及订货关。供货单位必须提出各种材料的质量检测报告。然后是进货关。供货单位供应的材料有可能违背投标时的承诺,进货时必须重新检验,尤其是砂石料的来源较杂,必须以“批(lot)”为单位进行控制,施工单位和监理都必须下功夫。现在不少工程单位在采石场派驻监理和材料员,对生产供应的材料进行监督,这是个好办法。第三是使用及保管关。有的材料本来是不错的,可是拌和厂在进货时对堆放场地、堆料顺序马马虎虎,场地和运输路线没有硬化,不同材料之间没有隔离,使用时相互混杂,或者在装载机装料时将泥土混入材料,把本来不错的材料弄得很脏。还有像桶装沥青经常是无序堆放,上面不加盖苫布,导致雨水从桶口漏入。所以,材料进场后的存贮、堆放、管理情况都必须重视。

11.3 铺筑试验路段

11.3.1 对高速公路、一级公路这些重大工程来说,铺筑试验段是不可缺少的步骤,经过多年实践,现在已经成了习惯。但是铺筑试验段决不是一种形式,必须达到要求的目标。现在有不少试验段本身就不满意,经常是拌和机还未调整稳定,还没有达到要求的级配及油石比，混合料的温度也不对，试验段却结束了。有些工程因为怕没有把握，把试验段放在老路、匝道、连接线上铺筑，得不到与正线上相同的结果，只能作为试验段的试验性拌和铺筑用，很难成为正线施工的依据，应该待一切都稳定以后，在正线上按照正规的施工工艺铺筑正式的试验段，真正起到正线施工的作用。

11.4 施工过程中的质量管理与检查

11.4.2 对施工过程中承包商质量检验的项目、频度作出硬性规定，是我国的特有做法。在许多国家，一般只规定质量标准，业主不管承包商做不做检查。问题是承包商必须通过监理的检查，达不到质量指标就认罚，所以承包商的检查是自主性的。我国对承包商的检查要求很高，其实数据的真实性很难控制。在京津塘高速公路，所有的施工质量检验数据都以监理检查为准。本条规定承包商应随时对施工质量进行自检。监理一方面自主地进行试验，一方面对承包商的结果进行检查、认定，评定质量。这是根据我国监理力量较弱的具体情况规定的。随着监理制度的加强，监理应该逐步独立地进行施工质量管理。针对现在试验数据存在弄虚作假的情况，本规范特别强调"所有数据均必须如实记录，不得丢弃"，工程建设单位必须加强这方面的管理。

11.4.3 本条规定了沥青路面施工过程中材料质量检查的内容和要求。它建立在每批材料进场时已经过检查及批准的基础上，目的是施工过程中检测其质量稳定性(变异性)。表中只选择了若干项最主要的指标或变化较大的指标，频度考虑了施工单位的承受能力及目前的实际情况，这是试验最基本的要求。为防止试验数据的偶然性，这次修订增加了试验规程规定的平行试验次数或一次试验的试样数一栏。

11.4.4 本条规定了沥青拌和厂的"生产过程控制"及"产品质量检验"两个方面的内容，这是对原规范的重要修改。过程控制包括目测、每拌和一盘混合料的在线监测、混合料总量检验，以及实验室进行的检测项目。

沥青混合料生产过程的总量检验主要控制矿料级配、油石比、拌和温度，具体方法在附录G中有详细说明。

沥青混合料产品质量检验，与原规范差不多，包括取样抽提、筛分，马歇尔试验等。根据近年来的实际情况及国外规范的变化，对矿料级配允许波动幅度进行了调整。拌和厂对沥青混合料的体积指标的检测必须与配合比设计时采用完全相同的条件和试验方法。因为空隙率受试件毛体积密度和最大理论密度的影响，而它们都与测试条件有关。由于取样后混合料放置时间影响沥青吸入集料的程度，最大理论相对密度也有不同，某混合料放置1h和3h后，最大理论相对密度分别为2.419和2.438，空隙率为3.1%和3.9%，所以统一方法十分重要。由于马歇尔试验的成型温度对体积指标、标准密度影响很大，必须严格按配合比设计相同的温度进行。

关于沥青混合料油石比的测定方法，以前世界各国几乎都采用溶剂抽提方法，且溶剂大部分是三氯乙烯。近年来,欧美、日本等工业发达国家,为了保护大气中的臭氧层,已经开始禁止采用三氯乙烯等含氯的溶剂,国际上出现了不同的动向,美国等开始使用燃烧炉高温燃烧的方法,日本采用更换溶剂(二甲苯)的方法(工程上完全依靠总量检验的数据,不再进行抽提,也不用燃烧法),欧洲则并不统一。我国目前尚未禁止使用三氯乙烯,仍应以试验规程的方法为准。由于燃烧法的快捷简便,不少工程已开始采用燃烧法。对此应该特别注意,燃烧法必须随时进行标定,否则所有燃烧损失都作为沥青,测定准确性较差。如果混合料中含有消石灰,$Ca(OH)_2$ 预热分解为 CaO 和 H_2O,例如添加 2%消石灰,高热将损失 20%的水,占混合料的 0.4%都计入沥青中,则势必得出油石比测定值偏大的结果。因此,燃烧法的关键是要对不同的材料、不同的配合比,经常采用空白集料和添加一定数量沥青的混合料进行标定,方可使用。

本规范表 11.4.4 中还规定了必要时可要求进行车辙试验。这里需要特别注意的是混合料决不允许二次加热,即必须在取样后立即成型试件。混合料一旦冷却再加热成型的试件车辙试验动稳定度将会大大提高,从而失去意义。

11.4.5 沥青路面铺筑过程中的质量检查包括工程质量及外形尺寸两部分。在这个阶段,类似于在线监测的过程控制主要是摊铺过程中不断的量测松铺厚度,碾压过程中不断地利用核子仪检测密度等无破损检测,其他尚无切实可行的方法。因此,质量管理的重点放在路面质量检查上。

施工过程中的质量主要靠监理检查,京津塘高速公路监理是完全独立进行检测的。本规范只规定检测的项目、频度、允许差,没有明确是由承包商还是由监理进行。日本《铺装设计施工指针》2001 年 12 月版只规定施工过程中的质量管理的项目,但检测频度与质量界限由承包商自己决策,以保证能达到设计规定的指标。规范列出了路面质量评定合格与否的标准见表 11-1。

表 11-1 日本沥青路面质量合格评定标准(2001.12)

项目		单个测值	X_{10}	$\bar{X}_6$	$\bar{X}_3$
路床	标高(cm)	±5 以内	—	—	—
	宽度(cm)	-10 以上	—	—	—
	压实度(%)	—	92.5 以上	93 以上	93.5 以上
底基层	标高(cm)	±4 以内	—	—	—
	宽度(cm)	-5 以上	—	—	—
	厚度(cm)	-4.5 以上	-1.5 以上	—	—
	压实度(%)	—	95 以上	96 以上	97 以上

续上表

项目		单个测值	X_{10}	$\bar{X}_6$	$\bar{X}_3$
上基层(级配碎石)	宽度(cm)	-5以上	—	—	—
	厚度(cm)	-2.5以上	-0.8以上	—	—
	压实度(%)	—	95以上	95.5以上	96.5以上
	2.36mm通过率(%)	—	±10以内	±9.5以内	±8.5以内
	0.075mm通过率(%)	—	±4.0以内	±4.0以内	±3.5以内
上基层(水泥或石灰稳定、水泥沥青稳定)	宽度(cm)	-5以上	—	—	—
	厚度(cm)	-2.5以上	-0.8以上	—	—
	压实度(%)	—	95以上	95.5以上	96.5以上
	2.36mm通过率(%)	—	±10以内	±9.5以内	±8.5以内
	0.075mm通过率(%)	—	±4.0以内	±4.0以内	±3.5以内
	水泥、石灰剂量(%)	—	-0.8以上	-0.8以上	-0.7以上
上基层(沥青稳定基层)	宽度(cm)	-5以上	—	—	—
	厚度(cm)	-1.5以上	-0.5以上	—	—
	压实度(%)	—	95以上	95.5以上	96.5以上
	2.36mm通过率(%)	—	±10以内	±9.5以内	±8.5以内
	0.075mm通过率(%)	—	±4.0以内	±4.0以内	±3.5以内
	沥青用量(%)	—	-0.8以上	-0.8以上	-0.7以上
上基层(沥青中间层)	宽度(cm)	-2.5以上	—	—	—
	厚度(cm)	-0.9以上	-0.3以上	—	—
	压实度(%)	—	96以上	96以上	96.5以上
	2.36mm通过率(%)	—	±8.0以内	±7.5以内	±7.0以内
	0.075mm通过率(%)	—	±3.5以内	±3.5以内	±3.0以内
	沥青用量(%)	—	±0.55以内	±0.50以内	±0.50以内
联结层	宽度(cm)	-2.5以上	—	—	—
	厚度(cm)	-0.9以上	-0.3以上	—	—
	压实度(%)	—	96以上	96以上	96.5以上
	2.36mm通过率(%)	—	±8.0以内	±7.5以内	±7.0以内
	0.075mm通过率(%)	—	±3.5以内	±3.5以内	±3.0以内
	沥青用量(%)	—	±0.55以内	±0.50以内	±0.50以内
表层	宽度(cm)	-2.5以上	—	—	—
	厚度(cm)	-0.7以上	-0.2以上	—	—
	压实度(%)	—	96以上	96以上	96.5以上
	2.36mm通过率(%)	—	±8.0以内	±7.5以内	±7.0以内
	0.075mm通过率(%)	—	±3.5以内	±3.5以内	±3.0以内
	沥青用量(%)	—	±0.55以内	±0.50以内	±0.50以内

施工过程中质量检查一般是单点评定的，检查时每个试验值都应达到交工验收时的标准，使交工时能经得起检查，不致造成交工检查不合格，故表中的质量标准基本相同。但是，实际上不可能每一个测点都达到要求，即合格率很难是100%。具体的质量检查方法在11.4.6(厚度)、11.4.7(压实度)、11.4.8(密水性)、11.4.9(外观及离析)、11.4.10(平整度)中逐项详细说明。

11.4.6 本条规定了厚度的检测方法。用插尺(一种专用的松铺厚度插入式测杆)或其他工具量松铺厚度、利用拌和数据进行总量检验，以及利用地质雷达检测都属于无破损检测方法，应该是质量控制的重点。从数据点的代表性及对路面的破损来说，钻孔取样是最不应该采取的方法，但是它的数据直观准确，所以现在还在使用中，钻孔一般是与压实度检测同时进行。不过，从以往的实践经验看，钻孔数据的"可靠性"往往是个问题，在对发生早期损坏的路面进行调查时，几乎都能发现厚度相差很大的现象。

据了解，在沥青路面的各项指标中，路面厚度是最难符合要求的。以施工质量较高的京津塘高速公路为例，总监办检测的数据汇总如表11-2。如果表面层厚度允许－4mm，总厚度允许－8mm，表中数据有相当部分超过允许值，合格率一般在90%左右，这应该是正常的。这次修改时，基本上仍然维持原来的要求没有改，但是考虑到路面结构层有不同的厚度，固定一个数不如改为百分数更恰当。对表面层40mm及总厚度160mm的结构，修改后的－10%及－5%与原来的－4mm及－8mm相同。

表11-2 厚度检测数据(单位:cm)

施工单位	表面层		中面层		底面层		总厚度	
	设计	测定	设计	测定	设计	测定	设计	测定
第一经理部	5.0	4.53～5.63	6.0	6.0～7.14	12.0	11.8～13.77	23.0	23.5～25.4
第二经理部		4.6～5.73		5.8～6.29		12.0～13.16		22.8～25
第三经理部		5.01～6.08		6.03～7.42		9.35～13.6		21.88～24.15

11.4.7 沥青路面的成败与否，压实是最重要的工序。许多高速公路沥青路面发生早期损坏，大多数都与压实不足有关，因此压实度的评定至关重要。

原规范对压实度的检测满足于钻孔测定密度计算压实度。本规范的最大修改是要求"沥青路面的压实度采取重点对碾压工艺进行过程控制，并适度钻孔抽检压实度的方法"。这是因为钻孔测试的压实度都是事后检查，且极易弄虚作假：只要把标准密度调小一些，压实度马上就高了；如果再把不合格的数据随意舍弃，那么钻孔试件的压实度数据将失去价值。现在有不少工程名义上压实度值很高，实际上含有虚假成分在内。据查国外规范对压实度的要求基本上都是马歇尔标准密度的96%及最大相对密度的92%，少数提高到97%、93%。我们有些工程很容易就达到马歇尔标准密度的97%、98%，甚至100%，以最大相对密度作标准密度时可以达到95%、96%以上，路面成型的残余空隙率都很小，许多居然小于3%，甚至提出了超碾压的问题。对此情况，许多学者非常担心，希望这些工程认真检查标准密度是否合理。

有鉴于此,大家必须在观念上作重大转变,改变钻孔试件测定压实度改为以压实工艺控制为主,钻孔检测作为抽检校核的手段。这样才可以逐步将事后检查转变为过程控制,即施工过程中的在线监测。

规范规定压实度是每 2000m^2 检查一组,逐点评定,按组计算合格率,同时要求平均值达到要求。无论是核子仪还是钻孔,压实度检测不可能点点都合格,有少数不合格的数据是不可避免的,决不能舍弃。本规范明确对合格率提出了要求,及出现不合格点时追加测点的方法。日本 2001 年 12 月发布的《路面设计施工指南》及《路面施工便览》的方法是以平均值评定的,要求沥青层的压实度原则上要求每 10000m^2 随机取样 10 个数据,评定 $\bar{X}_{10}$ 是否大于 96%(我国是 97%)。如果取 10 个样有困难,可先取 3 个样,要求 $\bar{X}_3$ 在压实度 96.5%以上,否则加取 3 个样,要求 $\bar{X}_6$ 达到 96%以上,仍然达不到压实度要求时,再增加检测点数,要求 $\bar{X}_{10}$达到 96%以上。如果在一批检测的数据中有一些数据不合格,应把不合格的区域细分,重新确认,将真正不合格的区域缩小至最小范围内,进行返工。

由于采用单点计算合格率及要求平均值符合要求的做法,对原来的压实度标准提高了 1%。有的工程将压实度要求提得很高,这样做未必好。如果提出过高的要求,客观上将可能迫使试验员弄虚作假。例如实测压实度 97.5%,如果要求 97%,数据不会舍弃,如果要求 98%,该数据就有可能被舍弃,以提高合格率。从保留真实的数据出发,压实度不宜不切合实际地要求太高,而应该在控制碾压工艺上下功夫。

现在有些工程的压实度非常高,一方面是标准密度偏低,另一方面是实测密度偏大。降低成型温度(比施工温度低),试件高度偏高,油石比偏低都有可能使标准密度偏低,而钻孔试件没有彻底干燥则将使实测密度偏大。有的工程以配合比设计时的马歇尔试验密度和最大相对密度作为标准密度,从工程开始一直用到结束,这显然是不对的。无论以哪一个作为标准密度,都必须按附录 E 的方法逐日确定。规范规定了 3 个标准密度,究竟采用那个密度为标准密度?是选用其中的一个还是选用其中的两个?本规范给工程单位留了一个选择的余地,但以其中合格率低的作为评定结果。由于每天进行马歇尔试验是必须做的,马歇尔标准密度每天都有,故使用较多。如果以最大理论密度作为标准密度时,对普通沥青混合料必须每天在制作马歇尔试件的同时进行真空法实测最大相对密度作为那一天的压实度的评定标准;对改性沥青或 SMA 混合料,必须以每天总量检验的平均矿料级配和油石比计算的最大理论密度作为评定标准,一时尚不能得出每天总量检验的结果时,也可以采用抽提筛分的结果计算的最大理论密度作为标准。

有的工程采用现场空隙率作为压实度的要求,因为空隙率是根据实验室试件标准密度与最大相对密度计算出来的,所以本质上没有任何区别,现场空隙率仅仅是压实度的另一种表示方法。国内外一般要求现场空隙率在 3% ~ 8%之间相当于最大相对密度的 92% ~ 97%。

核子密度仪是国外用于现场控制压实度的最常用的方法,但其测定值的波动性较大,测定结果受表面纹理、测定层温度及多种环境因素的影响。故核子仪必须严格标定,尤其是与试验段测定时的条件一致,对纹理较大的路面必须用细砂填平,每次测定以 13 个测点的平均值作为一个数据。图 11-1 是某工程的一组标定数据。现在又出现了电磁式的无破损检测仪器，如果能达到精度要求，也允许使用。

最近出现另一种动向值得注意，有的工程因为压实度达到99%、100%以上，或者现场空隙率小于3%，因此提出了不要“过碾压”的问题。这里首先要搞清楚什么叫“过碾压”？对SMA混合料，不断的碾压，沥青玛蹄脂部分逐渐上浮，表面构造深度越来越小，石料棱角被磨掉，压实度不再提高，是属于“过碾压”。另一种是当混合料已经冷却，不断的碾压不能使混合料继续压实，只能将石料压碎，是过碾压(此时压实度未必大)。而对密级配沥青混合料，“过碾压”是指碾压超过一定的遍数后，继续碾压不能使密度增加，反而开始下降的情况，如图11-2所示。这是因为碾压没有使混合料产生纵向的位移而压实，反而使混合料在横向变松动了。如果现场确实发现压实度经常或始终达到100%，或者现场空隙率经常小于3%(一般认为小于3%将容易出现早期车辙)，首先要检查标准密度。有一种情况是正常的，那就是室内试验的压实功很小，例如对SMA等采用50次击实次数的混合料，现场的压实功要比实验室的大得多，压实度高于100%并不奇怪。对沥青碎石基层或者粗粒式、特粗式沥青混凝土，当试件表面凹坑太多，钻孔试件表面又很光滑，压实度大于100%也是常有的。大量的国内外经验表明，密级配沥青混合料现场压实到超过实验室标准密度的情况非常罕见。所以，在没有搞清楚原因的情况下，盲目地提出不要过碾压，可能会有副作用，必须特别谨慎。

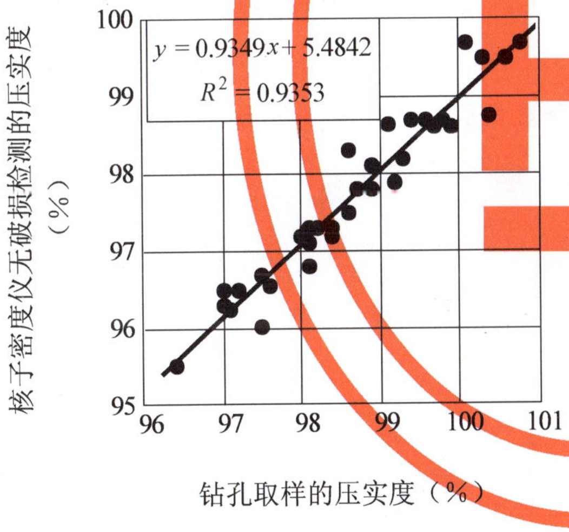

图11-1　核子仪与钻孔试件结果的标定关系

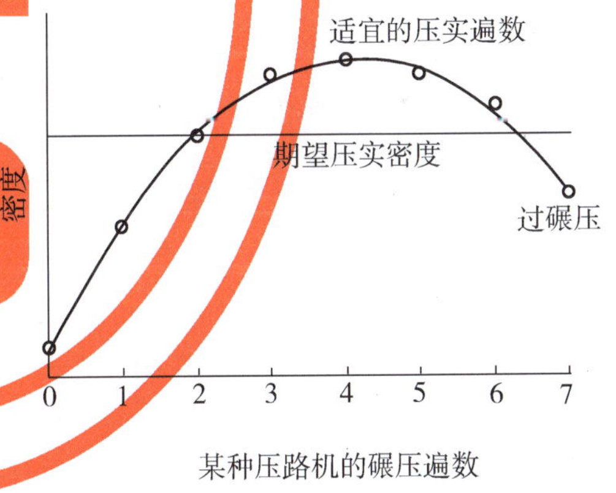

图11-2　沥青路面的过碾压

11.4.8　沥青路面的基本要求是沥青层能够基本上封闭雨水的下渗，即路面必须有良好的密水性，渗水严重的路面肯定是不耐久的。路面的压实度反映混合料的残余空隙率，它是施工质量的重要指标。但是实践证明，同样的空隙率，路面的渗水情况是不一样的。这是因为空隙率包括了开空隙和闭孔隙，而只有开空隙才能够渗水，所以空隙率和渗水系数有很大关系，却又是性质不同的两项指标；另外压实度和空隙率测定需要好几个参数，容易弄虚作假，而渗水系数非常直观，所以很多国家越来越重视直接检查渗水系数。本条渗水系数的规定是根据“沥青路面透水性能及指标”课题的研究成果提出的。由于灰尘很容易将空隙堵塞，使渗水试验无法做好，所以本规范规定渗水性只在施工结束时测定，在交工验收或使用过程中测定就太晚了。对于公称最大粒径大于26.5mm的下面层和基层沥青混合料,由于渗水系数的测定方法及指标问题,不适用于渗水系数的测定。当渗水系数太小时,需要警惕油石比是否太大,会不会引起车辙。

11.4.11 随着高速公路、一级公路施工中质量管理水平不断提高,规范规定了进行动态管理的方法,附录F作了具体说明,包括绘制管理图、直方图、建立变异系数标准。这个方法国外20年前已经很普遍,京津塘高速公路的监理就成功应用过(当时还没有计算机),现在工程上计算机已经相当普及,只要建设单位重视,做到动态管理是没有困难的。

11.5 交工验收阶段的工程质量检查与验收

11.5.1 交工验收与竣工验收不同,交工验收是对施工各个阶段中的每一个工序验收。竣工验收则是全部工程项目完工且交付使用(通车),经过一段时间的考验,由国家主管部门(或投资部门)对工程项目的包括质量、工程量、财政等各方面进行的检查验收,是属于政府的行政行为。交工验收是工程单位建设单位、施工单位、监理、质量监督单位自身的职责,通过验收对工程质量进行检查认可。本规范仅规定交工验收阶段的质量检查与验收。

不同的国家和部门交工验收也有各自的做法。许多国家是把验收与支付工程费用挂勾的,将质量合格率作为支付的依据。本规范规定的质量标准是检查质量是否合格的依据。

交工验收检查的项目与原规范基本相同,但检查频度、方法与质量标准有所调整。以表11.5.1-1中高速公路和一级公路的沥青混凝土路面的标准为例,本规范与原规范对比如表11-3。

表11-3 新老规范交工验收指标比较表

项目		原规范(1994年)		本规范(2004年)	
		频度	允许差	频度	允许差
面层总厚度	代表值	每1km 5点	-8mm	每1km 5点	设计值的-5%
	极值	每1km 5点	-15mm	每1km 5点	设计值-10%
上面层厚度	代表值	每1km 5点	-4mm	每1km 5点	设计值的-10%
	极 值	每1km 5点	-8mm	每1km 5点	设计值-20%
压实度	代表值	每1km 5点	马歇尔密度的95% 试验段密度的98%	每1km 5点	实验室标准密度的96% 最大理论密度的92% 试验段密度的98%
	极值(最小值)	—	—	每1km 5点	实验室标准密度的96% 最大理论密度的92% 试验段密度的98%
路表平整度	标准差σ	全线连续	1.8mm	全线连续	1.2mm
	IRI	—	—	全线连续	2.0m/km
路表渗水系数		—	—	每1km 5点	300ml/min(普通沥青路面) 200ml/min(SMA路面)

续上表

项目		原规范(1994年)		本规范(2004年)	
		频度	允许差	频度	允许差
宽度	有侧石	每1km 20个断面	±20mm	每1km 20个断面	±20mm
	无侧石	—	—	每1km 20个断面	不小于设计宽度
纵断面高程		每1km 20个断面	±15mm	每1km 20个断面	±15mm
中线平面偏位		—	—	每1km 20个断面	±20mm
横坡度		每1km 20个断面	±0.3%	每1km 20个断面	±0.3%
弯沉	回弹弯沉	全线每20m 1点	符合设计要求	全线每20m 1点	符合设计对交工验收的要求
	总弯沉	全线每5m 1点	符合设计要求	全线每5m 1点	符合设计对交工验收的要求
构造深度		每1km 5点	符合设计要求	每1km 5点	符合设计对交工验收的要求
摩擦系数摆值		每1km 5点	符合设计要求	每1km 5点	符合设计对交工验收的要求
横向力系数		全线连续	符合设计要求	全线连续	符合设计对交工验收的要求

对比上表,可以看出对高速公路、一级公路的交工验收,质量检查的频度都保留了原规范的规定,但检查项目上有所调整。增加了渗水系数和中线偏位两项指标。对压实度,由于计算合格率需要增加了极值评定,对平整度增加了颠簸累积仪测定的IRI值。

11.6 工程施工总结及质量保证期管理

11.6.4 原规范规定了沥青路面施工的质量保证期,这本来是非常重要的。本规范取消了这个规定是因为它属于管理范畴,不在本规范的范围之内。现在欧美一些国家已经开始要求较长的质保期,这样做是建立在设计、施工的总承包体制的基础上的。如果施工单位没有相当的自主权,不能对设计、材料、施工负全责,使用质量是无法担保的。所以我国目前对质保期往往并不能彻底执行,说明在设计、施工、管理体制上还有许多问题需要研究。

附录A　沥青路面使用性能气候分区

A.1.1　在规范总则中规定我国沥青路面的气候分区按本附录A执行。本附录规定了高温、低温、雨量条件分区的确定方法,它是国家"八五"科技攻关课题"道路沥青与沥青混合料的路用性能"的重要研究成果。它在参考美国SHRP研究成果并结合我国国情的基础上,与气象部门合作,经过对我国615个气象站点30年的资料分析,在大量的气象要素中选择了能够较好地表征我国气候特点对沥青材料性能影响的指标,经过计算机网格化处理和气象上常用的等概原则划分的。此气候分区方法已经在《公路改性沥青路面施工技术规范》中首先使用,取得了良好的效果。

分区指标对各种参数进行了比较分析,高温指标比较了7月平均最高气温、积温等,低温指标是对极端最低气温、冰冻指数、负积温等,雨量指标比较了年降雨量、雨日数等。

工程单位在使用气候分区时,查图只能作为参考,应该向当地的气象台站了解有关数据,按统一的方法进行计算,确定本地区的气候分区,如果可能,宜采用30年的气象记录进行概率统计。对高速公路、一级公路宜取95%~98%的概率,一般公路取90%的概率。

A.4.6　由于全国的沥青路面气候分区比较粗,现在有不少省已经按照本规范的方法,对本地区的气候条件作更具体的分区,甚至按照本地区的情况对分区指标进一步细化,这些都是很有益处的,建议其他各省也应该这样做。

附录B 热拌沥青混合料配合比设计方法

B.1 一般规定

B.1.1 沥青混合料的配合比设计方法是本规范的核心内容之一。配合比设计的结果直接影响沥青路面的施工质量和使用寿命。本规范的修订是根据“沥青混合料矿料级配及配合比设计方法的修订”课题成果提出的。

B.1.2 本附录主要规定目标配合比设计的方法,对现场生产配合比设计也可参照使用。在此基础上,还需要经过试拌试铺阶段,才能最终完成配合比设计。

国际上有各式各样的配合比设计方法,根据我国的实际情况、经验与技术水平,一致认为仍然采用马歇尔设计方法是符合国情的,这是我们的基本方法和依据;但同时又不能拘泥于规范,在有条件的地方和工程,鼓励学习国际上的先进经验,使配合比设计水平得到提高,因此本规范允许采用其他配合比设计方法在工程中应用。考虑到目前施工质量检验阶段一般都采用马歇尔方法,而且便于与标准的马歇尔方法、以往的实践经验进行对比,所以也要求在采用其他配合比设计方法时按本规范规定的马歇尔方法进行检验,并提出相应的指标。

B.2 确定工程设计级配范围

B.2.1 本规范第5章对矿料级配范围分为“规范规定的级配范围”、“工程设计级配范围”、“施工允许波动级配范围”这三个层次。本节规定了如何调整确定工程设计级配范围的方法和步骤。

B.3 材料选择与准备

B.3.1 配合比设计的材料已经在第4章作了详细说明,这里需要强调的是配合比设计取样的代表性问题。一些单位委托有关部门进行配合比设计,但生产时并不是设计时使用的材料。在新修改的《公路工程集料试验规程》中对集料的取样有新的要求,应该按新的要求执行。

B.4 矿料配合比设计

B.4.1 具体的矿料级配计算方法,现在大都采用计算机EXCEL的功能,开发了各种各样的矿料级配设计和级配曲线绘制方法,速度快,图表清晰,均可使用。不过,有的单位完全按照数理统计的最优化设计方法设计则未必是好方法,毕竟各个筛孔的重要性是不一样。所以,还是人机对话不断调整得到的方式较好。

B.4.2 级配设计的第一步是绘制沥青混合料的最大密度线,其画法应按照试验规程的方法,不得各行其是。关于最大密度线曾经有过3种意见,即图B-1中的A、B、C线,后来统一采用A线,本规范采用此法。通过级配曲线与最大密度线的相互位置,可以大致估计出矿料级配的VMA和混合料的空隙率。由于各个的筛孔不一致,例如美国没有16mm筛孔,所以最大密度线的具体位置稍有差别。

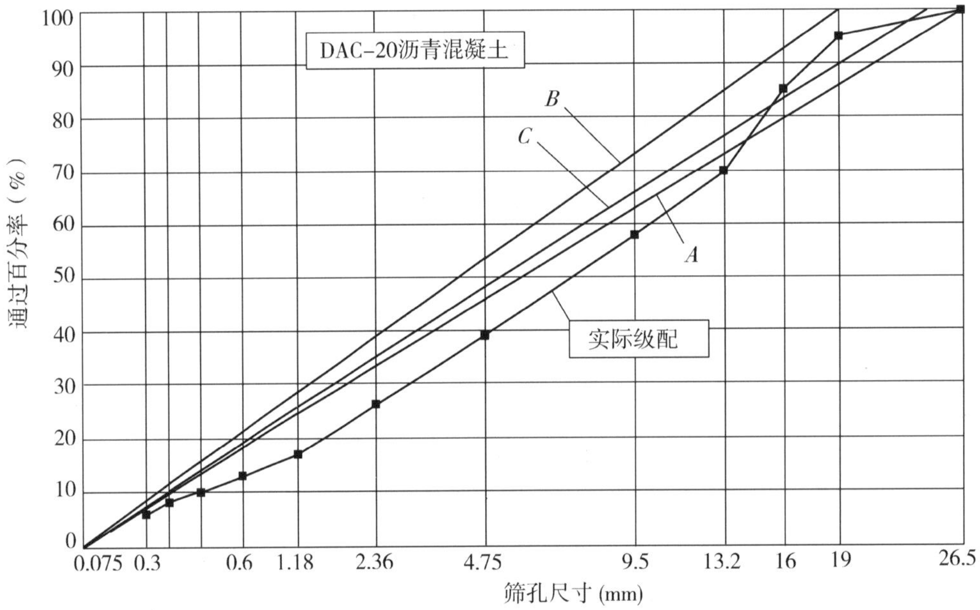

图B-1 AC-20沥青混合料矿料级配最大密度线的3种不同画法

B.4.3 美国Superpave混合料设计体系的一大特点是对矿料级配进行优选,而我国原规范的一个缺点在于要求矿料级配曲线尽量靠近中值。为此本规范补充了级配曲线进行优选的内容,希望在设计级配范围内计算1~3组粗细不同的配合比,使包括0.075mm、2.36mm、4.75mm筛孔在内的较多筛孔的通过量分别位于设计级配范围的上方、中值及下方,然后进行一系列比较。尽管如此优选也是初步的,还没有包括经济分析在内。如果结合具体的材料价格对各种级配进行经济比较,那就更好了。

B.5 马歇尔试验

B.5.1 近段时间以来,我国对于沥青混合料试件各项体积指标,包括密度、空隙率、VMA、VFA的测定和计算方法一直存在一些争议。许多配合比设计都说是4%的空隙率,但实际上可能相差很大。应该说,世界各国对这些体积设计指标的测定和计算方法都不尽相同,在一个国家,则只有一个统一的方法。本节对马歇尔试验的体积指标的测定和计算方法作了全面的修改。

B.5.3 空隙率是由沥青混合料试件的密度和最大理论密度计算得到的,统一空隙率计算方法就必须统一试件相对密度和最大理论相对密度的测定或计算方法。

关于最大理论相对密度的问题,试验规程规定了进行实测的真空法、溶剂法,也有计算法,不同的方法有不小的差别。经过大量的对比试验,经反复征求各方面的意见,认为溶剂法计算体积时把集料内部开口体积都扣除,最大密度偏大,测定的空隙率过大,不符合实际情况。同时,一致同意采用真空法实测沥青混合料的最大理论相对密度作为我国的标准方法。在测定过程中,要求完全按照试验规程的方法,将混合料充分分散,达到规定的真空度和抽气时间,以便真正做到混合料处于零空隙率状态。混合料的存放时间则统一为暂不存放。

但是,对普通沥青混合料,人工分散到 6mm 以下,在水中加极少量的表面活性剂,借助于抽真空及震荡 15min 能将混合料进一步分散,重复试验的精度能做到 0.011 以内。如果采用真空法测定改性沥青混合料或 SMA 混合料的最大理论相对密度时,试验表明,改性沥青因为粘度大,不仅人工分散很难达到小于 6mm 以下的要求,而且在小于 6mm 以下的团粒中仍然包含有不少气泡,它在相同的真空及振动情况下不能使团粒继续分散,封闭在集料团粒中的空气不能跑出,最大理论相对密度将变小,且平行误差超过要求,所以得不到"零空隙"时的最大理论相对密度。对改性沥青的 SMA 混合料有纤维时分散更困难。

因此对改性沥青混合料和 SMA 混合料,将只能用计算法求取混合料的最大理论密度。但在如何计算的方法上,又有不少不同的意见。大部分单位和专家认为可以参考美国 Superpave 计算有效相对密度的方法,根据各种集料不同的吸水率选用不同的系数 C 值计算有效相对密度是可行的。Superpave 规定一般情况可取 $C=0.8$,对集料吸水率较大时,可取 $C=0.5\sim0.8$。我国学者经过试验研究,由沥青浸渍密度反算得到的不同吸水率时的 C 值见图 B-2。

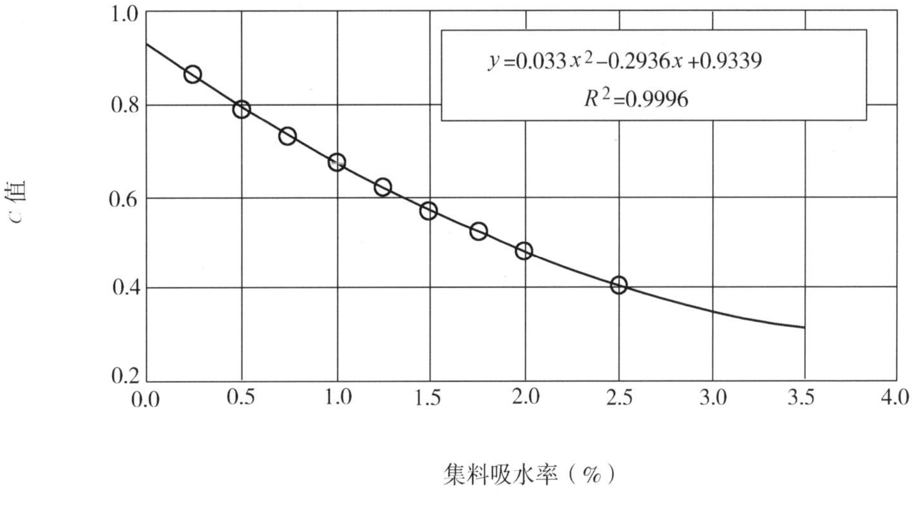

图 B-2 计算集料有效相对密度的权重系数 C 值

图中关系式的相关系数达到0.9998。本规范规定了实际计算的步骤,它利用计算机计算是非常简单的。由图可见,Superpave所说的 C 值可取0.5~0.8大体上适用于吸水率0.5%~1.7%的范围内,吸水率超过1.7%是很少的。

在引进有效相对密度后,必然需要确定合成毛体积相对密度和合成表观相对密度,对合成表观相对密度的计算一般没有分歧,但对合成毛体积相对密度的方法则有种种不同的意见。意见集中在2.36mm以下的机制砂、石屑如何测定毛体积相对密度上。研究课题进行了大量的对比试验,得出了规范规定的方法,即"机制砂及石屑可按T 0330方法测定,也可以其中筛出的2.36~4.75mm部分的毛体积相对密度代替"。

具体到工程上使用时,目标配合比设计阶段各种材料是分开的,工程上可根据实际情况处理。例如:

(1)当石屑规格为0~5mm,或者虽然已经分开有3~5mm(S14)及0~3mm(S16)两档规格,但材料品种相同时,将其中的2.36mm以下部分筛除后按粗集料方法(T 0304)测定毛体积相对密度,作为这些材料的毛体积相对密度。

(2)材料分开有3~5mm(S14)及0~3mm(S16)两档规格,但材料品种不同,例如3~5mm为玄武岩,0~3mm为石灰岩,则将3~5mm材料中的2.36mm以下部分筛除,从0~3mm(S16)材料中筛取2.36mm筛上部分,分别按粗集料T 0304方法测定毛体积相对密度使用。

在生产配合比设计时,材料从热料仓取样。但拌和机的热料仓中的材料有相当的混杂,测定毛体积相对密度也会变得更复杂。因为同一个热料仓会有不同品种的石料,如机制砂、天然砂、石屑等。这时要弄清不同材料的比例很困难,分别取用不同材料测定表观相对密度和毛体积相对密度更是不可能。所以此时只能将这个仓的全部材料将0.075mm部分筛除后作为混料进行两种密度的测定,尽管仍然会不准确,但也无法解决。

在进行各种配合比设计时,体积指标的计算方法必须统一,因为它直接影响配合比设计结果,也影响压实度检测的标准密度。

经过本规范的修改以后,我国在沥青混合料体积指标的计算上与美国现行方法基本上已经没有区别。只是由于改性沥青的最大相对密度确定方法有差异,所以表面上公式都相同,实际结果略有所不同,见表B-1。

表B-1 中美两国在体积指标计算方法上的差别

指　标	我国方法	美国方法	说　明
试件毛体积相对密度 γ_f	表干法或蜡封法 γ_f	表干法或蜡封法 γ_f	完全相同
混合料最大相对密度 γ_t	普通沥青:真空法 改性沥青:计算法	真空法	普通沥青相同 改性沥青不同
集料的有效相对密度	$\gamma_{sb}=\dfrac{100}{\dfrac{P_1}{\gamma_1}+\dfrac{P_2}{\gamma_2}+\cdots+\dfrac{P_n}{\gamma_n}}$	$\gamma_{sb}=\dfrac{100}{\dfrac{P_1}{\gamma_1}+\dfrac{P_2}{\gamma_2}+\cdots+\dfrac{P_n}{\gamma_n}}$	普通沥青相同 改性沥青不同

续上表

指　标	我国方法	美国方法	说　明
空隙率	$VV=\left(1-\frac{\gamma_f}{\gamma_t}\right)\times 100$	$VV=\left(1-\frac{\gamma_f}{\gamma_t}\right)\times 100$	完全相同
VMA	$VMA=\left(1-\frac{\gamma_f}{\gamma_{sb}}\times P_s\right)\times 100$	$VMA=\left(1-\frac{\gamma_f}{\gamma_{sb}}\times P_s\right)\times 100$	完全相同
VFA	$VFA=\frac{VMA-VV}{VMA}\times 100$	$VFA=\frac{VMA-VV}{VMA}\times 100$	完全相同
有效沥青用量	$P_{be}=P_b-\frac{P_{ba}}{100}\times P_s$	$P_{be}=P_b-\frac{P_{ba}}{100}\times P_s$	完全相同

必须注意：原规范都要求按下式计算沥青的体积百分数，且以 VA + VV 作为 VMA，本规范由于直接引用了有效相对密度、有效沥青用量、沥青吸收入集料的比例等概念，由总的沥青用量计算的 VA 实际上已经没有意义。相反，本规范要求计算有效沥青用量及沥青膜的厚度，同时计算粉胶比，以估计沥青用量是否合理，这也是重大的改变。

本规范的方法是经过大量的试验研究反复论证确定的。希望各单位统一按照规范规定的方法计算。

B.5.8 关于试件的密度，各国都采用毛体积相对密度，这一点比较统一，但具体测定时又有水中重法、表干法、蜡封法、体积法之分。本规范进行了大量的对比试验，统一采用表干法，吸水率大于2%时采用蜡封法，对大孔隙的混合料采用体积法，而通常不再采用水中重法，只有施工质量检验时作为相对比较，对吸水率非常小的还可以使用。当然，沥青混合料采用表干法或蜡封法并非理想的方法。在美国，正在研究一种新的真空包装法(Corelok)测定沥青混合料试件的毛体积相对密度。

B.6　确定最佳沥青用量(或油石比)

B.6.1 在以前的规范中，我国采用日本的方法，即以全部满足规范要求的沥青用量范围中值为最佳沥青用量。按此方法能共同满足要求的沥青用量范围往往很窄，基本上只有空隙率一个指标。它与现在美国由空隙率决定最佳沥青用量一样，不过只要在设计范围内就行，不一定是4%。上次修订规范时考虑空隙率不容易准确测定，参照了当时欧美许多国家的办法，把马歇尔稳定度、密度的影响考虑进来了，实际上是马歇尔试验加经验的方法。美国 MS-2 马歇尔方法确定最佳沥青用量也是一个综合平衡的方法。1994 年第 6 版后改变为以设计空隙率范围的中值(4%)作为初始沥青用量，检验其他各项指标是否都符合设计要求。如果符合，即作为最佳沥青用量；如果不能全部符合设计要求时，则找出全部符合设计范围内的中值，以此作为最佳沥青用量 OAC。对两种方法进行了折衷。在 2000 年的美国热拌沥青混合料施工手册中，仍采用 MS-2 的方法。但对机场道路,提出了采用4项指标:密度峰值、4%的空隙率、75%的VFA,以及马歇尔稳定度的峰值所对应的沥青用量的平均值作为设计的最佳沥青用量。在澳大利亚以前的规范中也使用了VFA的中值。本规范修订时,综合考虑了各个方面,对确定最佳沥青用量规定一个宽松的方法,强调必须特别重视当地的成功的经验,在实用上有非常重要的意义。尤其对于一个较小范围的地区,材料和级配基本上变化不大,成功的实践经验更有价值。调查认为原规范确定最佳沥青用量基本上是可行的。鉴于目前仍然采用马歇尔试验作为配合比设计方法以及在空隙率指标测定不准确的情况下,还不具备仅依靠空隙率一个指标确定最佳沥青用量的条件,因此综合确定了本规范现在推荐的方法。在空隙率标准上,本规范根据国内外经验,不固定一个值(如4%),而是在不同的气候和交通条件下选用不同的值。在确定OAC_1时,增加了VFA中值相对应的沥青用量参加平均,是考虑到VFA反映沥青结合料填充矿料间隙的程度,对混合料的耐久性有意义,将其考虑进来是必要的。

但是,许多单位在采用S型密实嵌挤型级配后,发现绘制的各种指标与油石比的关系曲线中,密度和稳定度两个指标中有一个或者两个经常不出现峰值。本规范考虑到这种情况,规定在这种情况下可以以空隙率为准确定最佳沥青用量,但必须检验其他指标都符合要求。

在规范图B.6.1中,全部满足的各项指标的共同范围中,是不包括VMA的,在本规范的配合比设计方法中,VMA实际上是一个检验指标。在按照以上方法确定最佳沥青用量OAC后,反过来可以从试验曲线上得出OAC所对应的空隙率和VMA,再由空隙率从表6.5.1中确定此空隙率所要求的最小VMA值,当空隙率不是整数时,由内插法确定,比较实际的VMA是否满足此要求。如果满足要求,设计即通过,否则需要调整级配,重新进行矿料级配设计。由于最小VMA的标准与公称最大粒径及设计空隙率有关,所以它实际上变成了一项检验标准。即在开始绘制配合比设计曲线时,并不知道最小VMA,无法画要求的最小VMA线,它是在确定OAC和设计空隙率后补上去的。

本规范要求计算沥青结合料被集料吸收的比例及有效沥青含量,它是由集料的合成毛体积相对密度与合成表观相对密度计算得到的,在总的沥青用量中扣除了这部分被吸收的沥青数量后便可得到有效沥青含量。计算有效沥青含量的目的在于估算粉胶比和沥青膜的厚度。由于我们以前计算粉胶比时都计算0.075mm通过率与总的沥青质量之比,本规范改为有效沥青用量后,粉胶比将会比以前小,这里仍然要求控制在0.8~1.2范围内,实际比以前放宽了,所以更应该注意粉胶比偏大的危险。计算沥青膜厚度的方法很多,本规范采用的表面积系数是美国NCAT研究的成果。所需要注意的是,集料的比表面主要取决于细粉数量,对大于4.75mm部分的表面积只计算一个(100×0.0041)的值,其他档次都不再重复计算。在澳大利亚1996年沥青路面设计手册中规定的集料比表面计算方法与日本的相同,按式$A=(2+0.02a+0.04b+0.08c+0.14d+0.30e+0.60f+1.60g)\times0.20482(m^2/kg)$计算,其中9.5mm以上均归入系数2中,式中$a\sim g$依次为4.75、2.36……0.075(mm)通过率。但计算沥青膜厚度的方法却不同,澳大利亚采用下式计算:

$$F=\frac{Q_{EB}}{100-Q_{BIT}}\cdot\frac{1}{A}\cdot\frac{10^3}{\rho_{BIT}}$$

式中：Q_{EB}——有效沥青含量（混合料的质量），%；

Q_{BIT}——总沥青用量（混合料的质量），%；

A——混合集料表面积，m^2/kg；

ρ_{BIT}——25℃沥青密度，t/m^3。

日本不用有效沥青含量的概念，式中分子上直接采用油石比。

关于沥青膜的厚度，本规范未提出具体指标，根据国外的资料介绍，通常情况下连续密级配沥青混合料的沥青膜有效厚度宜不小于6μm，密实式沥青碎石混合料的有效沥青膜厚度宜不小于5μm，我们在进行配合比设计时也可参考这个数值控制。

B.7 配合比设计检验

B.7.1 本规范对配合比设计检验的指标增加了沥青混合料的渗水试验要求，是经过专题研究，在大量实际测定结果的基础上汇总制订的。研究表明，渗水性与空隙率有很大的关系，但又有很大的区别，空隙率是反映的总的空隙，而渗水性只反映开空隙，它与级配类型、集料粒径等多种因素要关系。

附录C SMA混合料配合比设计方法

本规范关于SMA的配合比设计方法基本上是按照《沥青玛蹄脂碎石路面技术指南》(SHC F40-01—2002)编写的。在该规范出版后,一些专家提出了两个不同的看法。

首先,关于击实成型次数的问题。有人建议由双面击实50次改为75次,增加击实成型次数对密度的增加有一定意义,但集料颗粒击碎的问题比较严重。由于SMA混合料是典型的粗集料嵌挤型混合料,是间断级配,相对来说击实成型要比较容易,一般双面击实50次基本上可以密实,增加到75次可以继续增加密度,但意义不大,所以国际上绝大部分的国家都是击实成型50次,这样也好统一。考虑到工程上的需要,或者所使用的集料相当坚硬,适当增加击实次数也不一定把集料颗粒击碎,击实成型75次也是允许的。

还有一种意见是取消对最小油石比的规定。由于我国的气候条件夏季十分炎热,重载交通严重,所以最小油石比的意义已经不大,故本规范修订时明确将其取消。

乔治亚州是美国应用SMA最广泛的州之一,其SMA的级配范围规定如表C-1。

表C-1 美国乔治亚州SMA级配范围

类 型	通过以下筛孔(mm)的百分率(%)							
	25	19	12.5	9.5	4.75	2.36	0.3	0.075
SMA-25	100	90~100	44~70	25~60	20~28	15~22	10~20	8~12
SMA-12.5	—	100	85~100	50~75	20~28	16~24	10~20	8~12
SMA-9.5	—	—	100	70~100	28~50	15~30	10~17	8~13
允许波动范围	±0	±7	±6.1	±5.6	±5.7	±4.8	±3.8	±2.0

附录 D　OGFC 混合料配合比设计方法

D.1.1　铺筑大孔隙排水式沥青混合料 OGFC 的主要目的是使路面在高速行车条件下，雨水可以极迅速地通过混合料内部的大的开口孔隙排出路面以外，不产生溅水和水雾，同时大幅度降低路面噪声。现在 OGFC 在日本使用最普遍，政府要求所有的高速公路表面层都加一层 OGFC，其目的是为了减小噪声，政府发布的指针已经把路面的排水性作为一个设计标准。但是由于 OGFC 的结构特点，在材料和使用条件上也有不少需要注意之处。首先是 OGFC 的孔隙特别大，如果进入孔隙的灰尘不能被汽车高速行驶的负压吸走，灰尘不断填充孔隙、被汽车压实而堵塞，则其功效将迅速降低，一旦堵塞将很难清除。所以 OGFC 适用于多雨地区的高速公路。另外由于孔隙大，一旦进水而发生冰冻，也将影响其耐久性。对这种大孔隙排水式沥青混合料，我国还缺乏经验，使用时需要慎重。OGFC 通常采用 OGFC－19 或 OGFC－13 两种类型，当特别需要降低噪声时，宜采用公称最大粒径较小的级配。

D.3.2　OGFC 再早出现在欧洲，通常称为 PFC（Porous Friction Course），也称为 PEM（Porous European Mixes），其传到美国、日本后才被称为 OGFC。各国对 OGFC 的建议级配范围不尽相同。德国规范（ZTV asphalt 技术要求）对 PFC 的技术要求如下表 D-1。其中木质素纤维的用量一般为 0.5%，矿粉填料为 4%～6%。

表 D-1　德国对 DFC 的技术要求

OPA	单位	规格	
		0/11	0/8
矿料	—	优质石屑、优质砂、矿粉	
级配　< 0.09mm	%	4～6	4～6
> 2mm	%	85～90	85～90
> 5mm	%	80～90	75～85
> 8mm	%	75～85	≤10
> 11mm	%	≤10	—
沥青		PmB45，PmB65	PmB45，PmB65
沥青含量	%	5.3～6.5	5.5～6.8
稳定剂	%	≥0.5	
压实温度（马歇尔试件）	℃	135±5	—
空隙率（马歇尔试件）	Vol.%	20～24	—
压实度	%	≥97	—
施工空隙率	Vol.%	≥22.0	—

日本沥青路面要纲及美国联邦公路管理局(FHWA)推荐的 OGFC 排水式沥青混合料的级配如表 3-2。日本的设计空隙率为 15% ~ 25%,沥青用量 4% ~ 6%。美国的设计空隙率约 12% ~ 15%,铺筑厚度约为 20 ~ 25mm。美国乔治亚州是美国排水性路面应用较普遍的一个州,它的级配范围如表 D3-2,沥青用量对 9.5mm 及 12.5mm 的 OGFC 要求分别为 6.0% ~ 7.25% 及 5.75% ~ 7.25%,均要求用 PG76-22 铺筑,可供参考。

表 D-2 日本沥青路面要细及美国联邦公路管理局(FHWA)推荐的级配范围

筛孔(mm)		26.5	19	13.2(12.5)	9.5	4.75	2.36	1.18	0.6	0.3	0.15	0.075
日本沥青路面铺装要纲		—	100	90 ~ 100	—	11 ~ 35	8 ~ 25	—	5 ~ 17	4 ~ 14	3 ~ 10	2 ~ 7
日本排水性路面设计指针		100	90 ~ 100	64 ~ 84	—	10 ~ 31	10 ~ 20	—	—	—	—	3 ~ 7
		—	100	90 ~ 100		11 ~ 35	10 ~ 20	—	—	—	—	3 ~ 7
FHWA 开级配磨耗层混合料设计方法		—	—	100	95 ~ 100	30 ~ 50	5 ~ 15	—	—	—	—	2 ~ 5
		—	100	90 ~ 100	60 ~ 80	12 ~ 30	10 ~ 22	—	—	—	—	2 ~ 6
乔治亚洲 9.5mmOGFC		—	—	100	85 ~ 100	20 ~ 40	5 ~ 10	—	—	—	—	2 ~ 4
乔治亚洲 12.5mmOGFC		—	100	85 ~ 100	55 ~ 70	15 ~ 25	5 ~ 10	—	—	—	—	2 ~ 4
乔治亚洲 12.5mmPEM		—	100	80 ~ 100	35 ~ 60	10 ~ 25	5 ~ 10	—	—	—	—	1 ~ 4

D.3.3 众所周知,OGFC 与一般沥青混合料不同,其矿料级配较粗且多为开口空隙,其最大的特点是空隙率高,而且难以使用通常的马歇尔试验方法确定沥青含量。本规范参考国外的配合比设计方法,主要以各项功能性检验为主,选择期望的空隙率而又具有较高耐久性的最大容许沥青膜厚度来确定沥青含量。

这种配合比设计的特殊之处是油石比主要由析漏试验结果选定。通常以析漏试验确定的沥青混合料不致产生流淌的沥青用量作为上限,以肯特堡试验检验沥青混合料在通车后粒料不致松散、脱落、飞散时的沥青用量为下限。

沥青用量一般都通过试算确定。在美国试算时考虑沥青吸入集料内部,要求测定集料的毛体积密度和表观密度,计算混合料所需的有效沥青用量及总沥青用量。混合料成型采取便携式的电磁振动锤进行振动压实或振动台(3600rpm,振幅 0.33 × 0.05mm)成型。计算振动后的单位重、粗集料空隙率(VCA)、细集料最佳用量。用确定的沥青用量沥青粘度在 800 厘斯时的温度下拌和混合料,集料完全裹覆后,把混合料倒在硼硅酸玻璃板(直径为 200 ~ 225mm)上,迅速摊开混合料,放进不低于 107℃的烘箱内 60min 观察板底状况。如在集料与玻璃板接触处有轻微的沥青印迹,表明沥青用量是合适的。否则应在更高或更低的拌和温度下重复这个试验,以达到要求的接触印迹。如果拌和温度低到集料的干燥温度(典型温度)仍有析漏,那么应选择较高粘度的沥青。然后对设计混合料进行浸水抗压试验检验,在 49℃浸水 4d 后,测定抗压强度残留强度指标应不低于 50%,否则应采取措施提高粘附力以获得足够的残留强度。

由于美国的方法过于繁复,日本的方法较为简单,本规范参考日本的方法进行配合比设计。

附录 E　沥青层压实度评定方法

沥青路面的压实度是非常重要的质量指标,许多高速公路发生早期损害大都与压实不足有关。在第 11 章已经对压实度观念的转变,即由原来的单纯依赖钻孔密度控制压实度转变为重点控制碾压工艺,钻孔只作为辅助性检验的理由进行了充分的阐述。本附录更具体的规定了标准密度的确定方法,规定了在交工验收阶段以压实度的代表值及极值进行评价的方法。压实度和厚度都是单点控制。在计算代表值时,考虑了不同等级公路的保证率,对高速公路、一级公路为 95%,其他等级公路为 90%。在路面厚度验收时也需要计算代表值,计算方法也按附录 E 执行。

附录 F 施工质量动态管理方法

F.0.1 沥青路面施工过程中的动态质量管理,国外工业发达国家早在20多年前就相当普及。当初京津塘高速公路在外国监理的指导下,自始至终很好地使用了这个方法,为施工质量管理起到了很好的作用,工程结束后有过详细介绍文章(见《京津塘高速公路论文集》)。上次规范的内容也是在国内外实践经验的基础上提出来的。但是遗憾的是,在京津塘高速公路以后,没有一个高速公路工程的建设单位和监理继续采用这个方法,说明还是我国的管理水平问题。动态质量管理是过程控制的重要手段,旨在及时发现影响质量的因素,提高施工质量的稳定性,减小变异系数。

例如对沥青混合料或沥青路面来说,离析是产生局部损坏的重要原因。如何发现离析,采取措施提高混合料的均匀性是防止沥青路面早期损害的重要手段之一。通过动态质量管理可以帮助我们寻找产生离析的原因。举例来说,沥青混合料进行抽提筛分会发现每天的油石比有波动,但是由什么原因造成的呢?我们可以从矿料级配中影响油石比的关键性筛孔(一般是2.36mm)与油石比变化的关系得出判断。以抽提筛分的2.36mm通过率作为横坐标,以油石比作为纵坐标。将一个时期的试验结果绘成图F-1,该混合料设计油石比为5.4%,图中折线A的油石比波动在5.2%~5.6%范围内,似乎每天油石比

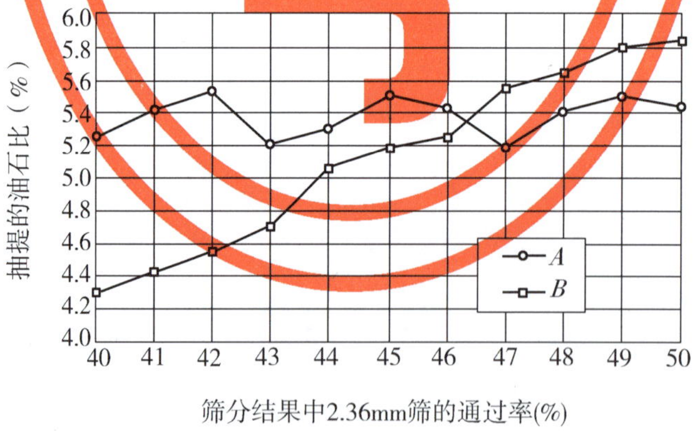

图F-1 关键性筛孔2.36mm通过率与油石比变化的关系

控制得很好,误差远小于±0.3%,但它与细集料含量关系不明显,尽管细集料通过率从42%波动到50%,而油石比变化不大,充分说明油石比的波动发生在沥青混合料的拌和以前,它可能是原材料的规格和自身的级配变化、装载车取样不均、冷料仓的供料等原因造成。每拌和一盘的沥青数量变化不大,而集料级配变化大,就成为这样的结果。这样的混合料铺筑在路上将会使细集料少的部位显得油多,相反细集料多的部位沥青偏少,造成局部泛油和渗水严重,这是现在比较常见的离析。而图中折线B则可能是拌和以后造成

的离析，因为在混合料中，细集料的表面积大，细集料含量高的混合料油石比肯定会大，说明图的情况是符合规律的。如果这种情况是在拌和机或运料车取样的抽提试验结果，这种波动很可能是取样缺乏代表性，尽管油石比的波动范围远远超过了 5.4% ±0.3% 的范围，但对混合料质量的影响反而不一定有多大。如果这些数据是在摊铺机现场不同位置取样的试验结果，那就说明混合料的拌和、运输、摊铺造成不均匀的结果，也是典型的离析。相比起来，*A* 的情况比 *B* 的情况可能还要不好，这说明试验数据的动态管理是很有价值的。

F.0.3 现在施工质量数据的动态管理除了原始数据随时间变化的曲线外，通常采用平均值和极差的管理方法。以某工程 1 个月的油石比抽提数据为例，试验结果如表 F-1（为说明问题故意选用波动特别大的数据），以前 3 天检测结果的平均值及前 3 天检测结果的极差。由此可以绘制出 3 张质量管理图（图 F-2a）、b）、c），统称为 $\bar{X}$-R 管理图。自上而下为工程逐日检测结果平均值 $\bar{X}$ 管理图（每天 3 次检测的平均值）；相同日期平均值 $\bar{X}$ 的极差管理图；一定日期（前 3 天）每天检测结果平均值 $\bar{X}$ 的平均值 $\bar{\bar{X}}$ 管理图。

表 F-1　油石比逐日试验结果记录

检测次数（日期）	1	2	3	4	5	6	7	8	9	10	11	12	13	14	15
当天检测结果（3 次抽提的平均值）	6.3	5.8	5.73	6	6.2	5.8	5.75	6	6.2	5.9	6.1	5.9	6.2	5.7	5.8
前 3 天的平均值	—	—	5.94	5.84	5.98	6.00	5.92	5.85	5.98	6.03	6.07	5.97	6.07	5.93	5.90
前 3 天平均值的极差	—	—	0.57	0.27	0.47	0.40	0.45	0.25	0.45	0.30	0.30	0.20	0.30	0.50	0.50
检测次数（日期）	16	17	18	19	20	21	22	23	24	25	26	27	28	29	30
当天检测结果（3 次抽提的平均值）	6.26	6	5.75	6.2	6	6.1	5.8	5.9	6.1	5.9	6.15	6.18	6	5.75	6.1
前 3 天的平均值	5.92	6.02	6.00	5.98	5.98	6.10	5.97	5.93	5.93	5.97	6.05	6.08	6.11	5.98	5.95
前 3 天平均值的极差	0.56	0.46	0.51	0.45	0.45	0.20	0.30	0.30	0.30	0.20	0.25	0.28	0.18	0.43	0.35

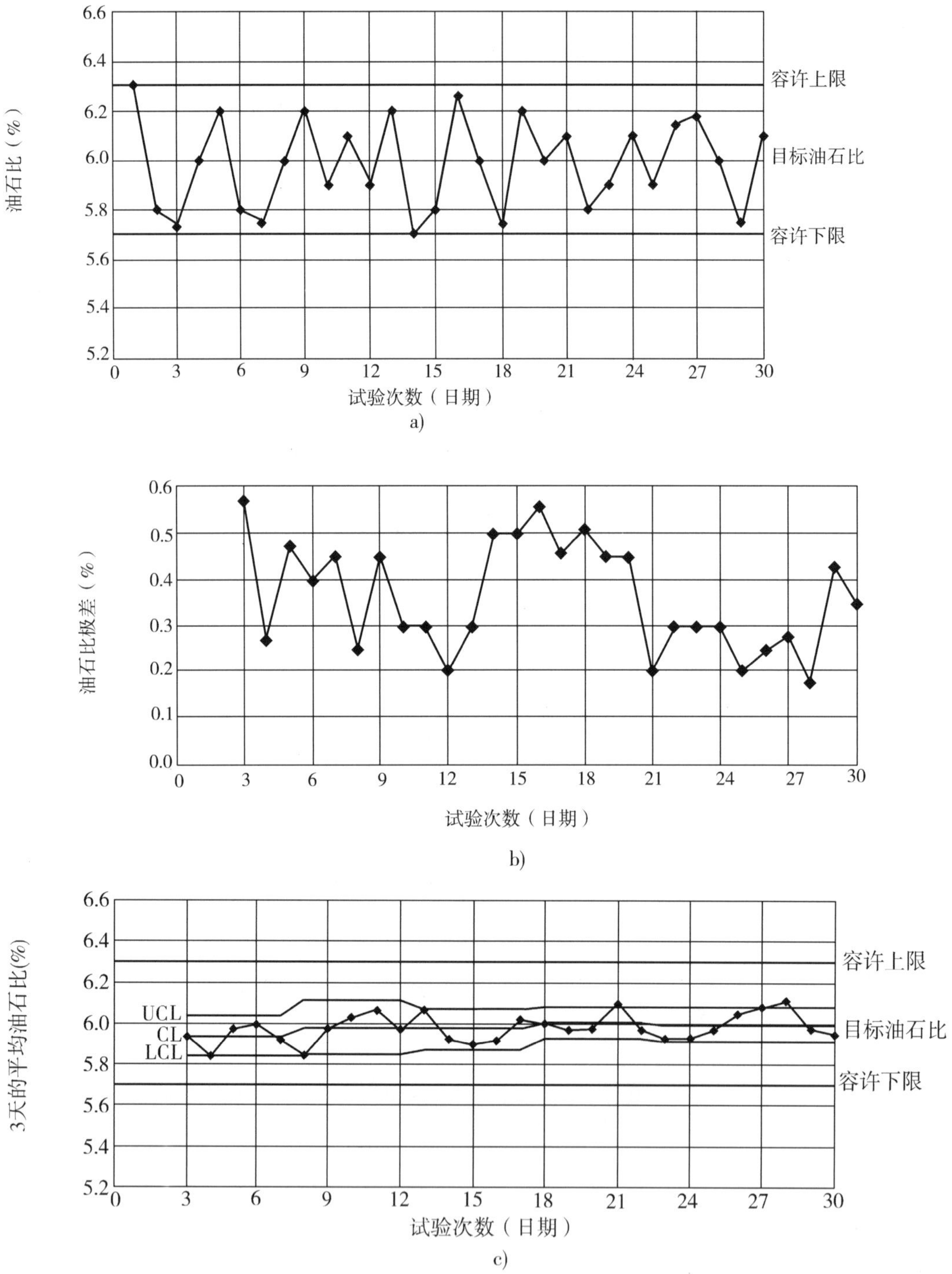

图 F-2　动态质量管理图($\bar{X}-R$ 管理图)示例(油石比,%)

这三张图各有各的用途,图 a)是检查每天的试验结果是否符合设计油石比 ±0.3% 的技术要求,其中第 1、14 天不符合规范要求。图 b)中的曲线变化表示逐天平均值变化的情况(极差)还是比较大的,有时候 3 天之内检测结果可以相差接近 0.6%。说明需要进一步加强油石比的稳定性。图 c)是从每 3 天检测结果的平均值连续变化从统计学的观点检查试验数据的变异性。表面看平均值还比较稳定,基本上在目标油石比上下变化,但绘出 UCL 及 LCL 线就可以看出问题了,本图取 5 天为一个阶段分析,以第 1 个阶段即第 3

~7 天为例，求取这 5 天（前 3 天的平均值）的平均值为 5.94，极差为 0.16，从本规范中表 F.0.4 中查得 $n=5$ 时，$A_2=0.577$，则 UCL = 6.03，LCL = 5.84。按相同的方法可以计算以后每 5 天的 UCL 及 LCL。

有时候极差图还可以采用一天内若干次试验的极差绘制，例如每天的马歇尔试验，有 3 次，每次 4 个试件，利用极差图可以看出生产的沥青混合料、取样、制件的均匀性。因此，充分利用动态质量管理对真正实行全面质量管理来说是非常有用的手段。

F.0.4 在动态质量管理 $\bar{X}$-R 的管理图中，应以平均值 $\bar{X}$ 作为中心线 CL，并标出质控上限 UCL 和质控下限 LCL，这里 UCL 和 LCL 表示允许的施工正常波动范围，并不是规范规定的允许差范围。质控上限 UCL 和下限 LCL 是按照数理统计的概念由表 F.0.4 中的系数 A_2、D_3、D_4 求出的，它与一个统计周期的试验数据的数目 n 有关，所以在图 F.0.3-1 的平均值图和极差图中，UCL 和 LCL 并不是常数。而规范规定的标准上限和下限一般是个不变的值。试验数据如果超过 UCL 和 LCL 可能是合格的，但从数理统计的角度看，它是不正常的，应视为施工异常或试验数据异常。

在质量控制指标中，有几种不同性质的指标，一种是有一个目标值，如设计空隙率 4%，同时有一个允许波动的范围 3% ~ 5%，又如标准配合比曲线，也是有标准级配和允许范围，这些指标还有油石比、横坡、宽度、高程；有一种是单边规定只要符合最大值或最小值要求，如压实度、稳定度、厚度等；还有一种是只有一个范围，并没有目标值，如马歇尔流值，只规定在 2 ~ 4mm 范围内。这些不同的情况的管理图如何画，如何在图中画规范的标准值，具体情况会有所不同。但是有一点是相同的，确定 UCL 和 LCL 是每隔一段时间根据平均值和极差求取的。这个时间通常根据数据变化情况确定，不一定像上例都固定取 5 天，可以规范中的图 F.0.3-1 根据需要计算，连续变化很小时周期可选长一些，变化波动比较大宜经常检查。由于都是计算机进行，具体绘制并不困难。

附录G　沥青路面质量过程控制及总量检验方法

G.0.1　沥青路面的过程控制是保证在施工过程中不出次品的手段,为了改变现在大都为事后检查的做法,本规范增加过程控制及总量检验的内容,这是本规范的重大修改。

就我们目前的水平而言,能够做到过程控制的项目并不多,为此本规范重点规定了沥青混合料生产过程中的在线监测项目,这就要求每拌和一盘沥青混合料就基本上了解其质量是否符合要求,这是真正意义上的过程控制。如果暂时做不到每一盘控制的话,可以每一天作总量检验,这是肯定可以做到的。所有施工单位都必须按照规范要求执行。对沥青混合料的质量以前都是抽提筛分,现在还不能不要,因为总量检验的准确性(关键是称重传感器)需要互相校验。

沥青路面的厚度以前多通过钻孔试件,数据少,还可能人为地舍弃一些数据,采用每天实际的生产量与铺筑面积计算,将能得到比较准确的平均厚度。

以后随着技术水平的提高,能够实行过程控制的项目将会不断增多,施工质量管理的水平也将得到发展和提高。